新时代小学教育专业实践应用型系列教材

U0457655

小学数学教学设计与实施

Instructional Design and Implementation of Primary School Mathematics

主　编 ◎ 梁　宇　邹循东　梁晓红

副主编 ◎ 周俊伽　李燕清　梁淑双

参　编 ◎（按姓氏笔画排序）

韦丽兰　李　德　杨健珍　陆凤满

桂　华　贾慧英　梁洁涛　蒋晓云

廖　翔　黎有文

ZHEJIANG UNIVERSITY PRESS
浙江大学出版社
·杭州·

图书在版编目（CIP）数据

小学数学教学设计与实施 / 梁宇，邹循东，梁晓红
主编. — 杭州：浙江大学出版社，2024.5
ISBN 978-7-308-24636-1

Ⅰ．①小… Ⅱ．①梁… ②邹… ③梁… Ⅲ．①小学数
学课－教学设计 Ⅳ．①G623.502

中国国家版本馆CIP数据核字(2024)第034745号

小学数学教学设计与实施

XIAOXUE SHUXUE JIAOXUE SHEJI YU SHISHI

梁　宇　邹循东　梁晓红　主编

策划编辑	李　晨
责任编辑	李　晨
文字编辑	沈巧华
责任校对	汪荣丽
封面设计	春天书装
出版发行	浙江大学出版社
	（杭州市天目山路148号　邮政编码　310007）
	（网址：https://www.zjupress.com）
排　　版	杭州林智广告有限公司
印　　刷	杭州宏雅印刷有限公司
开　　本	787mm×1092mm　1/16
印　　张	18.25
字　　数	368千
版 印 次	2024年5月第1版　2024年5月第1次印刷
书　　号	ISBN 978-7-308-24636-1
定　　价	68.00元

习近平总书记指出："建设教育强国，是全面建成社会主义现代化强国的战略先导。"①党的二十大报告提出："教育、科技、人才是全面建设社会主义现代化国家的基础性、战略性支撑。"②建设教育强国是全面建成社会主义现代化强国的战略先导，是科技强国、人才强国建设的共同基础。建设教育强国，基点在基础教育，龙头在高等教育。小学教育专业在我国教师教育发展事业中占有重要地位，也是基础教育发展的重要人才保障，在我国基础教育发展领域具有不可替代的作用。

21 世纪以来，小学师资的培养基本实现了高等教育化，小学教育教学改革的步伐不断加快，对人才的要求不断提高，对教材也提出了更高的要求，因此有必要编写高质量的教材，以响应习近平总书记"用心打造培根铸魂、启智增慧的精品教材，为培养德智体美劳全面发展的社会主义建设者和接班人、建设教育强国作出新的更大贡献"③的指示。

本丛书的编写主要是为了帮助即将进入教师队伍的"准教师"对课堂及课堂教学有较全面的了解与把握，对其课堂教学实操起启发、引领的作用。同时，也期望能在理论层面上指导在职教师提升专业素养，使其向专业化的道路迈进。为此，我们将"聚焦中国学生发展核心素养，培养学生适应未来发展的正确价值观、必备品格和关键能力"作为指导思想，以学科教学为起点，根据义务教育各课程标准（2022 年版）的要求，围绕课堂教学这一核心，从理论

---

① 习近平在中共中央政治局第五次集体学习时强调 加快建设教育强国 为中华民族伟大复兴提供有力支撑 [N]. 人民日报，2023-05-30（1）.
② 习近平. 高举中国特色社会主义伟大旗帜 为全面建设社会主义现代化国家而团结奋斗——在中国共产党第二十次全国代表大会上的报告 [R]. 北京：人民出版社，2022：33.
③ 习近平. 习近平给人民教育出版社老同志回信强调 紧紧围绕立德树人根本任务 用心打造培根铸魂启智增慧的精品教材 [N]. 人民日报，2020-12-01（1）.

与从师技能层面来建构本丛书的体系。理论层面,力求使读者能从教学过程、教学模式把握课堂教学,了解课堂教学方法和策略,明白教学评价与测评的标准、要求及方法;在此基础上,加入从师技能的内容,使读者掌握课堂教学设计乃至实施技术,最终达到提高课堂教学艺术、效率和质量的目的。此外,为帮助任课教师按照师范类专业认证的要求规范实施教学活动,丛书依据教育部印发的《普通高等学校师范类专业认证实施办法(暂行)》提供了专业认证的相关内容。

本丛书由小学教育领域从事研究与教学的有关专家、学者、教师共同精心编写,是他们多年来研究和教学的成果。丛书由邹循东教授拟定选题、设定内容框架,各团队撰写完成后由梁宇教授、罗聿言博士审稿,邹循东教授定稿。在此,我们向为丛书的编写和出版付出辛勤劳动的专家、学者、教师以及浙江大学出版社的编辑团队表示衷心的感谢!我们由衷希望本丛书能成为全国小学教育专业学生及小学教师的良师益友,帮助他们成长、成才。

丛书编委会

2024 年 1 月

《义务教育数学课程标准（2022 年版）》（以下简称《标准》）指出，要坚持"以习近平新时代中国特色社会主义思想为指导，全面贯彻党的教育方针，遵循教育教学规律，落实立德树人根本任务，发展素质教育"。《标准》强化了课程育人导向，优化了课程内容结构，并通过学业质量标准指导和帮助教师把握教学深度与广度，落实"双减"政策要求。本书结合教育部 2012 年印发的《小学教师专业标准（试行）》，以及教师专业培训、教师职称评定等一系列改革要求，从解决小学数学教育教学实践中的实际问题出发，通过"理论构建＋案例示范"的形式，帮助师范生与一线教师进一步明确"培养什么人""怎样培养人""为谁培养人"，提高小学数学教师教学设计能力和执教能力，满足有志于从事小学数学教育事业的大专生、本科生参加教师资格考试，以及在职小学数学教师专业发展的需要。

本书运用教育教学理论、学习理论、心理学原理和数学学科知识，对小学数学课堂教学设计的理论和实践进行系统阐述，旨在解决小学数学教学中"教什么""怎么教""教到什么程度""为什么这么教""教得怎么样"等问题，使读者能根据教学设计理论，针对具体的数学教学内容和学习者的特征提出不同的设计方案，学会评价与反思小学数学课堂教学，提高小学数学教育理论水平和专业素养，为读者成为小学数学教师奠定坚实的基础，为初学者提供非常实用的操作指南。

通过本书的学习，读者可以开阔专业视野，提高专业理论水平和实际应用能力，能够依据小学生学习数学的客观规律、《标准》和有关教材，合理确定教学目标、教学重点和难点，完成指定内容的教案设计。本书在宏观把握小学数学教学理念的基础上，对如何处理课堂教学中预设与生成的关系进行了课堂实录和分析，以期能够为读者在小学数学教学设计实践中提供有意义的借鉴。

本书选用了大量生动的小学数学教学活动设计案例，用案例提出问题、说明问题，力求以通俗易懂的语言阐述小学数学教学设计的基本原则、依据和步骤。特别是通过分析一些经典案例，呈现小学数学课堂教学的氛围，使读者了解小学生数学学习的基本规律，掌握课堂教学的基本环节，感悟优秀教师在小学数学课堂中的教学智慧，从而朝专业化方向发展。

本书由梁宇、邹循东和梁晓红担任主编，周俊伽、李燕清、梁淑双担任副主编。具体编写分工如下：前言由南宁师范大学梁宇编写；第一章由北部湾大学韦丽兰编写；第二章第一节由桂林市秀峰区教育局教研室桂华编写，第二节由桂林师范高等专科学校蒋晓云编写；第三章由桂林师范高等专科学校贾慧英编写；第四章由南宁师范大学周俊伽编写；第五章第一至第二节由柳州城市职业学院梁淑双编写，第三节、第五至第七节由南宁市青秀区教育局教研室黎有文编写，第四节由南宁师范大学梁晓红编写；第六章由南宁师范大学廖翔、南宁市国凯路小学杨健珍和南宁市中山路小学梁洁涛共同编写；第七章第一至第三节由北部湾大学李燕清编写，第四至第六节由广西医科大学附属小学李德编写；第八章由南宁师范大学周俊伽编写；第九章第一至第三节由南宁师范大学周俊伽编写，第四至第七节由南宁天桃实验学校陆凤满编写。本书的内容选题、框架设定及统稿由梁宇、邹循东主持。

本书既可作为高等院校小学教育专业和相关专业的教学用书，也可作为在职小学教师培训和教育科研人员从事教学研究的参考书。编者在编写本书的过程中参考了相关教材，引用了大量研究资料，在此，对相关资料的撰写者表示衷心的感谢；同时，对所有支持、关心本书编写工作的人员表达真诚的谢意。

编　者
2024 年 3 月

CONTENTS 目录

CONTENTS

第一章

小学数学教学设计理论

学习目标

1.了解小学数学教学设计的内涵。

2.理解小学数学备课与小学数学教学设计的异同。

3.了解小学数学教学设计的核心理念。

4.掌握小学数学教学设计的基本要素。

5.掌握小学数学教学设计的基本步骤。

6.掌握小学数学教学设计的文本规范。

第一节 小学数学教学设计概述

　　教学不是一个简单的线性过程，而是一个复杂的系统过程，是一个需要预设规划，但往往又会有意外生成的过程。因此，教师上课前需要做各种教学准备工作，这就是通常所说的备课。要保证教学质量，教师课前要备课；要提高教学质量，教师要提高备课质量。备课水平是教师教学水平的一个重要体现。随着人们对教学复杂性认识的提高和教育技术学的发展，以及教学设计概念的提出、发展与丰富，课堂教学的准备从备课转向教学设计。

一、教学设计的内涵

　　教学设计（instructional design，ID），也称教学系统设计（instructional system design，ISD），是运用现代学习、教学、传播等方面的理论和技术，针对特定的教学对象和教学目标，来分析教学问题、寻找解决方法、评价教学效果以及修改执行方案的系统过程。教学设计是教学开发的重要组成部分，教学开发活动的深入发展，推动了教学设计研究。自20世纪60年代以来，教学设计已逐渐发展为教育技术领域的一门独立学科。但不同的学者对教学设计的概念有不同的理解。如教育心理学家加涅认为，"教学设计是一个系统化规划教学系统的过程，教学系统本身对资源和程序作出有利于学习的安排。任何组织机构，如果其目的是开发人的才能，则可以归入教学系统"。教学设计专家史密斯和拉甘认为，教学设计是系统地，同时也深思熟虑地将学与教的原理转换成教学材料、教学活动、信息资源和教学评价的计划过程。教学设计理论家迪克和凯里认为，教学设计是设计、开发、实施与评价教学的系统过程。

我国著名教学设计研究专家盛群力等认为，教学设计是对教师课堂教学行为的一种事先筹划，是对学生达成教学目标、学业进步的条件和情境作出的精心安排。张祖忻等认为，教学设计是运用系统方法分析教学问题和确定教学目标，建立解决教学问题的策略方案、试行解决方案、评价试行结果和对方案进行修改的过程。

基于不同的视角，人们对教学设计有不同的看法，简单地说，教学设计就是教师为达到一定的教学目标，对教学活动进行系统的规划、安排和决策，即对教（学）什么、怎么教（学）、教（学）到什么程度等进行的设计。

二、小学数学教学设计的内涵

数学教学设计是教学设计的下位概念，是教学设计的相关理论、模式与方法在数学学科教学中的运用与拓展，其核心更关注学科内容及其教学特征。如奚定华认为，数学教学设计是以数学学习论、数学教学论等理论为基础，运用系统的方法分析数学教学内容、确定数学教学目标、设计解决数学教学问题的策略方案和试行方案、评价试行结果、修改方案的过程。曹一鸣认为，数学教学设计就是针对数学的学科特点、具体的教学内容和学生的实际情况，遵循数学教学与学习的基本理论和基本规律，按照课程标准的要求，运用系统的观点和方法整合课程资源、制订教学活动的基本方案，并对所设计的初步方案进行必要的反思、修改和完善。

一般来说，小学数学教学设计是基于小学数学的学科特点、数学教学规律、数学学习规律等，应用系统科学的方法对数学教学系统的各个要素、结构和功能进行整体研究，从而揭示教学要素之间必然的、规律性的联系，达到小学数学教学过程的优化控制，使数学教学处于有效教学的系统过程。简单地说，小学数学教学设计就是为小学数学教学绘制蓝图的过程。

三、从备课到教学设计的发展

在数学教学中，备课与教学设计均是为教学做准备的，都指向教学的规划与筹谋，两者既存在诸多相似之处，又存在明显的差异。

（一）备课与教学设计的主要相同点

（1）两者都把教学看作一个过程，并注重对这个过程的各环节如导入、展开、结束等进行基本预设。

（2）两者都把教学看作一个由环境、教材、教师和学生等相互发生联系的双边或多边活动，并注重对参与这个活动的各因素进行考察。

（3）两者都注重教学内容和方法的选择。

（4）两者都关心教学效果。

（二）备课与教学设计的主要不同点

1. 教学设计更加强调教学是一门技术

"教学有法，教无定法""教学是一门科学，也是一门艺术"等观点既表明教学有一定的客观性，教学有规律可循，教学要遵循其内在的规律，又说明教学在很大程度上是可以变通的，教学存在一定的艺术性与主观性。不过从教学设计的角度来说，教学是一门技术，是知识、经验及科学原理的合理应用，旨在建立促进学习的环境。为此，教学设计在诊断学生的学习水平，检查教学效果，选择教学方法，甚至在整个教学设计的科学性方面，为寻求教学设计的理论或事实的依据，往往需要比备课下更大的功夫。教学设计充分注意与教学有关的因素，并力求对之作出深入的分析和科学的解释。

2. 教学设计要求教师对教学有更系统的认识

传统意义上的备课强调教师的作用，强调教师对知识的理解与掌握，主要关注教师的教。而教学设计强调对教学的系统认识与把握，强调对教学内容、教学方法、教学手段、教育技术、学生学习等的系统认识与把握，强调教学事件的系统组合与精心安排。如加涅指出，教学设计要关注以下九个事件。

（1）引起注意以待接受特定刺激。

（2）明确目标，以建立合理的预期。

（3）回忆先前学过的知识。

（4）呈现材料。

（5）提供学习指导。

（6）引发行为。

（7）对行为表现提供反馈。

（8）借助应答性反馈评估行为表现。

（9）安排多样化的练习增强记忆并促进迁移。

3. 教学设计强调为学生的学习而设计教学

一般地，备课虽然也注意教与学的关系，关注学生的主体地位，但在教学实践中主要还是以教师的教为中心，一份数学备课教案常表现为一份教授计划。而教学设计则明确提出"为学习设计教学"，面向学生的数学学习进行教学的预设与规划。如上述加涅提出的九个事件主要指向学生的学习，这也是其倡导系统设计教学的一个基本理念，要求教师的教应努力将外在的教学事件与内在的学习条件相联系，为学习者提供一组精心安排的教学活动，以促进学习者有效学习。

4. 教学预设的内容与表现形式不同

无论是备课还是教学设计，最后都要形成一个教学预设的方案。但一般来说，备课和教学设计所形成的教学方案在内涵、结构、表现形式上是不一样的。备课所形成的教案，其结构通常包括课题、教学目标、教学重难点、教学方法、课的类型、教学媒体、教学过程等。教学过程一般包括引入、新知讲授、例题讲解、练习、课堂小结与作业布置6个基本环节。而教学设计的预设方案通常包括：①分析系统，主要包括教学内容分析、学习者分析。在教学内容方面需要分析其地位、作用、前后联系，以及蕴含的重要思想方法等。在学习者方面需要分析学生的生活经验、知识基础、思维能力、知识的固着点、学习特征等。②设计系统，主要包括学习目标设计、学习内容设计、学习过程设计、学习评价设计等。需要根据课程的要求，设计学生学习所要达到的三维目标，明确学生的学习任务，分析学习的重难点和突出重点、突破难点的策略，为学生有效学习和达到学习目标提供主要途径。要明确教学的流程与步骤，明确教学活动及其相应的教学形式和手段，以及教与学的活动中教师的反馈与评价等。③反思系统。在教学设计实施后，教师要及时对教学设计进行反思，提出进一步的修改，促进自己在教师专业上的不断发展。

由此可见，从一定意义上说，目前教学设计可被看作传统备课的发展与拓展，是对教学更系统、更深入的准备，它已成为教师专业发展的一项基本能力。

第二节 小学数学教学设计的核心理念

经济全球化使人在生产中的地位发生了质的变化，人自身的素质对于他今后的社会地位和生活质量有重要影响，于是人们开始关注人的个性的和谐发展，关注人如何才能在这个充满疑问、有时连问题和答案都不确定的世界中习得生存的本领。在新的社会背景下，数学教师不得不思考以下这些问题：为什么要进行数学教学？教什么样的数学？怎样教才能促进学生的发展？回答这些问题就要对数学教学的内容、方法及教师与学生各自的作用和地位等进行探讨：是以传授数学知识为主要目的的纯数学教学，还是以人的个性的和谐发展与培养创造能力为主要目的的人本主义教学，或者是以掌握数学技能为目的的实用主义教学。这些探讨将影响教师的教学设计，从而也就决定了数学教学的实施与效果。

一、核心理念之一——关注人的发展

社会的发展已经不需要听话的"乖孩子"和只会解题的"机器人"，而需要具有独立个性和较强创新能力的"新世纪人才"。

在小学数学教学设计中，首先要关注人的发展。《国家教育事业发展第十二个五年规划》指出，要"树立全面发展的观念和人人成才的观念，面向全体学生，促进学生成长成才；树立多样化人才观念，不拘一格培养人才；树立终身学习观念，为学生的全面发展奠定基础"。只有从育人的高度来分析数学教学任务，设计教学策略，开展教学评价，才能使小学数学教学设计脱离学科的局限。

为此，要抓住以下三个数学教育的特征。

（1）强调是为所有人的数学而不是为少数人的数学。"数学为大众"的口号自20世纪80年代起已成为全球性的口号。

（2）强调培养学生作为未来公民所需要的一般数学素养，帮助学生掌握数学的基本思维方式。

（3）强调学习最有价值的数学，用发展的眼光考量数学的教育价值。

小学数学教学是义务教育的初始阶段，要注意面向全体学生，设计和选择最有价值的数学内容，创设真实而有意义的学习情景，促使学生自主探索和合作交流，养成良好的数学学习习惯和正确的思维方式，使学生的基础知识、基本技能、基本思想和基本活动经验都得到发展。

儿童的能力发展不仅具有普遍性，还具有特殊性。就每个儿童各自的能力发展而言，由于遗传、成长环境以及已有经验和知识基础等因素的影响，儿童个体各种能力的发展前景有大有小，最终的成就有高有低，不可能达到同一水平。如某个儿童在绘画方面可能大有成就，但在数学上或许只能达到平均水平。儿童相互之间也存在很大的个体差异，包括发展水平的差异、知识结构的差异、特殊能力的差异等。特殊能力的差异尤其明显，有的儿童天生有副好嗓子，有较强的节奏感，在音乐方面有较大的发展潜能；有的儿童则在数学、文学、体育、美术等方面有较大的发展潜能。而小学数学教学致力于让每个学生都能获得良好的数学教育，使不同的学生在数学上得到不同的发展，逐步形成适应终身发展需要的核心素养。

二、核心理念之二——凸显数学学科的特点

小学数学作为数学学科知识的基础，不仅要关注教育教学理论的发展，更要关注数学学科本身的发展。这是由数学教学的本体性决定的。

（一）数学学科的发展趋势

当今数学学科的发展出现了以下三种新的趋势。

（1）数学内部各分支间相互渗透以及数学与其他学科交叉融合。这一发展趋势要求教师在选择课程内容时，更多地考虑通过教授这些数学内容让学生的思维方式得到发展，使之更符合社会发展的需要。

（2）《义务教育数学课程标准（2022年版）》（以下简称《标准》）的课程理念强调"促进信息技术与数学课程融合"。计算机的发展为数学开辟了新的研究领域，

使数学成了形式科学与实验科学两种不同知识类型的结合，形成了数学活动的新形式，为此需要重新思考什么是学生应该掌握的基础知识和基本技能。

（3）数学的应用领域日趋广泛，生活中处处都有数学，数学几乎成了自然技术科学和社会管理科学的共同智力资源。为此，数学教学为学生提供的数学，应是整体的数学，是现实的、与计算技术以及其他学科密切相关的数学，而不是分散的、孤立的、单纯的形式逻辑；是大众的数学，而不是少数精英的数学。

（二）数学学科的基本特点

对于数学学科的特点，不同的研究者有着不同的阐述。在我国比较流行的观点是著名数学家亚历山大洛夫在《数学：它的内容，方法和意义》中提出的三个特点：抽象性、精确性和应用的广泛性。

1. 抽象性

抽象性是数学最基本的特征。虽然抽象性并非数学所独有，其他学科也具有抽象性，但数学的抽象性不同于其他学科，它舍弃了事物的其他方面的属性而仅仅保留了数学关系和空间形式，或者仅仅保留了事物的量化模式。数学的抽象性具体表现在以下三个方面。

一是数学对象的抽象性。数学不同于物理、化学、生物、地理等学科，这些学科都是以物质的具体性和具体的运动形态作为自己的研究对象，而数学的研究对象是从众多的物质及其运动形态中抽象出来的具有一般性的量化模式，是人脑的产物，并不是客观现实的具体存在物。例如，小学数学的"九九乘法表"是抽象数字的乘法，而不是像苹果的数目乘以苹果的单价这样的乘法；又如，虽然客观世界中有太阳、月亮、车轮，但是并没有数学中所研究的圆，数学中的圆是人脑抽象思维的产物。

二是数学理论的抽象性。许多不同领域的问题，表面上看起来是完全不相同的，可它们由数学语言表达出来的时候，就可以用同一量化模式来刻画，因为这个量化模式反映了它们的共同量化属性或量化关系。例如，"总数＝每份数×份数"这一量化模式，既可以表示行程问题中的路程、时间与速度之间的关系，也可以表示商品买卖中的总价、商品数量与单价之间的关系。量化模式的抽象性使得同一数学理论可以在不同的领域内得到应用，正如恩格斯所指出的，"正因为数学可以暂时脱离物质形式而进行研究，所以它在这里提出，却可以在另外的地方应用"。

三是数学方法的抽象性。数学方法是指数学处理自身对象的办法，它与抽象思维是密切相关的。所谓抽象思维，一般指抽取出同类事物的共同的、本质的属性或特征，舍弃其他非本质的属性或特征的思维过程。在数学思维过程中，有两类抽象方法：一是弱抽象方法，是指在同类事物中抽取共同的量化属性，舍弃其他的特征，从而形成新的数学概念的过程。例如，自然数"3"的概念就是弱抽象的产物。在3个手指、3个苹果、3个人等这类事物中，个数"3"是它们的共同本质属性，于是"3"被抽象出来，而手指、苹果、人等都是非量化属性，则被舍弃。二是强抽象方法，是指把新的量化属性添加到已有的数学结构之中而形成新的数学概念的过程。例如，在一般三角形概念的基础上，添加"一个角是直角"这一量化属性，就可以得到直角三角形的概念。

强抽象是"由一般到特殊"的思维过程，实际上是演绎推理的过程。用强抽象构建新的数学概念，对思维水平要求高一些。弱抽象是"由特殊到一般"的思维过程，实际上是归纳推理的过程，这个过程比较直观，它通过直接经验来建构新的数学概念，更贴近小学生的思维水平。因此，在小学数学教学中，更多地用弱抽象的方法来建立新的数学概念。

2. 精确性

数学的精确性，表现在数学推理的严格性和数学结论的确定性两个方面。数学科学是依靠逻辑推理展开的，而逻辑推理的严格性是大家公认的。只要数学推理的前提是正确的，推理的过程又没有错误，那么得到的数学结论一定是确定无疑的。虽然通过实验、验证也可获得一些成果，但要作为一项数学结论被确定下来，还必须经受逻辑证明的检验。例如，我们可以极精确地测量成千上万个三角形的三个内角的度数，但这不能给出关于"三角形内角和定理"的数学证明。数学要求从几何的基本概念推导出这个结果。

但是，数学的严谨性是相对的。首先，逻辑不能保证大前提（即公理）的真实性，如果结果与人们的经验相悖，那么应该对所接受的公理加以研讨。其次，数学的严谨性与数学发展的水平密切相关，随着数学的发展，其严谨的程度也在不断提高。在小学数学教学中，因为学生没有处理"假设"的能力，还不能利用"假设"进行推理，因此，一般不要求他们对数学结论进行严格的逻辑证明，只要求他们通过实验、验证来确认和体验结论的正确性。

3. 应用的广泛性

《标准》指出："数学是自然科学的重要基础，在社会科学中发挥着越来越重要的作用，数学的应用渗透到现代社会的各个方面，直接为社会创造价值，推动社会生产力的发展。随着大数据分析、人工智能的发展，数学研究与应用领域不断拓展。"关于数学应用广泛性的论述非常多，但最为精辟的应该还是亚历山大洛夫在《数学：它的内容，方法和意义》中所指出的三点。

第一，我们几乎每时每刻地在生产、日常生活和社会生活中运用着最为普通的数学概念和结论，甚至未能意识到这一点。例如，我们计算日子或开支时就应用了算术，而计算住宅的面积时就运用了几何学的结论。

第二，如果没有数学，现代技术都是不可能出现的。离开或多或少复杂的计算，也许技术的改进都不会有；在新的技术部门的发展上数学起着十分重要的作用。

第三，几乎所有科学部门都多多少少实质性地利用着数学。"精确科学"——力学、天文学、物理学以及在很大程度上的化学——通常以一些公式来表述自己的定律，都在发展自己的理论时广泛地运用了数学工具。没有数学，这些科学的进步简直是不可能发生的。

当然，数学应用已远远突破了"精确科学"领域而向人类几乎所有的知识学科领域渗透——数学正在向包括从粒子物理到生命科学、从航空技术到地质勘探在内的一切科技领域进军。同时，在经济学、社会学、历史学、语言学等学科中，数学方法也在大显身手。

（三）凸显数学学科的特点是数学教学设计的根本

小学数学教学设计的核心理念就是从学生发展的高度，宏观设计教学活动，同时要牢牢把握数学教育的本体性目标，即让学生学会从数学的视角观察世界，学会论证，学会有条有理、有根有据的逻辑思维方法。

数学作为一门成熟的学科，是义务教育的重要学科。数学教育不仅要提高学生的解题能力，还要让学生会用数学的眼光观察现实世界，会用数学的思维思考现实世界，会用数学的语言表达现实世界（简称"三会"），进而培养学生学习数学的兴趣。为此，在小学数学教学设计中，要凸显数学学科的特点，让学生了解数学，喜欢数学，掌握数学的基本思维方式。这是小学数学教育的根本任务。

由此可见，小学数学教学设计的核心理念之二是凸显数学学科的基本特点，展示数学特有的逻辑结构和符号语言系统。

三、核心理念之三——关注小学生的数学学习特点

数学学习是学生获取数学知识、形成数学技能、发展各种数学能力的一种思维活动过程。这种思维活动是以"量化模式"为对象的，对小学数学学习而言，这里的"量化模式"主要是指与现实密切联系的数量关系与空间形式。因此，小学生数学学习的特点主要是指他们在数学思维方面的特点。

（一）小学数学学习是一个逐步抽象的过程

从个体心理发展过程来看，人的思维从低到高大致可分为直觉动作思维、具体形象思维和抽象逻辑思维三个阶段。小学生正处于从以具体形象思维为主要形式逐步向以抽象逻辑思维为主要形式的过渡阶段，他们的数学思维需要经历一个逐步抽象的发展过程。第一学段的学生更多的是具体形象思维，随着年龄的增长和知识的积累，到了第二学段和第三学段具体形象思维逐步减少，抽象逻辑思维的成分逐步增加。例如，小学生刚开始学习数学时，总是通过动手操作、观察一些有具体形象的事物来建立数的概念和进行数的运算，到了第三学段开始逐步对事物中数量关系与空间形式进行抽象推理，学会按照某种特征对事物进行分类，如用字母表示数，用等式或方程表示数量关系，等等。

（二）小学生数学思维具有初步的逻辑性

小学阶段学生的抽象逻辑思维水平在不断提高，学生在解题过程中，能够运用比较、分析、综合、抽象、概括、判断、推理等思维方法，但逻辑思维的总体发展水平不是很高，即使到了五六年级，大多数学生也仍然不能像成年人那样完全借助抽象的数学概念进行思维，往往需要将具体事物及其表象作为自己认知的支柱。例如，对于方程"$2x + 3 = 5$"中的"$2x$"总是要看成"被加数"才可以对方程进行变形，他们还不能把字母看作一个数，并对它们进行形式上的运算。

（三）小学生数学学习具有符号化与生活化相结合的特点

数学教育家斯托利亚尔曾指出："数学教学也就是数学语言的教学。"小学数学中数量关系、量的变化以及空间形式均是用符号（运算符号、关系符号、图形符号等）来表示的，这就决定了小学生的数学学习实质上就是对数学符号语言的学习。小学生在学习这种具有形式化的数学符号时，常常将其与具体的事物相联系，尤其是与自己熟悉的实际生活结合起来。例如，小学生在记忆和运用三角形面积公式"$S = \frac{1}{2}ah$"时，总是把 a 和 h 念作底和高，并没有把它们作为一种符号语言来对待。

（四）小学生数学思维发展具有不平衡性

小学生数学思维的发展，在从具体形象思维向抽象逻辑思维过渡的过程中，存在着不平衡性，既表现出个体发展的差异，又表现出思维对象的差异。例如，有的学生习惯于形象思维，有的习惯于抽象思维；有的擅长计算，有的强于推理；有的能够灵活运用所学知识多角度、多方位考虑问题、解决问题，而有的解题方法单一，只能模仿套用常规的解题模式；等等。

第三节　小学数学教学设计的主要内容

一、小学数学教学设计的基本要素

小学数学教学设计是一项复杂的系统工程，它需要考虑教师、学生、目标、课程、方法、环境和评价等方面的因素，同时还受设计者的教学观、知识观、学生观等因素的影响。如果从"教"的角度出发，教学设计要解决的主要问题是"教什么""怎么教""教得如何"等问题，侧重的是教师"教"的行为设计；而如果从"学"的角度出发，坚持"为学习设计教学"，则教学设计解决的主要问题是"学什么""怎么学""学得如何"等问题，侧重的是学生"学"的活动设计。当前我国义务教育数学课程改革所提倡的是"以学生的发展为本"的教育理念，更加强调学生在数学学习中的主体地位，其基本诉求是"有效地改进学生的学"。因此，需要从"学什么""怎么学""学得如何"三个维度来分析教学设计的基本要素。

（一）学什么

"学什么"是针对数学学习内容而言的，学习内容是学生认识和掌握的主要对象，表现为各门学科的事实、观点、概念、原理和问题。在平时的教学中，人们对"学什么"一般是按其字面意思理解的，即把学习看作过程、手段，而把"什么"（知识）看作学习的目的。这样的理解，是把"学什么"的落脚点放在了知识上。

"学什么"不仅包括《标准》所规定的数学基础知识、基本技能，还包括学生在数学学习过程中所获得的数学基本思想和基本活动经验，这就是"四基"。

（二）怎么学

学生学习应该是一个生动活泼的、主动的和富有个性的过程。认真听课、动手实践、自主探索、合作交流等都是学习数学的重要方式。学生应当有足够的时间和空间经历观察、实验、猜测、计算、推理、验证等活动过程。

因此"怎么学"主要包括数学学习活动与数学学习方式两个要素。特别是对小学生来说，数学教学就是数学活动的教学，强调数学学习的活动化，强调数学学习的动手实践、自主探索、合作交流等学习方式。

（三）学得如何

"学得如何"主要指数学学习评价，不仅要关注学生数学学习结果，还要关注学生数学学习过程。教学实施过程中教师需要依据课程目标对学生的学习进行评价，判断学生数学学习的效果与目标达成的情况，以全面了解学生的学习过程与效果，激励学生的数学学习，改进教师的数学教学。

综上所述，从学生学习的角度来说，小学数学教学设计需要考虑"学什么""怎么学""学得如何"三个层面，具体包括数学基础知识、数学基本技能、数学基本思想、数学基本活动经验、数学学习活动、数学学习方式、数学学习评价七个基本要素。

二、小学数学教学设计的基本结构

小学数学教学设计是一个复杂的系统过程，不仅需要从"学什么""怎么学""学得如何"三个层面综合规划与设计，还要具体考虑数学基础知识、数学基本技能、数学基本思想、数学基本活动经验、数学学习活动、数学学习方式、数学学习评价七个基本要素及其相互联系、相互融合的系统化，需要通盘考虑学生、教师、数学课程三项不可缺少的教学要素，还需要进一步反思教学设计实施后的效果如何，不断改进与完善。因此，以学生学习为中心的小学数学教学设计的基本结构包括分析系统、设计系统与反思系统三个方面，具体如图 1.1 所示。

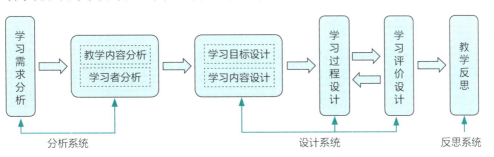

图 1.1 小学数学教学设计的结构框架

1. 分析系统

分析系统由学习需求分析、教学内容分析及学习者分析三个基本环节构成。这是教学设计的起点，要求教师从学生的知识经验、能力基础、认知特征、数学课程内容等不同角度进行系统分析，全面了解教学设计的信息、资源、依据、要求等。

2. 设计系统

设计系统由学习目标设计、学习内容设计、学习过程设计与学习评价设计四个基本环节构成。这是整个教学设计的主体，其结果是形成教学实施的方案，预设教学过程的各个环节，并对为何要这样设计有明确的依据与认识。

3. 反思系统

反思教学设计实践的效果，发现其中存在的问题，提出改进的措施与再设计，不仅能有效地提高教师的教学水平，提高教与学的效果，还能有效地提高教师教学设计的能力与水平。

第四节 小学数学教学设计的基本步骤

依据小学数学教学设计的基本结构，教学设计要先分析，再设计，实施后反思，按先后顺序具体包括学习需求分析、教学内容分析、学习者分析、学习目标设计、学习内容设计、学习过程设计、学习评价设计、教学反思八个基本步骤。

一、学习需求分析

学习需求分析是数学教学设计的起点，也是有效教学设计的一个基本保证。学习需求就是学生学习期望与学习现状之间的差距。学习需求分析要求通过系统分析，发现教学中存在的问题，确定问题的性质与解决的可行性等，以提供学习差距的有关数据和资料，并以此形成教学设计的目标与思路。

二、教学内容分析

教学内容是教与学的主体任务，是实现教学目标的主要载体。一般来说，数学教学内容的分析主要是指对数学教材的分析。第一，教师要深入钻研课程标准，明确课程标准的要求；第二，教师要深刻领会数学教材的编写意图、目的要求、深度与广度、作用与联系，了解数学教材的结构，了解例题、习题的编排、功能和难易程度，从整体和全局的高度把握教材；第三，教师要分析数学教材的重点、难点及关键点，对教材有深入的把握；第四，教师还需要了解有关数学知识的背景、发生和发展的过程，与其他学科知识的联系，以及在生产和生活实际中的应用，等等，既要注重对教材显性知识的把握，又要关注教材隐性功能的挖掘与利用。

三、学习者分析

学习者分析是指要了解学习者的学习准备情况和其学习特征与风格，为学习内容的选择和组织、学习目标的定位、学习活动的设计、教学方法与媒体的选用等提供依据，从而使教学有效地促进学习者的学习与发展。小学生的认知发展一般缺乏抽象性，思维活动依赖具体的事物和经验的支持，学习动机通常取决于对学习内容感兴趣的程度以及对老师的偏爱，易接受新知识并善于发问，有很强的求知欲望，可塑性强，但数学学习起点水平较低。因此，教师要选择相对直观、简单的内容组织教学。

四、学习目标设计

学习目标是指学习者通过教学后应该达到的要求，也就是学生学完某些数学知识后能够做什么的规约。它既决定教学的内容，又决定教学的方法，同时也是衡量教学质量高低的标准。学习目标是数学教学活动的结果，更是数学教学设计的指南，既支配教学的过程，又规定教学的方向。

五、学习内容设计

首先，要依据《标准》的规定，确定学生所要学习的数学基础知识和基本技能，以及在数学学习过程中的数学基本思想和数学基本活动经验。其次，要设计有利于学生掌握数学的学习能力、数学的思维能力、数学的交流能力的内容，分析学生所能养成的数学素养等，并且在这些学习内容设计中体现学生的个体差异，体现学习内容的层次性、累积性等。

六、学习过程设计

学习过程设计主要有学习活动设计与学习方式设计两大主题。数学教学是数学活动的教学，设计高质量的学习活动显得尤为重要。教师精心设计适合学生参与的观察、操作、探究、讨论等学习活动，是教学中体现学生主体地位、获取数学基本活动经验的基本途径。教师在设计和组织学习活动时，应该围绕数学核心知识概念展开，并依据核心知识概念精选恰当的教学素材、教学策略，选取与之匹配的自主学习、探究学习、合作学习等学习方式，促进学生理解、应用数学，改变学生的学习方式，帮助学生学会学习与思考。

七、学习评价设计

学习评价是伴随着教学活动同步向前推进的。设计科学合理的学习评价不仅能及时了解教与学的效果，了解学生的学习状况，更主要的是能采取有效的措施改进学生的学习行为与习惯，促进学生更好地学习与发展。因此，学习评价方案是教师教学设计的有机组成部分，教师在进行学习评价时，要结合自己的教学目标、教学内容和学生的知识基础、学习环境、个体差异等设计适合自己的教学和学生学习的评价方法，制定切实可行的评价标准。

八、教学反思

反思教学设计及其实施效果是教师对教学设计的再认识、再思考，并以此来总结成功经验，发现存在的问题并及时改进，进一步提高教学水平与教学设计能力。教学反思是教师积累教学经验，提高个人专业水平的一种有效手段，也是教师走向优秀与卓越的有效途径。

思考与练习：

1.什么是小学数学教学设计？

2.小学数学备课与小学数学教学设计有哪些异同？

3.小学数学教学设计的核心理念有哪些？

4.小学数学教学设计包括哪些基本要素？

5.试述小学数学教学设计的结构与基本步骤。

◆ 笔记栏

第二章

小学数学课程标准解读与教材分析

⊙ 学习目标

1.理解小学数学课程的基本理念和课程目标。

2.了解小学数学的课程内容。

3.理解小学生数学学业要求和质量标准。

4.理解教材分析的意义，掌握小学数学教材分析的方法，学会撰写单元内容教材分析和课时内容教材研读报告。

第一节　小学数学课程标准解读

课程标准是国家层面系统性地促进学生更好成长的指南，是顶层设计和根本遵循。《义务教育课程方案（2022年版）》明确指出："国家课程标准规定课程性质、课程理念、课程目标、课程内容、学业质量和课程实施等，是教材编写、教学、考试评价以及课程实施管理的直接依据。"教师作为课程的实施者，应切实理解数学课程的理念与目标，准确把握数学课程内容的本质，以指导自己的教学实践活动。

一、课程理念

课程理念是设计与实施数学课程的基本遵循，体现在课程的目标、内容、方法、评价等各个课程要素之中，在各层次的课程实施中起引领作用。

（一）课程总理念

《标准》指出："义务教育数学课程以习近平新时代中国特色社会主义思想为指导，落实立德树人根本任务，致力于实现义务教育阶段的培养目标，使得人人都能获得良好的数学教育，不同的人在数学上得到不同的发展，逐步形成适应终身发展需要的核心素养。"因此，义务教育阶段的数学教育要关注学生对数学知识和技能的理解与掌握、数学思维的形成、活动经验的积累、理想信念和价值观的形成，使学生逐步形成核心素养，在目标、内容、方法和评价等方面体现数学课程的育人功能。

（二）课程基本理念

《标准》提出五个方面的基本理念：确立核心素养导向的课程目标；设计体现结构化特征的课程内容；实施促进学生发展的教学活动；探索激励学习和改进教学的评价；促进信息技术与数学课程融合。这些理念体现了以下几个方面的特征。

1. 凸显核心素养统领

核心素养的统领体现在目标确定、内容选择与组织、教学活动设计与实施、教学评价改进、信息技术应用等多个课程要素之中。《标准》课程理念部分特别强调了数学课程目标的核心素养导向，并指出，"核心素养是在数学学习过程中逐渐形成和发展的，不同学段发展水平不同"，强调了核心素养培养的持续性、发展性。

2. 突出课程内容结构化

数学课程内容是实现课程目标的重要载体。《标准》在课程内容部分，从课程内容选择、课程内容组织、课程内容呈现三个方面作了详细说明。在课程内容选择上，更加关注数学学科的体现、学科发展及文化传承。在课程内容组织上，《标准》指出，"对内容进行结构化整合，探索发展学生核心素养的途径"。强调指向核心素养的学科内容结构化重整，改变过于注重以课时为单位的教学设计，探索单元整体教学设计，体现数学知识之间的内在逻辑关系，以及学习内容与核心素养表现的关联。促进学生对学习内容的真正理解和掌握，实现知识与方法的迁移，进而促进学生核心素养的形成和发展。在课程内容呈现上，提出要"适当考虑跨学科主题学习"。

3. 构建方向性教学要求

《标准》明确提出"实施促进学生发展的教学活动"的教学理念并加以阐述，这既是教学的方向性教学要求，也是数学教学实践的根本方向和价值追求。《标准》指出，"学生的学习应是一个主动的过程"。这里有两个关键词："主动"和"过程"。"主动"对应《标准》中提到的"有效的教学活动是学生学和教师教的统一，学生是学习的主体，教师是学习的组织者、引导者与合作者"，在课程实施中，不仅要思考教的方式，更要注重学生学的方式。教师在关注学生"主动"学的同时，还要重视数学学习活动经历和"过程"。在具体的教学活动的设计与实施中，可采用"做中学"，引导学生在真实情境中、在数学活动中、在实践操作中、在数学应用中、在体验探索中学习，经历发现问题、解决问题、建构知识、运用知识的过程，体会学科思想方法。

4. 强调构建指向核心素养的评价标准

评价是教学的重要一环。《标准》提出，"评价不仅要关注学生数学学习结果，还要关注学生数学学习过程，激励学生学习，改进教师教学"，重申了评价的功能。"通过学业质量标准的构建，融合'四基''四能'和核心素养的主要表现，形成阶段性评价的主要依据。"强调构建指向核心素养的评价标准，开展阶段性评价，能使教师洞察学生的数学学习状况，确认学生的学习现状与学习目标之间的差距，以此为基础，改进数学教学，促进学生的数学学习。鼓励学生应用评价来自我监控学习的过程和结果。

5. 重视信息技术与数学课程的融合

随着计算机网络的普及与技术升级，信息技术对教育发展具有革命性影响。《标准》指出："合理利用现代信息技术，提供丰富的学习资源，设计生动的教学活动，促进数学教学方式方法的变革。"这表明信息技术不仅可以用于辅助教学，更重要的是可以促进数学教学方式方法的变革，做到信息技术与数学课程的深度融合，发挥信息技术对数学课程教学质量提升的作用，同时，通过数学学习提高学生的信息素养。因此，教师在熟练运用信息技术辅助教学的基础上，要加强研究如何运用信息技术改进教学方式方法，促进学生自主学习。

二、小学数学课程目标

数学课程目标是依据课程理念和设计思路，对学生通过某一阶段数学课程的学习，提出的应该达到的要求，其为数学教学实施、考试命题评价等提供方向性、原则性指导，并在很大程度上决定了数学课程改革的方向。

（一）课程目标特征

1. 课程目标以核心素养为导向

《标准》在总目标中明确提出："通过义务教育阶段的数学学习，学生逐步会用数学的眼光观察现实世界，会用数学的思维思考现实世界，会用数学的语言表达现实世界（简称'三会'）。"将数学课程要培养的学生核心素养表述为"三会"，体现了课程目标以核心素养为导向，旨在通过不同阶段的数学教育，使学生获得适应终身发展的正确价值观、必备品格和关键能力。

核心素养的"三会"反映了数学的特征，即抽象性、严谨性和应用的广泛性。抽象性即"数学的眼光"，就是会用抽象的数学眼光观察现实世界，会将现实世界中的各种复杂情境、各种特征抽象为数学问题。这其实是一个"数学化"的过程。"数学化"的过程就是抽象过程，数感、量感、符号意识、几何直观、空间观念的

16

建立都是这样的抽象过程。"数学的思维"具有严谨性，具体体现为逻辑性，数学运算就反映了这样的严谨性。"会用数学的语言"是指具有模型意识，能够建立数学模型，只有建立数学模型才能用模型去审视复杂的现象，继而用模型去解决复杂现象中的问题。这里也包含了数学的应用，也就是"解决问题"。

核心素养是在数学学习的过程中不断发展形成的，具有一致性和阶段性。一致性，即从小学到初中、高中，甚至到大学，数学核心素养内涵基本保持不变；阶段性，即在不同的教育阶段，数学核心素养的具体表现有所不同。

小学阶段学生的核心素养以具象为主，核心素养的表现侧重于"意识"，即基于经验的感悟，这样的感悟并没有建立在明确的概念定义的基础上。因此，在小学阶段，几乎所有的概念都没有非常明确的定义，或者不是以严谨的定义形式来阐述的。初中阶段的学生具备了一定的抽象能力，核心素养的表现侧重于观念，即基于概念的理解，因此初中开始可以对概念给予比较严谨的定义。高中阶段的学生已经具有较强的抽象能力，核心素养的表现侧重于能力，即基于理解的掌握。中小学各阶段学生的核心素养表现如表 2.1 所示。

表 2.1 小学、初中、高中学生的核心素养表现

核心素养	数学基本特征	各阶段具体表现		
		小学	初中	高中
会用数学的眼光观察现实世界	抽象性	数感	抽象能力	数学抽象
		量感		
		符号意识		
		几何直观		
		空间观念		
会用数学的思维思考现实世界	逻辑严谨性	推理意识	推理能力	逻辑推理
		运算能力		数学运算
会用数学的语言表达现实世界	应用广泛性	数据意识模型意识	数据观念模型观念	数据分析数学建模
		应用意识		思维品质

核心素养及其表现的明确，为课程目标的确定、课程内容的结构化调整以及教学方式和评价方式的改革奠定了基础。《标准》对核心素养这些表现的内涵作了进一步的阐述，教师在实际教学中需要正确理解，并结合具体的教学进行深入研究。

如表 2.2 所示，小学阶段的 11 个核心素养主要表现的形成，体现在四个领域不同的主题之中。虽然不同领域和不同主题与学生核心素养的形成不是一一对应的，但有一定的侧重点。例如，"数与代数"领域核心素养的主要表现包括数感、符号意识、运算能力、几何直观、模型意识、应用意识；"图形与几何"领域更多与空间观

念、量感、几何直观、推理意识有关；"统计与概率"领域与数据意识、几何直观、应用意识等关系密切；"综合与实践"领域与模型意识、运算能力、几何直观、应用意识、创新意识等关系密切。在教学实践中，教师要关注核心素养与具体内容的关联，以及这些核心素养的相互交叉与融合作用。

表2.2　小学数学核心素养的主要表现及其内涵

表现	内涵
数感	数感主要是指对于数与数量、数量关系及运算结果的直观感悟。能够在真实情境中理解数的意义，能用数表示物体的个数或事物的顺序；能在简单的真实情境中进行合理估算，作出合理判断；能初步体会并表达事物蕴含的简单数量规律。数感是形成抽象能力的经验基础。建立数感有助于理解数的意义和数量关系，初步感受数学表达的简洁与精确，增强好奇心，培养学习数学的兴趣
量感	量感主要是指对事物的可测量属性及大小关系的直观感知。知道度量的意义，能够理解统一度量单位的必要性；会针对真实情境选择合适的度量单位进行度量，会在同一度量方法下进行不同单位的换算；初步感知度量工具和方法引起的误差，能合理得到或估计度量的结果。建立量感有助于养成用定量的方法认识和解决问题的习惯，是形成抽象能力和应用意识的经验基础
符号意识	符号意识主要是指能够感悟符号的数学功能。知道符号表达的现实意义；能够初步运用符号表示数量、关系和一般规律；知道用符号表达的运算规律和推理结论具有一般性；初步体会符号的使用是数学表达和数学思考的重要形式。符号意识是形成抽象能力和推理能力的经验基础
运算能力	运算能力主要是指根据法则和运算律进行正确运算的能力。能够明晰运算的对象和意义，理解算法与算理之间的关系；能够理解运算的问题，选择合理简洁的运算策略解决问题；能够通过运算促进数学推理能力的发展。运算能力有助于形成规范化思考问题的品质，养成一丝不苟、严谨求实的科学态度
几何直观	几何直观主要是指运用图表描述和分析问题的意识与习惯。能够感知各种几何图形及其组成元素，依据图形的特征进行分类；根据语言描述画出相应的图形，分析图形的性质；建立形与数的联系，构建数学问题的直观模型；利用图表分析实际情境与数学问题，探索解决问题的思路。几何直观有助于把握问题的本质，明晰思维的路径
空间观念	空间观念主要是指对空间物体或图形的形状、大小及位置关系的认识。能够根据物体特征抽象出几何图形，根据几何图形想象出所描述的实际物体；想象并表达物体的空间方位和相互之间的位置关系；感知并描述图形的运动和变化规律。空间观念有助于理解现实生活中空间物体的形态与结构，是形成空间想象力的经验基础
推理意识	推理意识主要是指对逻辑推理过程及其意义的初步感悟。知道可以从一些事实和命题出发，依据规则推出其他命题或结论；能够通过简单的归纳或类比，猜想或发现一些初步的结论；通过法则运用，体验数学从一般到特殊的论证过程；对自己及他人的问题解决过程给出合理解释。推理意识有助于养成讲道理、有条理的思维习惯，增强交流能力，是形成推理能力的经验基础
数据意识	数据意识主要是指对数据的意义和随机性的感悟。知道在现实生活中，有许多问题应当先做调查研究，收集数据，感悟数据蕴含的信息；知道同样的事情每次收集到的数据可能不同，而只要有足够的数据就可能从中发现规律；知道同一组数据可以用不同方式表达，需要根据问题的背景选择合适的方式。形成数据意识有助于理解生活中的随机现象，逐步养成用数据说话的习惯
模型意识	模型意识主要是指对数学模型普适性的初步感悟。知道数学模型可以用来解决一类问题，是数学应用的基本途径；能够认识到现实生活中大量的问题都与数学有关，有意识地用数学的概念与方法予以解释。模型意识有助于开展跨学科主题学习，增强对数学的应用意识，是形成模型观念的经验基础
应用意识	应用意识主要是指有意识地利用数学的概念、原理和方法解释现实世界中的现象与规律，解决现实世界中的问题。能够感悟现实生活中蕴含着大量的与数量和图形有关的问题，可以用数学的方法予以解决；初步了解数学作为一种通用的科学语言在其他学科中的应用，通过跨学科主题学习建立不同学科之间的联系。应用意识有助于用学过的知识和方法解决简单的实际问题，养成理论联系实际的习惯，发展实践能力

表现	内涵
创新意识	创新意识主要是指主动尝试从日常生活、自然现象或科学情境中发现和提出有意义的数学问题。初步学会通过具体的实例，运用归纳和类比发现数学关系与规律，提出数学命题与猜想，并加以验证；勇于探索一些开放性的、非常规的实际问题与数学问题。创新意识有助于形成独立思考、敢于质疑的科学态度与理性精神

2. 课程目标集中体现"四基""四能""情感、态度、价值观"

《标准》确定的义务教育阶段数学的总目标包括三个方面：① 获得适应未来生活和进一步发展所必需的数学基础知识、基本技能、基本思想、基本活动经验。② 体会数学知识之间、数学与其他学科之间、数学与生活之间的联系，在探索真实情境所蕴含的关系中，发现问题和提出问题，运用数学和其他学科的知识与方法分析问题和解决问题。③ 对数学具有好奇心和求知欲，了解数学的价值，欣赏数学美，提高学习数学的兴趣，建立学好数学的信心，养成良好的学习习惯，形成质疑问难、自我反思和勇于探索的科学精神。

总目标以"三会"为统领，体现基于知识内容学习的"四基"、基于问题解决的"四能"（发现、提出、分析、解决问题的能力）及在学习过程中形成的情感、态度、价值观。

"四基"是对义务教育阶段学生数学学习整体的、基本的要求。基础知识和基本技能是学生数学学习和数学核心素养发展必不可少的基础和载体。数学学科的几个领域中涉及众多的基础知识和基本技能，包括数的意义、数的计算、图形的特征、图形的测量、数据的整理与表达等。理解和掌握基础知识和基本技能不仅是数学学习的重要目标，还是学生进一步学习和发展的基础。"双基"既是数学教学要实现的目标，又是促进学生发展的载体。数学基本思想主要是指数学抽象、数学推理和数学模型。数学基本思想的三个方面从某种意义上对应核心素养的"三会"。数学抽象需要借助数学的眼光，数学推理是基本的思考方式，数学模型是指用数学的语言表达。数学基本思想的形成和发展与对"双基"的理解掌握分不开，体现在探索和理解某些特定的基础知识和基本技能的过程之中。特定的数学内容可能蕴含着不止一种数学基础思想的表现，在教学活动的设计和实施中要有意识地促进学生数学基本思想的形成和发展。基本活动经验是在学习过程中积累的。设计和组织丰富多样的、学生广泛参与的数学学习活动是形成基本活动经验的前提条件。《标准》在许多"内容要求"中提出了"经历""体验""感悟""探索"某些特定内容的要求，对于这些内容的教学都应当为学生设计参与其中的真实的问题情境，使学生在学习活动中获得对问题的体验，不仅加深对所学内容的理解和掌握程度，更重要的是促进基本活动经验的形成。

问题解决能力是国际上公认的数学教育的重要目标，培养学生的"四能"是培养创新型人才不可或缺的部分。《标准》强调"在探索真实情境所蕴含的关系中，发现问题和提出问题"。这里有两个关键点，分别是"真实情境"和"发现问题和提出问题"。从真实情境所蕴含的丰富信息中提炼出与数学相关的信息，发现问题和提出问题，这个过程就是弗赖登塔尔所说的"数学化"过程，也可以看作数学建模的过程。因此问题解决能力的培养，要在真实情境中探索。要注重运用数学和其他学科的知识与方法解决问题。要重视数学知识之间的联系、数学与其他学科之间的联系以及数学与生活之间的联系。特别是在"综合与实践"领域，以跨学科的主题学习为主，强化领域之间的联系和不同学科之间的联系。学生的探索活动就是从真实的情境到数学问题的发现、提出、分析和解决的过程。问题解决的过程有助于学生形成核心素养。

培养学生良好的情感、态度、价值观，是全面育人教育方针的要求。教师要引导学生通过数学学习建立正确的学习观、发展观，体会数学学科的价值和文化，养成良好的学习习惯；培养学生适应未来发展需要的综合能力，形成终身发展所需要的核心素养，在德智体美劳等方面获得全面发展。

（二）小学数学课程标准学段目标

学段目标是总体目标的阶段性水平描述。根据小学不同学段学生的发展特征，将总目标的三个方面分解为三个学段的学段目标。学段目标基于不同学段的内容要求，融入核心素养的具体表现，为教学内容的选择、教学活动的组织、教学评价的设计提供依据。每个学段都从"四基""四能""情感、态度、价值观"三个维度描述学段目标，并将核心素养的相关表现融入其中，如表 2.3 所示。

表 2.3　小学第一学段、第二学段和第三学段课程目标

学段维度	第一学段（1~2 年级）	第二学段（3~4 年级）	第三学段（5~6 年级）
四基	1.经历简单的数的抽象过程，认识万以内的数，能进行简单的整数四则运算，形成初步的数感、符号意识和运算能力。 2.能辨认简单的立体图形和平面图形，认识长方形和正方形的特征，体验物体长度的测量过程，认识常见的长度单位，形成初步的量感和空间观念。	1.认识自然数，经历小数和分数的形成过程，初步认识小数和分数；能进行较复杂的整数四则运算和简单的小数、分数的加减运算，理解运算律；形成数感、运算能力和初步的推理意识。 2.认识常见的平面图形，经历平面图形的周长和面积的测量过程，探索长方形周长和面积的计算方法；了解图形的平移、旋转和轴对称；形成量感、空间观念和初步的几何直观。	1.经历用字母表示数的过程，认识自然数的一些特征，理解小数和分数的意义；能进行小数和分数的四则运算，探索数运算的一致性；形成符号意识、运算能力、推理意识。 2.探索几何图形面积和体积的计算方法，会计算常见平面图形的周长和面积，会计算常见立体图形的体积和表面积；能用有序数对确定点的位置，进一步认识图形的平移、旋转和轴对称；形成量感、空间观念和几何直观。

学段 维度	第一学段 （1~2 年级）	第二学段 （3~4 年级）	第三学段 （5~6 年级）
四基	3. 经历简单的分类过程，能根据给定的标准进行分类，形成初步的数据意识。在主题活动中认识货币单位、时间单位和基本方向，尝试用数学方法解决问题，积累数学活动经验，形成初步的量感和应用意识	3. 经历简单的数据收集过程，了解数据收集、整理和呈现的简单方法；理解平均数的意义，会用平均数解决问题；形成初步的数据意识。在主题活动中进一步认识时间单位和方向，认识质量单位，尝试应用数学和其他学科知识与方法解决问题，积累数学活动经验，形成量感、推理意识和应用意识	3. 经历收集、整理和表达数据的过程，会用条形统计图、折线统计图表达数据，并作出简单的判断；理解百分数的意义，了解随机现象发生的可能性；形成数据意识和初步的应用意识。在主题活动和项目学习中了解负数，应用数学和其他学科知识与方法解决问题，积累数学活动经验，形成数感、量感、模型意识、应用意识和创新意识
四能	1. 能在教师指导下，从日常生活中提出简单的数学问题。 2. 尝试运用所学的知识和方法解决问题。在解决问题的过程中，感悟分析问题和解决问题的基本方法，感受数学在生活中的应用，形成初步的几何直观和应用意识	1. 尝试从日常生活中发现和提出数学问题。 2. 探索分析和解决问题的方法，经历独立思考并与他人合作交流解决问题的过程，会用常见的数量关系和其他学科的知识与方法解决问题，能初步判断结果的合理性。形成初步的模型意识、几何直观和应用意识	1. 尝试在真实的情境中发现和提出问题。 2. 探索运用基本的数量关系，以及几何直观、逻辑推理和其他学科的知识、方法分析与解决问题，形成模型意识和初步的应用意识、创新意识
情感、态度、价值观	1. 对身边与数学有关的事物有好奇心，能参与数学学习活动。 2. 在他人帮助下，尝试克服困难，感受数学活动中的成功。 3. 了解数学可以描述生活中的一些现象，感受数学与生活有密切联系，感受数学美。 4. 能倾听他人的意见，尝试对他人的想法提出建议	1. 愿意了解日常生活中与数学相关的信息，愿意参与数学学习活动。 2. 在他人的鼓励和引导下，体验克服困难、解决问题的成就。 3. 体会数学的作用，体验数学美。 4. 在学习活动中能提出自己的想法，在与他人交流的过程中，敢于质疑和反思	1. 对数学具有好奇心和求知欲，主动参与数学学习活动。 2. 在解决问题的过程中，体验成功的乐趣，相信自己能够学好数学。 3. 感受数学的价值，体验并欣赏数学美。 4. 初步养成认真勤奋、独立思考、合作交流、反思质疑的习惯

《标准》确定的数学课程目标包括结果目标和过程目标。结果目标使用"了解""理解""掌握""运用"等行为动词表述，过程目标使用"经历""体验""感悟""探索"等行为动词表述。一般来说，结果目标是指向基础知识与基本技能的，过程目标更多地指向数学基本思想和基本活动经验。这些目标是形成核心素养的基础和条件，最终指向学生核心素养的形成和发展。不同的词表示要求的不同程度，"了解""理解"虽一字之差，但在具体的要求上不同，如表 2.4 所示。

表2.4　结果目标和过程目标行为动词基本含义

类别	名称	同类词	基本含义
结果 目标	了解	知道、初步认识	从具体实例中知道或举例说明对象的有关特征；根据对象的特征，从具体情境中辨认或者举例说明对象
	理解	认识、会	描述对象的由来、内涵或特征，阐述此对象与相关对象之间的区别和联系

续表

类别	名称	同类词	基本含义
结果目标	掌握	能	多角度理解和表征数学对象的本质，把对象用于新的情境
	运用	证明、应用	基于数学对象和对象之间的关系，选择或创造恰当的方法解决问题
过程目标	经历	感受、尝试	有意识地参与特定的数学活动，感受数学知识的发生发展过程，获得一些感性认识
	体验	体会	有目的地参与特定的数学活动，验证对象的特征，获得一些具体经验
	感悟		在数学活动中，通过独立思考或合作交流，获得初步的理性认识
	探索		在特定的问题情境下，独立或合作参与数学活动，理解或提出数学问题，寻求解决问题的思路，获得确定结论

三、小学数学课程内容

课程内容是指各门学科中特定的事实、观点、原理和问题以及处理它们的方式，是一定的知识、技能、技巧、思想、观点、信念、言语、行为、习惯的总和。课程内容是实现"三会"导向的课程目标的重要载体。

（一）小学数学课程内容结构

《标准》分四个学段设计课程内容，其中小学阶段分为三个学段（1~2 年级为第一学段，3~4 年级为第二学段，5~6 年级为第三学段），初中阶段为第四学段。小学阶段划分为三个学段，不仅符合学生的认知发展规律，还有利于设计幼小衔接的课程内容。

《标准》将课程内容分为数与代数、图形与几何、统计与概率、综合与实践四个学习领域。数与代数领域在小学阶段设置了"数与运算"与"数量关系"两个主题。"数与运算"主题将运算对象和运算联系起来，体现数及其运算的一致性；数量关系是数学研究的核心内容，它是对现实生活中数量之间的规律和关系的表达。图形与几何领域在小学阶段设置了"图形的认识与测量""图形的位置与运动"两个主题，主要包括两个方面：一是对研究对象图形的认识，二是研究图形的方法或视角。统计与概率领域，第一学段设置了明确的主题"数据分类"，强调了分类的对象"数据"，有助于培养学生的数据意识。"数据的收集、整理与表达"贯穿于第二、三学段，体现数据处理的过程，将"随机现象发生的可能性"设置在第三学段，符合学生的认知发展规律。综合与实践领域中，小学阶段主要是主题式学习，并且将一部分数学知识融入其中，使内容要求更加具体、明确。同时，突出强调了"跨学科主题学习"的综合性要求，设计并凸显了跨学科学习，让学生在真实情境中面对具有挑战性的任务，发现和提出问题，综合运用数学和其他学科的知识方法分析和解决问题。

《标准》对每个领域先总体描述，再采用"领域＋学段"的表达结构，课程内

容按小学和初中两个部分展开，按统计与概率、数与代数、图形与几何、综合与实
践四个领域呈现各学段的内容。这种设计方式有助于教师从整个义务教育阶段的视
角把握各学段内容间的联系以及各领域内容的整体性。

《标准》中课程内容的表述，按"内容要求""学业要求""教学提示"三个方
面呈现。即从"学什么""学到什么程度""怎样学"三个方面全面地表述课程内容。
这增强了《标准》在教材编写、课堂教学以及教学评价中的操作性与指导性。教师
可以运用"学业要求"这一工具，便捷地制定符合学段内容和相关核心素养发展要
求的教学目标；借助"教学提示"具体而有针对性的指导，合理地设计适合学段内
容和核心素养关键表现的教学流程和活动方式，使学生的数学学习在实现知识进阶
的同时，达成核心素养的进阶。

（二）小学数学课程各领域内容

下面分学段介绍小学数学课程各领域内容，如表 2.5 至表 2.8 所示。

表 2.5　小学数学课程数与代数领域内容

主题	学段	内容要求	学业要求	教学提示
数与运算	第一学段（1~2年级）	1. 在实际情境中感悟并理解万以内数的意义，理解数位的含义，知道用算盘可以表示多位数。 2. 了解符号 <，=，> 的含义，会比较万以内数的大小；通过数的大小比较，感悟相等和不等关系。 3. 在具体情境中，了解四则运算的意义，感悟运算之间的关系。 4. 探索加法和减法的算理与算法，会整数加减法。 5. 探索乘法和除法的算理与算法，会简单的整数乘除法。 6. 在解决生活情境问题的过程中，体会数和运算的意义，形成初步的符号意识、数感、运算能力和推理意识	1. 能用数表示物体的个数或事物的顺序，能认、读、写万以内的数；能说出不同数位上的数表示的数值；能用符号表示数的大小关系，形成初步的数感和符号意识。 2. 能描述四则运算的含义，知道减法是加法的逆运算、乘法是加法的简便运算、除法是乘法的逆运算；能熟练口算20以内数的加减法和表内乘除法，能口算简单的百以内数的加减法；能计算两位数和三位数的加减法。形成初步的运算能力	1. 数的认识教学应提供学生熟悉的情境，使学生感受具体情境中的数量，可以用对应的方法，借助小方块、圆片和小棒等表示相等的数量，然后过渡到用数字表达，使学生体会可以用一个数字符号表示同样的数量；知道不同数位上的数字表示不同的值。教学中应注意，10以内数的教学重点是使学生体验1~9从数量到数的抽象过程，通过9再加1就是十，体会十的表达与1~9的不同是在新的位置上写1，这个位置叫十位，十位上的1表示1个十，1个十用数字符号10表达。同理认识百以内数、万以内数。通过数量多少的比较，理解数的大小关系。在这样的教学活动中，帮助学生形成初步的符号意识和数感。 2. 数的运算教学应让学生感知数的加减运算要在相同数位上进行，体会简单的推理过程。引导学生通过具体操作活动，利用对应的方法理解加法的意义，感悟减法是加法的逆运算；在具体情境中，启发学生理解乘法是加法的简便运算，感悟除法是乘法的逆运算。在教学活动中，始终关注学生运算能力和推理意识的形成与发展

◆ 笔记栏　　续表

主题	学段	内容要求	学业要求	教学提示
数与运算	第二学段（3~4年级）	1. 在具体情境中，认识万以上的数，了解十进制计数法；探索并掌握多位数的乘除法，感悟从未知到已知的转化。 2. 结合具体情境，初步认识小数和分数，感悟分数单位；会同分母分数的加减法和一位小数的加减法。 3. 在解决简单实际问题的过程中，理解四则运算的意义，能进行整数四则混合运算。 4. 探索并理解运算律（加法交换律和结合律、乘法交换律和结合律、乘法对加法的分配律），能用字母表示运算律。 5. 会运用数描述生活情境中事物的特征，逐步形成数感、运算能力和初步的推理意识	1. 能结合具体实例解释万以上数的含义，能认、读、写万以上的数，会用万、亿为单位表示大数。能计算两位数乘除三位数。 2. 能直观描述小数和分数，能比较简单的小数的大小和分数的大小；会进行同分母分数的加减运算和一位小数的加减运算。形成数感、符号意识和运算能力。 3. 能描述减法与加法的关系、除法与乘法的关系；能进行整数四则混合运算（以两步为主，不超过三步），正确运用小括号和中括号。能说出运算律的含义，并能用字母表示；能运用运算律进行简便运算，解决相关的简单实际问题，形成运算能力	1. 数与运算的教学。在认识整数的基础上，认识小数和分数。通过数的认识和数的运算有机结合，感悟计数单位的意义，了解运算的一致性。 2. 数的认识教学应为学生提供合理的情境，引导学生进一步经历整数的抽象过程，知道大数的意义和四位一级的表示方法，建立数感；通过学生熟悉的具体情境，引导学生初步认识分数，进行简单的分数大小比较，感悟分数单位；借助学生的生活经验，引导学生认识小数单位，进一步感悟十进制计数法。在这样的过程中，发展学生数感。 3. 数的运算教学应利用整数的乘法运算，理解算理与算法之间的关系；在进行除法计算的过程中，进一步理解除法是乘法的逆运算。在这样的过程中，感悟如何将未知转为已知，形成初步的推理意识。通过小数加减运算、同分母分数加减运算，与整数运算进行比较，引导学生初步了解运算的一致性，培养运算能力。通过实际问题和具体计算，引导学生用归纳的方法探索运算律、用字母表示运算律，感知运算律是确定算理和算法的重要依据，形成初步的代数思维
	第三学段（5~6年级）	1. 知道2，3，5的倍数的特征，了解公倍数和最小公倍数，了解公因数和最大公因数，了解奇数、偶数、质数（或素数）和合数。 2. 结合具体情境探索并理解小数和分数的意义，感悟计数单位；会进行小数、分数的转化，进一步发展数感和符号意识。 3. 结合具体情境理解整数除法与分数的关系。 4. 能进行简单的小数、分数四则运算和混合运算，感悟运算的一致性，发展运算能力和推理意识	1. 能找出2，3，5的倍数。在1~100的自然数中：能找出10以内自然数的所有倍数，10以内两个自然数的公倍数和最小公倍数；能找出一个自然数的所有因数，两个自然数的公因数和最大公因数；能判断一个自然数是否是质数或合数。 2. 能用直观的方式表示分数和小数，能比较两个分数的大小和两个小数的大小；会进行小数和分数的转化（不包括将循环小数转化成分数）。能在实际情境中运用小数和分数解决问题，进一步发展符号意识和数感。	1. 数与运算的教学。通过整数的运算，感悟整数的性质；通过整数、小数、分数的运算，进一步感悟计数单位在运算中的作用，感悟运算的一致性。 2. 数的认识教学要引导学生根据数的意义，用列举、计算、归纳等方法，探索2，3，5的倍数的特征，理解公因数和公倍数、奇数和偶数、质数和合数，形成推理意识。 3. 在初步认识小数和分数的基础上，引导学生在具体情境中，理解小数和分数的意义，感悟计数单位。在教学过程中，可以让学生体验与小数有关的数学文化，理解、描述各数位上数字的意义，进一步提升数感。

续表　　　◆ 笔记栏

主题	学段	内容要求	学业要求	教学提示
数与运算	第三学段（5~6年级）		3. 能进行简单小数和分数的四则运算和混合运算（不超过三步），并说明运算过程。能在较复杂的真实情境中，选择恰当的运算方法解决问题，形成运算能力和推理意识	4. 数的运算教学应注重对整数、小数和分数四则运算的统筹，让学生进一步感悟运算的一致性。例如，在分数加减运算的过程中，引导学生理解通分的目的是得到同样计数单位，进一步理解计数单位对分数表达的重要性，理解整数、分数、小数的加减运算都要在相同计数单位下进行，感悟加减运算的一致性
数量关系	第一学段（1~2年级）	1. 在简单的生活情境中，运用数和数的运算解决问题，能解释结果的实际意义，形成初步的应用意识。 2. 探索用数或符号表达简单情境中的变化规律	1. 能在熟悉的生活情境中运用数和数的运算，合理表达简单的数量关系，解决简单的问题。 2. 能在解决问题的过程中，体会解决问题的道理，解释计算结果的实际意义，感悟数学与现实世界的关联，形成初步的模型意识、几何直观和应用意识	数量关系的教学。通过创设简单的情境，提出合适的问题，引导学生发现数量关系；利用画图、实物操作等方法，引导学生用学过的知识表达情境中的数量关系，体会几何直观，形成初步的应用意识
	第二学段（3~4年级）	1. 在实际情境中，运用数和数的运算解决问题；在解决实际问题的过程中，能结合具体情境，选择合适的单位进行简单估算，体会估算在生活中的作用。 2. 能借助计算器进行计算，解决简单的实际问题，探索简单的规律。 3. 在具体情境中，认识常见数量关系：总量＝分量＋分量、总价＝单价×数量、路程＝速度×时间；能利用这些关系解决简单的实际问题。 4. 能在具体情境中了解等量的等量相等。 5. 能解决生活中的简单问题，并能对结果的实际意义作出解释，经历探索简单规律的过程，形成初步的模型意识和应用意识	1. 能在简单的实际情境中，运用四则混合运算解决问题，能选择合适的单位通过估算解决实际问题，形成初步的应用意识。 2. 能在真实情境中，发现常见数量关系，感悟利用常见数量关系解决问题；能借助计算器进行计算，并解释计算结果的实际意义；形成初步的模型意识、几何直观和应用意识。 3. 能在真实情境中，合理利用等量的等量相等进行推理，形成初步的推理意识	1. 数量关系的教学。在具体情境中，利用加法或乘法表示数量之间的关系，建立加法模型和乘法模型，知道模型中数量的意义。估算的重点是解决实际问题。 2. 常见数量关系的教学要在了解四则运算含义的基础上，引导学生理解现实问题中的加法模型是表示总量等于各分量之和，乘法模型可大体分为与个数有关（总价＝单价×数量）和与物理量有关（路程＝速度×时间）的两种形式，感悟模型中量纲的意义。应设计合适的问题情境，引导学生分析和表达情境中的数量关系，启发学生会用数学的语言表达现实世界，形成初步的模型意识，提升问题解决能力。利用现实背景，引导学生理解等量的等量相等这一基本事实，形成初步的推理意识。 3. 估算教学要引导学生在具体的问题情境中选择合适的单位进行估算，体会估算在解决实际问题中的作用，了解估算的实际意义

续表

主题	学段	内容要求	学业要求	教学提示
数量关系	第三学段（5~6年级）	1.根据具体情境理解等式的基本性质。 2.在解决实际问题的过程中，会选择合适的方法进行估算。 3.在具体情境中，探索用字母表示事物的关系、性质和规律的方法，感悟用字母表示的一般性。 4.在实际情境中理解比和比例以及按比例分配的含义，能解决简单的问题。 5.通过具体情境，认识成正比的量（如 $\frac{y}{x}=5$）；能探索规律或变化趋势（如 $y=5x$）。 6.能运用常见的数量关系解决实际问题，能合理解释结果的实际意义，逐步形成模型意识和几何直观，提高解决问题的能力	1.能在具体问题中感受等式的基本性质。 2.能在解决实际问题中运用恰当的方法进行估算，并能描述估算的过程。 3.能在具体情境中，用字母或含有字母的式子表示数量之间的关系、性质和规律，感悟用字母表示具有一般性。 4.能在具体情境中判断两个量的比，会计算比值，理解比值相同的量，能解决按比例分配的简单问题。 5.能在具体情境中描述成正比的量 $\frac{y}{x}=k$（$k \neq 0$），能找出生活中成正比的量的实例；能根据给出的成正比关系的数据在方格纸上画图，了解 $y=kx$（$k \neq 0$）的形式，能根据其中一个量的值计算另一个量的值。 6.能解决较复杂的真实问题，形成几何直观和初步的应用意识，提高解决问题的能力	1.数量关系的教学。理解用字母表示的一般性，形成初步的代数思维。 2.用字母表示的教学要设计合理的实际情境，引导学生会用字母或含有字母的式子表达实际情境中的数量关系、性质和规律。例如：用字母表达常见数量关系及其变形，"路程＝速度×时间"表示为 $s=v \times t$，这个关系的变式表示为 $v=s \div t$，$t=s \div v$；还可以表达图形的周长和面积计算公式等，感受字母表达的一般性。运用数和字母表达数量关系，通过运算或推理解决问题，形成与发展学生的符号意识、推理意识和初步的应用意识。 3.估算教学要借助真实情境，引导学生在选择合适单位估算的基础上，感悟选择合适的方法估算的重要性，提高解决问题的能力，发展初步的应用意识。 4.比和比例教学要合理利用实际生活中的情境，引导学生发现并用字母表达两个数量之间的倍数关系。例如，通过同样照片的放大与缩小、食品中原料的成分比等，理解比例的意义，能解决简单的按比例分配的问题。 5.成正比的量教学要在具体情境中呈现两个成正比的量的变化规律，引导学生理解可以把这个规律表示为 $\frac{y}{x}=k$（$k \neq 0$）的形式，也可以表示为 $y=kx$（$k \neq 0$）的形式，感悟这两个表达式的共性与差异；引导学生尝试在方格纸上画出给定的成正比的量的数据，建立几何直观，为初中学习函数积累经验

26

表 2.6　小学数学课程图形与几何领域内容

主题	学段	内容要求	学业要求	教学提示
图形的认识与测量	第一学段（1~2年级）	1. 通过实物和模型辨认简单的立体图形和平面图形，能对图形分类，会用简单图形拼图。 2. 结合生活实际，体会建立统一度量单位的重要性，认识长度单位米、厘米。能估测一些物体的长度，并进行测量。 3. 在图形认识与测量的过程中，形成初步的空间观念和量感	1. 能辨认长方体、正方体、圆柱、球等立体图形，能直观描述这些立体图形的特征；能辨认长方形、正方形、平行四边形、三角形、圆等平面图形，能直观描述这些平面图形的特征。能根据描述的特征对图形进行简单分类。会用简单的图形拼图，能在组合图形中说出各组成部分图形的名称；能说出立体图形中某一个面对应的平面图形。形成初步的空间观念。 2. 感悟统一单位的重要性，能恰当地选择长度单位米、厘米描述生活中常见物体的长度，能进行单位之间的换算；能估测一些身边常见物体的长度，并能借助工具测量生活中物体的长度。初步形成量感	1. 图形的认识与测量的教学。结合低年级学生的年龄特点，充分利用学生在幼儿园阶段积累的有关图形的经验，以直观感知为主。 2. 图形的认识教学要选用学生身边熟悉的素材，鼓励学生动手操作，感知立体图形和平面图形的特点以及这两类图形的关联，引导学生经历图形的抽象过程，积累观察物体的经验，形成初步的空间观念。 3. 图形的测量教学要引导学生经历统一度量单位的过程，创设测量课桌长度等生活情境，借助拃的长度、铅笔的长度等不同的方式测量，经历测量的过程，比较测量的结果，感受统一长度单位的意义；引导学生经历用统一的长度单位（米、厘米）测量物体长度的过程，如重新测量课桌长度，加深对长度单位的理解
	第二学段（3~4年级）	1. 结合实例认识线段、射线和直线；体会两点间所有连线中线段最短，知道两点间距离；会用直尺和圆规作一条线段等于已知线段；了解同一平面内两条直线的位置关系。 2. 结合生活情境认识角，知道角的大小关系；会用量角器量角，会用量角器或三角板画角。 3. 认识长度单位千米，知道分米、毫米；认识面积单位厘米²、分米²、米²；能进行简单的单位换算；能恰当地选择单位估测一些物体的长度和面积，会进行测量。 4. 认识三角形和四边形，会根据图形特征对三角形和四边形进行分类。 5. 结合实例认识周长和面积；探索并掌握长方形、正方形的周长和面积的计算公式。	1. 能说出线段、射线和直线的共性与区别；知道两点间所有连线中线段最短，能在具体情境中运用"两点之间线段最短"解决简单问题；能辨认同一平面内两条直线是否平行或垂直；能辨认从不同角度观察简单物体所对应的照片或直观图。形成空间观念和初步的几何直观。 2. 会比较角的大小；能说出直角、锐角、钝角的特征，能辨认平角和周角；会用量角器测量角的大小，能用直尺和量角器画出指定度数的角；会用三角板画30°，45°，60°，90°的角。	1. 图形的认识与测量的教学。将图形的认识与图形的测量有机融合，引导学生从图形的直观感知到探索特征，并进行图形的度量。 2. 图形的认识教学要帮助学生建立几何图形的直观概念。通过观察长方体的外表认识面，通过面的边缘认识线段，感悟图形抽象的过程。 3. 在认识线段的基础上，引导学生用直尺和圆规作给定线段的等长线段，感知线段长度与两点间距离的关系，增强几何直观。 4. 结合实际情境，感受同一平面内两条直线的两种位置关系，借助动态演示或具体操作，感悟两条直线平行与相交的差异。

主题	学段	内容要求	学业要求	教学提示
图形的认识与测量	第二学段（3~4年级）	6. 物、照片或直观图辨认从不同角度观察到的简单物体。 7. 在图形认识与测量的过程中，增强空间观念和量感	3. 会根据角的特征对三角形分类，认识直角三角形、锐角三角形和钝角三角形；能根据边的相等关系，认识等腰三角形和等边三角形。能说出长方形、正方形、平行四边形、梯形的特征；能说出图形之间的共性与区别。形成空间观念和初步的几何直观。 4. 能描述长度单位千米、分米、毫米，能进行长度单位之间的换算；能在真实情境中选择合适的长度单位。能通过具体事例描述面积单位厘米²、分米²、米²，能进行面积单位之间的换算。 5. 经历用直尺和圆规将三角形的三条边画到一条直线上的过程，直观感受三角形的周长，知道什么是图形的周长；会测量三角形、长方形和正方形的周长；会计算长方形、正方形的周长和面积。 6. 在解决图形周长、面积的实际问题过程中，逐步积累操作的经验，形成量感和初步的几何直观	5. 角的认识教学可以利用纸扇、滑梯等学生熟悉的事物或场景直观感知角，利用抽象图形引导学生知道角的大小与边的长短无关，并比较角的大小。利用学具让学生观察角的大小变化，认识直角、锐角、钝角、平角和周角。启发学生根据角的特征将三角形分为锐角三角形、直角三角形和钝角三角形；通过边的特征知道等腰三角形和等边三角形。引导学生在认识长方形、正方形、平行四边形、梯形的过程中，感悟这几类四边形的共性与区别。 6. 结合学生身边熟悉的场景，通过从不同方位观察同一物体，引导学生将观察到的图像与观察方位对应，发展空间观念和想象能力。 7. 图形的面积教学要让学生在熟悉的情境中，直观感知面积的概念，经历选择面积单位进行测量的过程，理解面积的意义，形成量感。 8. 图形的周长教学可以借助用直尺和圆规作图的方法，引导学生自主探索三角形的周长，感知线段长度的可加性，理解三角形的周长，归纳出长方形和正方形周长的计算公式。采用类比的方法，感知图形面积的可加性，推导出长方形和正方形面积的计算公式。在探索的过程中，形成初步的几何直观和推理意识
	第三学段（5~6年级）	1. 知道三角形任意两边之和大于第三边；知道三角形内角和是180°。 2. 认识圆和扇形，会用圆规画圆；认识圆周率；探索圆的周长和面积计算公式，能解决简单的实际问题。 3. 知道面积单位千米²、公顷；探索并掌握平行四边形、三角形和梯形的面积计算公式；会估计不规则图形的面积。	1. 探索并说明三角形任意两边之和大于第三边的道理；通过对图形的操作，感知三角形内角和是180°，能根据已知两个角的度数求出第三个角的度数。 2. 会计算平行四边形、三角形、梯形的面积，能用相应公式解决实际问题。	1. 图形的认识与测量的教学。引导学生通过对立体图形的测量，从度量的角度认识立体图形的特征；理解长度、面积、体积都是相应度量单位的累加；通过对平面图形性质的认识，感知数学说理的过程。

◆ 笔记栏

主题	学段	内容要求	学业要求	教学提示
图形的认识与测量	第三学段（5~6年级）	4. 通过实例了解体积（或容积）的意义，知道体积（或容积）的度量单位，能进行单位之间的换算；体验不规则物体体积的测量方法。 5. 认识长方体、正方体和圆柱，了解这些图形的展开图，探索并掌握这些图形的体积和表面积的计算公式，认识圆锥并探索其体积的计算公式，能用这些公式解决简单的实际问题。 6. 对于简单物体，能辨认不同方向（前面、侧面、上面）的形状图。 7. 在图形认识与测量的过程中，进一步形成量感、空间观念和几何直观	3. 会用圆规画圆，能描述圆和扇形的特征；知道圆的周长、半径和直径，了解圆的周长与其直径之比是一个定值，认识圆周率；会计算圆的周长和面积，能用相应公式解决简单的实际问题。 4. 认识长方体、正方体和圆柱，能说出这些图形的特征，能辨认这些图形的展开图，会计算这些图形的体积和表面积；认识圆锥，能说出圆锥的特征，会计算圆锥的体积；能用相应公式解决简单的实际问题，形成空间观念和初步的应用意识。 5. 能说出面积单位千米²、公顷和体积单位米³、分米³、厘米³，以及容积单位升、毫升，能进行单位换算，能选择合适单位描述实际问题。 6. 对于简单物体，能辨认不同方向（前面、侧面、上面）的形状图，能把观察的方向与相应形状图对应起来，形成空间观念	2. 图形的认识教学要引导学生经历基于给定线段用直尺和圆规画三角形的过程，探索三角形任意两边之和大于第三边，并说出其中的道理，经历根据"两点间线段最短"的基本事实说明三角形三边关系的过程，形成推理意识。可以从特殊三角形入手，通过直观操作，引导学生归纳出三角形的内角和，增强几何直观。 3. 引导学生运用转化的思想，推导平行四边形、三角形、梯形、圆等平面图形的面积公式，形成空间观念和推理意识。 4. 借助现实生活中的实物，引导学生通过观察、操作等活动，认识长方体、正方体、圆柱、圆锥等立体图形的特征，沟通立体图形之间的联系，如圆柱和圆锥的相同点和不同点，以及平面图形和立体图形之间的关系，增强空间想象能力。引导学生经历体积单位的确定过程，通过操作、转化等活动探索立体图形的体积和表面积的计算方法。让学生借助折叠纸盒等活动经验，认识立体图形展开图，建立立体图形与展开后的平面图形之间的联系，培养空间观念和空间想象能力。 5. 圆的教学可以列举生活中的实例，引导学生概括圆的特点，利用圆规画圆，加深对圆的理解。引导学生经历探索周长与直径之比是一个常数的过程，认识圆周率，讲述祖冲之的故事，加深对圆周率和小数数位的理解，了解中国古代数学家的杰出贡献，传播数学中的中华优秀传统文化。让学生借助操作探究和掌握圆的周长和面积公式，解决实际问题
图形的位置与运动	第二学段（3~4年级）	1. 结合实例，感受平移、旋转、轴对称现象。 2. 在感受图形的位置与运动的过程中，形成空间观念和初步的几何直观	能在实际情境中，辨认出生活中的平移、旋转和轴对称现象，直观感知平移、旋转和轴对称的特征，能利用平移或旋转解释现实生活中的现象，形成空间观念	图形的位置与运动的教学。尽量选择学生熟悉的情境，通过组织有趣的活动或布置需要较长时间完成的长作业，帮助学生认识平移、旋转和轴对称的现象，感知特征，增强空间观念

续表

主题	学段	内容要求	学业要求	教学提示
图形的位置与运动	第三学段（5~6年级）	1. 能根据参照点的方向和距离确定物体的位置；会在实际情境中，描述简单的路线图。 2. 能用有序数对（限于自然数）表示点的位置，理解有序数对与方格纸上点的对应关系。 3. 了解比例尺，能利用方格纸按比例将简单图形放大或缩小。 4. 能在方格纸上进行简单图形的平移和旋转；认识轴对称图形和对称轴，能在方格纸上补全简单的轴对称图形。 5. 能从平移、旋转和轴对称的角度欣赏生活中的图案，能借助方格纸设计简单图案，感受数学美，形成空间观念	1. 能根据指定参照点的具体方向和距离描述物体所处位置；能在熟悉的情境中，描述简单的路线图，形成几何直观。 2. 能在方格纸上用有序数对（限于自然数）确定点的位置，理解有序数对与对应点的关系，形成空间观念。 3. 认识比例尺，能说出比例尺的意义；在实际情境中，会按给定比例进行图上距离与实际距离的换算；能在方格纸上，按给定比例画出简单图形放大或缩小后的图形，形成空间观念和推理意识。 4. 能在方格纸上描述图形的位置，能辨别和想象简单图形平移、旋转后的图形，画出简单图形沿水平或垂直方向平移后的图形，以及旋转90°后的图形；能借助方格纸，了解图形平移、旋转的变化特征。知道轴对称图形的对称轴，能在方格纸上补全轴对称图形，形成推理意识。 5. 对给定的简单图形，能用平移、旋转和轴对称的方法，在方格纸上设计图案，并能说出设计图案与简单图形的关系	1. 图形的位置与运动的教学。引导学生通过图形位置的表达，理解坐标的意义；通过图形运动的观察和表达，体会坐标表达的重要性，为未来学习数形结合奠定基础。 2. 图形的位置教学可结合教室里学生的位置、电影院里观众的位置等熟悉的情境，引导学生借助方格纸上的点，用有序数对表示具体的位置。结合现实情境，引导学生根据相对参照点的方向和距离说出物体所处位置，例如，"书店"在"人民广场"北偏东30°方向，距离300米的地方。教学时，可结合所在地的标志性建筑等，有条件的学校可以借助信息技术，通过动态演示点的运动帮助学生理解图形位置确定方式的合理性。也可以结合军事演练等素材，渗透国防教育。 3. 图形的运动教学可借助方格纸，引导学生画出简单图形平移、旋转后的图形，以及补全轴对称图形，感受图形变化的特征，动手操作，动脑想象；引导学生会从平移、旋转和轴对称的角度欣赏自然界和生活中的美；引导学生按给定比例将简单图形放大或缩小，通过前后图形的变化，感受比例尺的意义，加深对比、比例的理解。根据学情，可组织剪纸等活动，引导学生了解图案中的基本图形及其变化规律，感知中华优秀传统文化，增强空间观念。鼓励学生在欣赏的基础上学会创作设计，可以通过制作数学板报的形式，呈现学生的创作成果，增强应用意识和创新意识

表 2.7　小学数学课程统计与概率领域内容

主题	学段	内容要求	学业要求	教学提示
数据分类	第一学段（1~2年级）	会对物体、图形或数据进行分类，初步了解分类与分类标准的关系，形成初步的数据意识	能依据事物特征，按照一定的标准进行分类；能发现事物的特征并制定分类标准，依据标准对事物分类；能用语言简单描述分类的过程；感知事物的共性和差异，形成初步的数据意识	数据分类的教学。要重视对接学生学前阶段已有的生活经验，鼓励学生在活动中学会物体的简单分类，在亲身参与的动手活动中感悟分类的价值，在分类的过程中认识事物的共性与区别，学会分类的方法。鼓励学生运用文字、图画或表格等方式记录并描述分类的结果，体会如何用数学语言表达现实世界，形成初步的数据意识，为后续学习统计中的数据分类打好基础
数据的收集、整理与表达	第二学段（3~4年级）	1. 经历简单的数据收集和整理、描述和分析的过程，了解简单的收集数据的方法，会呈现数据整理的结果。 2. 通过对数据的简单分析，感受数据蕴含着信息，体会运用数据进行表达与交流的作用。 3. 认识条形统计图，会用条形统计图合理表示和分析数据。 4. 能读懂报纸、电视、互联网等媒体中的简单统计图表。 5. 探索平均数的意义，能解决有关的简单实际问题。 6. 能在简单的实际情境中，合理应用统计图表和平均数，形成初步的数据意识和应用意识	1. 能收集、整理具体实例中的数据，并用合适的方式描述数据，分析与表达数据中蕴含的信息。能用条形统计图合理表示数据，说明数据的现实意义。 2. 知道用平均数可以刻画一组数据的集中趋势，知道平均数的统计意义；知道平均数是介于最大数与最小数之间的数，能描述平均数的含义；能用平均数解决有关的简单实际问题，形成初步的数据意识和应用意识	1. 数据的收集、整理与表达的教学。创设真实情境，引导学生经历简单的数据收集和整理，感悟收集数据的意义和方法，用数学语言表达数据所蕴含的信息，形成初步的数据意识。 2. 条形统计图教学要通过现实背景，让学生理解条形统计图中横轴和纵轴的意义及两者之间的关联，知道条形统计图的主要功能是表达数量的多少，借助条形统计图可以直观比较不同类别事物的数量。 3. 平均数教学要引导学生在熟悉的情境中理解平均数所具有的代表性，通过刻画一组数据的集中程度表达总体的集中状况。例如，某篮球运动员平均每场得分、某地区玉米或水稻的平均亩产（1 亩 ≈ 666.67 米^2）、某班级学生的平均身高等，理解平均数的意义；也可以让学生经历收集体现社会发展或科技进步数据的过程，初步体会平均数的统计意义，形成初步的数据意识
	第三学段（5~6年级）	1. 根据实际问题需要，经历数据收集、整理和分析的过程，能合理述说数据分析的结论。 2. 认识折线统计图、扇形统计图；会用条形统计图、折线统计图呈现相关数据，解释所表达的意义。 3. 能从各种媒体中获得所需要的数据，读懂其中的简单统计图表。 4. 结合具体情境，探索百分数的意义，能解决与百分数有关的简单实际问题，感受百分数的统计意义。	1. 能根据问题的需要，从报纸、杂志、电视、互联网等媒体上获取数据，或者通过其他合适的方式获取数据，能把数据整理成条形统计图、折线统计图，知道条形统计图、折线统计图和扇形统计图的功能，会解释统计图表达的意义，能根据结果作出简单的判断和预测。	1. 数据的收集、整理与表达的教学。从实际情境和真实问题入手，引导学生在条形统计图的基础上，进一步学习统计图；在平均数的基础上，进一步学习百分数。在这样的过程中，了解数据的随机性。 2. 折线统计图教学要引导学生理解折线统计图的主要功能是表达数据的变化趋势。例如，表达中国高速铁路运营里程的逐年增长、某学生身高的逐年增长、某地区一个月最高温度的变化等。体会折线统计图与条形统计图的区别，知道针对不同问题应选择合适的表达方式，逐步感知统计学基于合理性的价值判断准则。有条件的学校可以利用信息技术处理数据、绘制统计图。

续表

主题	学段	内容要求	学业要求	教学提示
数据的收集、整理与表达	第三学段（5~6年级）	5. 在简单的实际情境中，应用统计图表或百分数，形成数据意识和初步的应用意识	2. 能在真实情境中理解百分数的统计意义，解决与百分数有关的简单问题。能在认识及应用统计图表和百分数的过程中，形成数据意识，发展应用意识	3. 百分数教学要引导学生知道百分数是两个数量倍数关系的表达，既可以表达确定数据，如饮料中果汁的含量、税率、利息和折扣等，也可以表达随机数据，如某篮球运动员罚球命中率、某城市雾霾天数所占比例等。建议利用现实问题中的随机数据引入百分数的学习，帮助学生了解百分数的统计意义，了解利用百分数可以认识现实世界中的随机现象，作出判断、制定标准。同时，引导学生了解扇形统计图可以更好地表达和理解百分数，体会百分数中部分与整体的关系
随机现象发生的可能性	第三学段（5~6年级）	1. 通过实例感受简单的随机现象及其结果发生的可能性。 2. 在实际情境中，对一些简单随机现象发生可能性的大小作出定性描述	能列举生活中的随机现象，列出简单随机现象中所有可能发生的结果，判断简单随机现象发生可能性的大小。对于现实生活中的一些简单问题，能根据数据提供的信息，判断随机现象发生的可能性	随机现象发生的可能性的教学。引导学生在自然界和生活的情境中感受简单的随机现象，如下周三是否是晴天，从家到学校所需要的时间等，知道在现实世界中随机现象普遍存在；感知随机现象的基本特征，可能发生也可能不发生，可能以这样的程度也可能以那样的程度发生。让学生感知，许多随机现象发生可能性的大小是可以预测的，例如，一个袋子里装有若干不同颜色的球，学生通过有放回地摸球试验记录，感受数据的随机性，判断各种颜色球的多与少，发展数据意识

表2.8　小学数学课程综合与实践领域内容

学段	内容要求	学业要求	教学提示
第一学段（1~2年级）	主题活动1：数学游戏分享 在具体情境中，回顾自己在学前阶段经历的与数学学习相关的活动，唤起数学学习感性认识和学习经验，激发进一步学习数学的兴趣，尝试运用与数学学习相关的词语，逐步养成学习数学的良好习惯	1. 能比较清晰地描述幼儿园和学前生活中的数学活动内容，比较准确地表达自己对数、数量、图形、方位等数学知识的理解。 2. 能说明或演示自己玩过的数学游戏内容和规则，在教师的协助下能带领同伴一起玩这些数学游戏	1. 为使学生更好地完成从幼儿园阶段到小学阶段的过渡，在学生入学的第1~2周安排"数学游戏分享"主题活动。学生通过介绍自己幼儿园生活中经历的数学活动，表达自己在幼儿园数学活动中的收获，分享在幼儿园玩过的数学游戏，邀请同伴一起做这些数学游戏等，衔接幼儿园与小学生活，顺利开始小学数学的学习。 2. 本学段的综合与实践，涉及货币、时间等常见量的认识，以及方向、位置的学习。应当在具体活动中，引导学生知道货币价值、了解时间意义、辨别方向和位置，丰富对量的体验，形成初步的量感和空间观念，初步积累数学活动经验。

续表　　◆ 笔记栏

学段	内容要求	学业要求	教学提示
第一学段（1~2年级）	主题活动2：欢乐购物街 在实际情境中认识人民币，能进行简单的单位换算，了解货币的意义，具有勤俭节约的意识，形成初步的金融素养	1. 积极投入模拟购物活动，能清晰表达和交流信息，认识元、角、分，知道元、角、分之间的关系。 2. 会在真实或模拟的情境中合理使用人民币。 3. 在教师的指导下能够反思并述说购物的过程，积累使用货币的经验。 4. 形成对货币多少的量感和初步的金融素养	3. 作为综合与实践活动，教学目标除了包含对常见的量的数学知识要求，还要关注学生活动经验的获得和情感态度的发展。例如，"欢乐购物街"，不能将教学目标仅聚焦在"认识人民币，能进行简单的单位换算"，还应考虑将"积极投入模拟购物活动，能清晰表达和交流信息""会在真实或模拟的情境中合理使用人民币""能够反思并述说购物的过程""形成对货币多少的量感和初步的金融素养"等作为主题活动的教学目标。 4. 主题活动的设计提倡多学时的长程学习，可以根据实际情况灵活设计活动内容和形式，有助于学生加深对知识的理解，积累基本活动经验。例如，"欢乐购物街"，可以设计4学时完成：第1学时回顾生活经验，认识人民币；第2~3学时筹备、开展购物活动，可以与学校"数学节"或其他学科的教学活动整合；第4学时反思、评价购物活动的收获，积累反思与交流的经验，拓展金融知识。 5. 主题活动的实施要有利于学生的参与和体验。指导应面向全体，全程跟进，关注学生的参与情况，包括获得了什么样的体验，如何与他人交流，需要怎样的帮助等；指导学生反思与交流活动，引导学生描述感受、表达收获、总结发现。 6. 主题活动的评价是综合与实践的重要组成部分，应当关注过程性评价，对照主题活动的教学目标确定评价方式，不仅要关注学生对教学内容的掌握情况，还要关注学生参与活动的程度。例如，"欢乐购物街"，活动之前要了解学生已有的购物经验，确定学生的课前知识基础和经验。第1学时，评价学生认识人民币的情况；第2~3学时，设计学生自评工具，指导学生关注自身的活动过程；第4学时，可组织学生进行反思、互评。 7. 主题活动内容的确立可参照以上案例，依据本学段数学知识的内涵、在生活中的应用，以及与其他学科知识的关联，自主设计形式多样、富有趣味的活动，如纸的厚度、神奇的七巧板、最喜欢的故事书等，帮助学生加深对数学知识的理解，体会数学与现实生活的联系
	主题活动3：时间在哪里 在生活情境中认识时、分、秒，结合生活经验体会并述说时间的长短，了解时间的意义，懂得遵守时间	1. 认识时、分、秒，能说出钟表上的时间。 2. 了解时、分、秒之间的关系，能结合生活经验体会时间的长短。 3. 能将生活中的事件与时间建立联系，感悟时间与过程之间的关系。 4. 形成对时间长短的量感，懂得遵守时间的重要性	
	主题活动4：我的教室 在日常生活情境中，会用上、下、左、右、前、后描述物体的相对位置；认识东、南、西、北四个方向。形成初步的空间观念	1. 会用上、下、左、右、前、后描述现实生活中物体的相对位置。 2. 会用东、南、西、北描述物体所在的方向。 3. 给定东、南、西、北四个方向中的一个方向，能辨别其余三个方向。 4. 了解物体间位置、方向的相对性，形成初步的空间观念	
	主题活动5：身体上的尺子 运用学过的测量长度的知识，发现自己身体上的一些"长度"；利用这些"长度"作为单位，测量空间或其他物体，积累测量经验，发展量感	1. 能运用测量长度的知识，了解身体上的一些"长度"。 2. 能用身体上这些"长度"测量教室以及身边某些物体的长度。 3. 能记录测量的结果，能与他人交流、分享测量的经验，发展量感	
	主题活动6：数学连环画 结合自己的生活，运用学过的数学知识记录自己的经历，或述说一个含有数学知识的小故事，表达对数量关系的理解，感受数学知识与现实生活的联系	1. 能简单整理学过的数学知识，思考如何运用数学知识记录自己的经历。 2. 能结合生活经验或者通过查阅资料，编写含有数学知识的小故事。 3. 能用自己的语言表达数学连环画中数学知识的意义及蕴含的数量关系，能理解他人数学连环画中的数学信息及关系，学会数学化的表达与交流	

续表

学段	内容要求	学业要求	教学提示
第二学段（3~4年级）	主题活动1：年、月、日的秘密 知道24时记时法；认识年、月、日，知道它们之间的关系；能运用年、月、日的知识解释生活中的问题，提高初步的应用意识。了解中国古代如何认识一年四季，了解中华优秀传统文化	1.知道24时记时法与钟表上刻度的关系，能用24时记时法表示时间。 2.知道年、月、日之间的关系，以及相关的简单历法知识。 3.知道一年四季的重要性，了解中国古代是如何通过土圭之法确定一年四季的，培养家国情怀	1.第一学段的主题活动，侧重认识日常生活中最常见的量，例如，元、角、分等人民币的量，时、分、秒等时间的量，以及认识东、南、西、北四个方向。第二学段的主题活动，不仅要让学生认识度、量、衡更为广泛的量，认识年、月、日等更为一般的时间概念，认识八方，还要引导学生尝试用学过的知识解决应用性的数学问题和简单的实际问题，体会数学的价值，提升应用意识；引导学生查阅相关资料，知道中国古代那些与量有关的概念的由来，培养家国情怀，积累学习经验。 2.主题活动的设计可以考虑问题引领的形式。例如，"曹冲称象"的故事可以从故事引入，引发学生的好奇心和探究的欲望，在理解质量单位的基础上，思考如何运用"总量等于各分量之和"称出一个庞然大物的质量，感知"等量的等量相等"这一基本事实，感悟如何用数学的思维思考现实世界。 3.与第一学段相同，第二学段也可以设计长程活动，引导学生主动参与、查阅资料、深入思考、得出结论，经历探求解决问题策略的过程，丰富数学学习的经验。例如，"曹冲称象"的故事，可设计5学时完成：第1~2学时，可以联系学生对物体质量的感觉，帮助学生在体验活动中理解质量单位的意义，了解一些测量物体质量的工具；第3~4学时，可以从"曹冲称象"的故事入手，让学生经历测量物体质量的过程，提出如何测量庞然大物质量的问题，鼓励学生探究度量的策略，培养学生的想象力；第5学时，鼓励学生回顾与反思主题活动的过程，分析度量策略的数学原理，感悟两个基本事实，以及如何基于这两个基本事实思考现实世界。 4.主题活动的评价。在第一学段强调关注过程性评价的基础上，还可以增加关注创新性评价。需要注意的是，只要策略和方法是学生独立或小组讨论得到的，对于学生而言，这样的策略和方法就是创新，就应当予以鼓励。要引导学生经历克服困难获得成功的过程，鼓励学生个体和小组在解决问题的过程中提出独特的策略和方法，激发创造的热情，形成创新意识。
	主题活动2："曹冲称象"的故事 以"曹冲称象"的故事为依托，结合现实素材，感受并认识克、千克、吨，以及它们之间的关系，感受等量的等量相等，发展量感和推理意识，积累数学活动经验	1.知道"曹冲称象"的故事，形成问题意识。 2.能结合现实素材，感受并认识克、千克、吨，能进行简单的单位换算。 3.理解"曹冲称象"的基本原理是等量的等量相等，能针对具体问题与他人合作制订称重的实践方案，并能在执行方案的过程中不断反思，丰富度量的活动经验	
	主题活动3：寻找"宝藏" 在生活情境中，认识东北、西北、东南、西南四个方向，了解"几点钟方向"，会描绘物体所在的方向，发展空间观念	1.在认识东、南、西、北的基础上，能在平面图上认识东北、西北、东南、西南四个方向。 2.能描绘图上物体所在的方向，判断不同物体所在的方向，以及这些方向之间的关联；能把这样的认识拓展到现实场景中，在简单的实际情境中正确判断方位。 3.进一步理解物体的空间方位及物体之间的位置关系，发展空间观念。 4.了解用"几点钟方向"描述方向的方法及其主要用途，能在现实场景中尝试以站立点为正中心（圆心），以钟表盘12个小时的点位来说明方向。 5.能尝试设计符合要求的藏宝图，能从他人的藏宝图中发现、提取信息并解决问题，提高推理意识	

续表　　✎ 笔记栏

学段	内容要求	学业要求	教学提示
第二学段（3~4年级）	主题活动4：度量衡的故事 知道中国在秦朝统一了度量衡，指导学生查阅资料，理解度量衡的意义，知道最初的度量方法都是借助日常用品，加深对量和计量单位的理解，丰富并发展量感	1. 会查找资料，理解度量衡的意义，提升学习的意识与能力。 2. 了解最初的度量方法都是借助日常用品，理解度量的本质就是表达量的多少，知道计量单位是人为规定的。 3. 了解计量单位的发展历史，知道科学发展与度量精确的关系。 4. 在教师指导下，能对不同的量进行分类、整理、比较，丰富并发展量感	5. 活动实施的保障。对于一些复杂的操作性活动，需要认真准备活动实施所需要的设施，如"曹冲称象"的故事，需要提前收集与质量度量相关的素材，作为学生探究的补充资源；需要准备不同的测量工具，让学生感悟其中的共性和差异；需要了解学生称重实践可能需要的物品（如设计缩小版的"称象"学具）；等等。 6. 第二学段的主题活动涉及综合性、实践性较强的跨学科内容，需要多学科教师协同教学，统筹设计与实施。 7. 第一学段相同，第二学段也可以自行设计主题活动的内容，但要指向综合数学知识、融合其他学科知识的实际情境和真实问题，设计具有操作性的活动。如制订旅游计划、你有多少根头发、学校中的数学等，引导学生感受数学与其他学科的联系，以及在解决实际问题中的作用，提高应用意识
第三学段（5~6年级）	主题活动1：如何表达具有相反意义的量 在熟悉的情境中了解具有相反意义的数量，知道负数在情境中表达的具体意义，感悟这些负数可以表达与正数意义相反的量，进一步发展数感	在真实情境中，通过具体事例体会相反意义的量，如温度、海拔等，能表达具体情境中负数的实际意义，能通过对多个事例的归纳、比较，感悟负数可以表达与正数相反意义的量	1. 学生在主题活动中学习某些数学知识，运用数学和其他学科的知识与方法解决问题。在"如何表达具有相反意义的量"中，借助气温、海拔等事例了解负数表达的实际意义。在"校园平面图"中，通过实际操作、小组合作等方式，运用测量、画图等方法解决问题。在"体育中的数学"中，可以与体育课相结合，记录、整理和呈现某些体育项目活动中的数据，从中发现问题、解决问题。第二学段应引导学生经历数学应用的一般性过程，包括有价值数学问题的提出、解决问题策略和方法的探究、数学结论现实意义的合理解释等，体会数学的价值和思想方法，提高创新意识和应用意识。 2. "营养午餐""水是生命之源"，可按照项目式学习的方式进行活动设计。学生可分组，发现、提出与"项目"相关的问题，分工协作完成计划，反思交流问题解决中的收获、感悟。例如，"营养午餐"作为项目式学习，应当遵循项目式学习的要求，对问题进行完整的设计和规划。其中包括知道人体所需的各种营养物质，甚至还要知道这些营养物质的作用；需要知道各种食物所含营养物质的比例；需要调查并分析学校食堂或自己家庭午餐的营养状况；需要用统计图表整理调查结果，可以用百分数表达相应数据，用扇形统计图呈现各自所占比例。
	主题活动2：校园平面图 在实际情境中，综合应用比例尺、方向、位置、测量等知识，绘制校园平面简图，标明重要场所；交流绘制成果，反思绘制过程，形成初步的应用意识和创新意识	1. 结合本校校园的实际情况，能制订比较合理的测量方案和绘图比例。 2. 能理解所需要的数学和其他学科的知识，在教师指导下，积极有序展开测量。 3. 能按校园的方位和场所的位置，依据绘图比例绘制简单的校园平面图。 4. 能解释绘图的原则，在交流中评价与反思，提升规划能力，积累实践经验	

续表

学段	内容要求	学业要求	教学提示
第三学段（5~6年级）	主题活动3：体育中的数学 收集重大体育赛事的信息、某项体育比赛的规则、某运动员的技术数据等素材，提出数学问题，设计问题解决方案；在问题解决的过程中，形成发现、提出、分析、解决问题的能力	1. 能结合自己的兴趣，确定所要研究的关于体育的内容与范围。 2. 会查找相关资料，提出有价值的数学问题。 3. 在教师指导下，能与他人交流合作，运用数学或其他学科的知识解决问题；能积极参与小组间的交流，说明自己小组的问题解决过程，理解其他小组所解决的问题和问题解决的思路，感悟数学在体育中的作用，提高学习数学的兴趣	3. 学生需要分工协作完成调查分析。如上所述，所要调查分析的内容很多，为了保证活动的实效性，教师需要组织学生分组活动，分工负责，以长程活动的方式进行，最后归纳总结。可设计6学时完成"营养午餐"的学习。其中第1~2学时，分别调查了解人体所需要的营养物质和几种主要食品所含营养物质，计算相应的百分数，看懂相应的扇形统计图；第3~4学时，收集学校食堂或自己家庭一周的午餐食谱，分析其中的营养成分，进行类似的统计分析；第5学时，综合所有数据，分析午餐营养与人体所需营养之间的关系，小组之间进行交流，达成人体对午餐所需营养的共识；第6学时，把学校或自己家庭午餐营养统计数据与达成的共识进行比较，提出改进建议，并且设计一周的营养午餐，小组之间进行交流。 4. 这样的项目式学习，可以采用"课内十课外、校内十校外、集中十分散"等灵活方式进行，调动学生的自主性，指导学生综合运用知识，开展有目的、有设计、有步骤、有合作、有反思的实践活动，培养学生解决实际问题的兴趣和能力，发展模型意识。 5. 除上述主题内容外，还可以结合中华优秀传统文化，以及与学生密切相关的校园生活、社会生活选择内容，如垃圾回收与利用、身边的一棵树、城市公共交通路线图、寻找黄金分割等，以保证不同基础、不同需求的学生都可以参与活动，普遍提高学生学习数学的兴趣、应用意识和创新意识
	项目学习1：营养午餐 调查了解人体每日营养需求，几类主要食物的营养成分，感受合理膳食的重要性；调查学校餐厅或自己家庭一周午餐食谱的营养构成情况，提出建议；开展独立活动或小组活动，设计一周合理的营养午餐食谱；形成重视调查研究、合理设计规划的科学态度	1. 在对人体营养需求和食物营养物质的调查研究中，进一步理解百分数的意义。 2. 会用扇形统计图整理调查结果，分析如何实现营养均衡。 3. 经历一周营养午餐食谱的设计过程，感悟在实际情境中方案的形成过程；形成重视调查研究、合理设计规划的科学态度	
	项目学习2：水是生命之源 调查了解生活中人们使用淡水的习惯及用量，结合淡水资源分布、中国人均淡水占有量、城市生活用水的处理等信息，发现、提出并解决问题；制订校园或家庭节水方案，尝试设计节水工具或方法，提高环保意识，形成初步的应用意识和创新意识	1. 能合作设计生活中用水情况的调查方案，并展开调查，在调查中进一步优化方案。 2. 会查找与淡水资源相关的资料，从资料和实地走访中筛选需要的信息，提出问题，确定解决问题的思路，提高应用意识。 3. 根据问题解决中的发现和收获，制订节水方案，尝试设计节水工具或方法，培养创新意识；在问题解决中加深对水资源保护等社会问题的关注与理解	

四、小学数学学业质量

学业质量是教育质量的重要组成部分和重要标志，为了科学合理地评价并提升教育质量，需要明确学业质量的内涵，制定科学合理的学业质量标准。

（一）学业质量的内涵

《标准》将学业质量界定为"学生在完成课程阶段性学习后的学业成就表现，反映核心素养要求"。说明学业质量是在学生完成了相应学段的数学课程学习后，对其学习表现的刻画，关注学生的学习所得，可以用来表示学生结果目标和过程目标的达成情况。

（二）学业质量标准的特点

《标准》构建了"义务教育数学课程学业质量标准"，以核心素养的学段表现为依据，以结构化的数学内容主题为载体，利用不同水平的情境和活动方式，对不同学段学生的学业水平提出要求。

1. 核心素养统领下"四基""四能""情感态度"三位一体融合式学业质量标准

《标准》中的学业质量标准采用三段式描述，分别从"四基""四能""情感态度"三个方面综合描述学生的数感、量感、符号意识等核心素养和在数学学习中形成的初步学习能力。不仅关注学生通过数学学习所能掌握的数学基础知识与基本技能，还关注学生对基本数学思想的感悟、基本活动经验的积累，以及在数学学习过程中逐步形成的发现问题、提出问题、分析问题与解决问题的能力。同时，还关注学生数学学习的情感、态度和价值观，综合考量学生核心素养在各个方面所表现出来的发展水平，是对学生学业成就的整体描述和界定。这种学业质量标准扬弃以学科知识点为纲，以识记、理解和应用为质量水平的观点，转而采用一种整合的、实践取向的学业成就观。

2. 可测量、可操作、易评价

在学业质量标准的建构中，从行为主体、行为动词到行为条件、表现程度的表达，采用可操作的语言描述学生执行某种具体行为的过程。以第二学段学业质量标准为例：一是清楚地表明达成目标的行为主体是学生；二是采用意义明确，易于观察、测量的知识性目标动词、技能性目标动词及情感性目标动词，如第二学段的学业质量描述"能分析与表达数据中蕴含的信息，能绘制简单的数据统计表和统计图，形成初步的数据意识"；三是明确指出学生在什么情况下以什么方式完成指定的学习活动，如"结合现实生活，能尝试运用所学的数学知识和方法描述、表达、分析、解释实际问题"；四是利用状语等限定目标水平的表现程度，以便检测，如"初步养成独立思考、合作探究等良好的学习习惯"。

（三）学业质量标准的运用

学业质量评价让我们看到如何有针对性地分层描述学生的特定表现，为在实践中实施精准评估素养导向的学业表现提供了参考。教师要结合学业质量标准要求，在课堂教学上对学生的学习表现和学习效果进行设计与评价，聚焦学生的素养表现，将观测点和考核点侧重在观察学生"能做什么"和"做得怎么样"上。深入研究学生在真实问题情境中的各种表现，并与他们展开真正的对话，刻画其思维过程和特征。同时，在纸笔测试中，要结合学业质量标准考查核心素养评价任务，设计分层评分标准，描述学生不同层次的思维水平。

"评价建议"提出了形式丰富、维度多元、主体多样的评价方式，以及评价结果运用等方面的具体要求，强调建立与核心素养一致的命题规划和方法。

第二节　小学数学教材研读分析

一、教材分析的意义

小学数学教材是根据小学生的认知规律、《标准》和小学数学学习的特点编写的。它系统地阐述了小学数学教学的内容，选编配备了插图和习题，并渗透了一些数学思想与方法。它是最基本的课程资源，是小学数学教与学的主要依据，更是小学生获取数学知识、开发智力和发展数学能力的源泉。教师授课前必须认真分析和研究教材，领会教材的编写意图，在此基础上，组织教学内容，编写教案，选用教法，实施教学，以实现教学目标，完成教学任务。因此，教材分析是教师熟悉教材、把握教材并逐步驾驭教材的途径，是备好课、上好课的前提，是教师提高教学水平和科研水平的重要环节。

教材分析的目的是教学，教学的目的是让学生学会。教师在使用教材的过程中，要仔细研究教材的知识结构，各部分知识间的作用、地位和内在联系，重点、难点和关键，以及所蕴含的思想方法和教育功能，从而确定教学目标。

此外，教师在使用教材的过程中，不断分析和研究教材，发现问题，发表意见，这无疑有益于教材建设，促进教材日臻完善。因此，教材分析是教师的一项重要的教学基本功，也是促进教师专业发展的重要推手。

二、教材分析的内容和要求

（一）分析教材的编排体系和知识之间的内在联系

首先要认真阅读，仔细推敲教材文本。读懂具体章节的编排顺序，读懂具体内容的结构特点，读懂情境图，读懂导语、提示语及旁注。厘清教材中所包含的数学基础知识（如概念、性质、法则、公式等），所涉及的基本能力（如读、写、算、绘图、测量、制作等），所渗透的数学思想，等等。

其次要认清各类知识的来龙去脉与纵横联系，以及它们在整个小学数学教材中的地位和作用。掌握小学数学教材的编排体系和内在联系（尤其是分布在几册教材里的相关、相近或相同内容的联系）后，再着手对所教的一册教材、一单元内容或者一课时内容进行深入具体的分析研究，可以避免教学过程中前后脱节或者重复的现象。要充分认识所要教的那部分内容，知道其知识基础是什么，以便为后继知识的教学做铺垫。

（二）分析研究教材的重点、难点和关键

分析教材的重点、难点和关键，是为了科学地组织教学内容、设计教学过程，做到突出重点、抓住关键、突破难点、带动全局，有效地提高课堂教学质量。

1.教材的重点

确定教材的重点，要以教材本身为依据。深刻分析研究所教的内容，并将其放到整个知识系统中判定其地位和价值。在教材某一部分中，关系全局、直接影响其他知识学习的那些知识，叫作该部分的重点。

整数的认识和四则运算是"数的运算"的重要基础和逻辑起点；而整数的四则运算又以20以内的加减法、九九乘法表为重点。

长方形面积的计算是面积计算的基础。如果不掌握长方形的面积公式，就无法推得其他图形的面积公式。因此，长方形的面积计算公式是重点。

2.教材的难点

在小学数学教材中，有的内容比较抽象，不易被学生理解；有的内容纵横交错，比较复杂；有的内容本质属性比较隐蔽；有的内容体现了新的观点和新的方法，在新旧知识的衔接上呈现了较大的坡度；有的内容相互干扰，易混、易错。这种教师难教，学生难学、难懂、难掌握，以及学生学习中容易产生混淆和错误的内容，通常叫作教材的难点。

例如，应用题从题意理解到列出综合算式，对小学生来说就比较复杂和困难，因此，它是难点；圆的周长和面积公式的推导，因其原理复杂、隐蔽而构成教材的难点；从整数到分数，从自然数单位到分数单位，从普通数字到用字母表示数等，体现了新观点和新方法，显示出新旧知识衔接过程中的较大坡度，从而成为教材的难点；数位与位数、对称轴与轴对称、质数与互质等，因为易混、易错而成为教材的难点。

教材的难点也具有相对性，它与学生的知识基础、认知水平、思维能力以及学习精神等有一定关系。相同的学习内容，对一部分学生来说是难点，但对另一部分学生来说可能不是难点。当然，难点的形成与教师的教法也有关系。

应当指出，教材的难点具有积极与消极的双重性。通常我们对难点消极的一面关注较多，但也应当看到教材难点在教学中积极的一面，它对深化认识、发展思维和培养数学素养有着不可替代的作用。事实上，没有困难也就谈不上积极探索和刻苦学习，从这个意义上讲，数学教学中的难点不仅体现着数学的魅力，还蕴蓄着思

考、探索的动力。在难点教学中，学生不仅能够深刻地领悟知识和锤炼思维，还可以培养毅力，磨炼意志，学会探索。

3. 教材的关键

教材中有些内容对掌握某一部分知识或解决某一类问题有着决定性的作用，这些内容就是教材的关键。作为教材的关键，它在攻克难点、突出重点过程中往往具有突破口的功能。一旦掌握好教材的关键，与其相关内容的教学就可以迎刃而解。

如掌握"凑十法"是学习20以内进位加法的关键；理解分数的意义和分数单位的意义及分数的基本性质是掌握分数四则运算法则的关键；发现圆的周长是直径的若干倍，其倍数是一个常数，即圆周率，是探究圆的周长计算公式的关键。

教材的重点、难点和关键有时可以相同。例如，"凑十法"既是20以内进位加法的重点，同时也是关键。只有准确地掌握教材的重点、难点和关键，才能保证学生正确理解和掌握教材内容，取得事半功倍的效果。

4. 教材的练习题

练习题是小学数学教材的一个重要组成部分。可以从习题配备的目的性、层次性，从习题蕴含的数学思想方法，从习题蕴含的数学拓展空间，从习题的形式特点和学生的解题特点分析教材中的练习题。

分析教材的练习题时，首先要明确每道练习题的设计目的和要求，明确每部分知识或每个例题所对应的练习题；其次要弄清哪些题是基本题，哪些题是综合题，哪些题是变式题或拓展题，哪些题是发展学生智力的思考题，对难度较大的题，教师应亲自做一遍，做到心中有数，从而有目的、有计划地给学生布置作业。

（三）分析教材中渗透的数学思想方法

数学思想方法和数学知识一样，是人类在长期的数学活动中所积累的，是学生形成良好认知结构的基础，是由知识转化为能力的桥梁，也是学生智力发展和数学素养提高的重要因素。因此，在小学数学教学中，分析研究如何渗透数学思想方法是实施素质教育的一个突破口。数学教学不仅是知识和技能的教学，更是数学思想方法的教学，然而，思想方法不同于知识技能，其往往是隐含在教学中的。

在小学阶段的数学教学中，数学思想方法主要是以渗透的形式出现的，教师分析教材的主要任务之一是明确其中渗透了哪些数学思想方法，并将之进行深化。现行小学数学教材中渗透了抽象思想、数形结合思想、归纳思想、类比思想、化归思想、集合思想、符号思想、对应思想、方程思想、函数思想、统计思想、模型思想、极限思想等。

在分析教材时，教师一定要认真研究在什么地方渗透了什么样的数学思想方法。例如，在"数的认识与运算""最大公约数和最小公倍数""长方形、正方形和平行四边形的关系"等内容中渗透了集合思想；在"数的大小比较"中渗透了对应思想；在"植树问题""鸡兔同笼"等内容中渗透了模型思想；在"异分母分数的加减运算""三角形面积计算公式的推导"等内容中渗透了化归思想；在"圆面积公式和圆柱体体积公式的推导"等内容中渗透了极限思想。

（四）分析教材中蕴含的数学文化

我们把数学当作"日常生活的工具"，关注数学给人类物质生活带来的影响；把数学当作"思维的体操"，重视数学文化对人的思维方式的影响；把数学当作一种"文化"，重视数学对人类精神方面的巨大作用，特别强调数学文化对人类精神生活的重大影响，体现为数学思想、数学史观、数学审美、数学意识等，让学生在现实与历史中建构数学。

基于"文化"的本义——"以文教化"，数学文化就属于数学对于人的品德的教养、思维的提升、精神的培养和性情的陶冶的范畴。

小学数学教材中不但含有数学知识、数学思想、数学方法等显性内容，而且含有德育、美育、情感教育、数学内容的文化价值等隐性内容。这些隐性内容可以使小学生受到辩证唯物主义观点的启蒙教育，受到爱祖国、爱人民、爱劳动、爱科学、爱社会主义的教育，使求真、爱美、悟善的情操得到启蒙，丰富学生的精神世界，提高做人的基本修养。所以，挖掘、分析教材中所隐含的具有教育功能的内容，并积极在教学中加以实施，不仅可以强化学生的学习动机，增加学生学习的内驱力，还有利于促进学生综合素质的发展。

三、小学数学教材分析举例

以下教材分析的内容选自人教版《数学》五年级下册。

（一）单元分析——第二单元"因数和倍数"

"因数和倍数"是数与代数领域"数与运算"中的重要内容。

本单元所涉及的因数、倍数、质数、合数等概念以及第四单元中的最大公因数、最小公倍数等内容，都是初等数论的基础知识。

本单元的知识作为数论的初步知识，一直是小学数学教材中的重要内容。一方面，学习分数，特别是学习约分、通分，需要以因数、倍数的概念为基础，进一步掌握公因数、最大公因数和公倍数、最小公倍数的概念，需要用到质数、合数的概念，需要掌握2、5、3的倍数的特征和判断方法。因此，本单元的知识是学习数学不可或缺的基础。另一方面，这部分内容的学习，不仅能丰富学生有关整数的知识，加深学生对整数除法的认识，同时，由于这些知识比较抽象，且概念间的联系非常紧密，所以也有助于发展学生的数学思维。

1. 单元教学地位

本单元的内容包括：因数和倍数的认识，2、5、3的倍数，质数和合数。对这些知识的学习需要学生在掌握了整数知识（包括整数的认识、整数的四则混合运算）的基础上，进一步探索整数的性质，属于初等数论的基本内容。后续在五年级下册第四单元中学生将继续学习最大公因数、最小公倍数、通分与约分、分数的加法和减法等知识。具体如图 2.1 所示。

已学过的相关内容

整数知识（包括整数的认识、整数的四则混合运算）。

后续将学习的相关内容

最大公因数、最小公倍数、通分与约分、分数的加法和减法等。

本单元学习的主要内容

因数和倍数的认识，2、5、3的倍数，质数和合数。

图 2.1　单元教学地位

2. 单元知识框架

教材中首先直接给出了因数和倍数的概念，让学生明确因数与倍数的相互依存的关系；在此基础上，让学生根据已有的用归纳推理找规律的经验探索 2、5、3 的倍数的特征；在学生掌握了 2 的倍数的基础上，介绍了偶数和奇数的概念；然后在进一步探讨因数和倍数的规律中让学生认识质数和合数，如图 2.2 所示。本单元的知识内容比较抽象，概念也比较多，教材恰当地运用了生活实例或具体情境来进行教学，培养学生的推理能力和抽象思维能力。

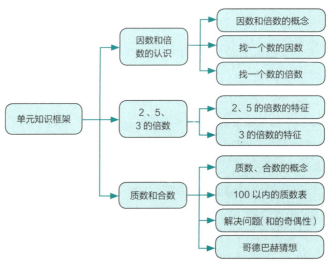

图 2.2　单元知识框架

3. 教学目标

（1）理解因数和倍数的概念，能举例说明。

（2）通过自主探索，掌握 2、5、3 的倍数的特征，能准确判断 2、5、3 的倍数，促进数感的发展。

（3）了解质数与合数，在 1 ~ 100 的自然数中，能找出质数与合数，并能熟练判断 20 以内的数哪些是质数，哪些是合数。

（4）了解奇数与偶数，能准确判断奇数与偶数，通过探索奇数、偶数相加的结果是奇数还是偶数（奇偶性），丰富解决问题的策略。

（5）知道有关概念之间的联系和区别，在建立概念、运用概念的过程中，逐步发展数学的抽象能力与推理能力。

（6）感悟归纳、分类、化归、配对等数学思想，学会观察、归纳和发现规律的方法，积累探索规律的经验。

（7）通过本单元"你知道吗？"栏目，让学生明鉴数学之史，理解数学之用，感悟数学之思，欣赏数学之美，玩转数学之趣。从品德教养、科学精神、家国情怀、性情陶冶等方面潜移默化地渗透数学文化，提升学生的理性思维和辩证思维，培养学生的科学素养，达成立德树人的目标。

4. 教学重难点

重点：掌握因数和倍数的概念，学会求一个数的因数和倍数，知道 2、5、3 倍数的特征，会判断一个数是不是 2、5、3 的倍数。

难点：掌握概念之间的联系和区别，在建立概念、运用概念的过程中，逐步发展数学抽象能力与推理能力。

5. 教学措施

由于本单元内容较为抽象，很难结合生活实例或具体情境来进行教学，学生理解起来有一定的难度，所以教学应注意以下两点。

（1）加强对概念间相互关系的梳理，引导学生从本质上理解概念，避免死记硬背。本单元中因数和倍数是最基本的两个概念，理解了因数和倍数的含义，对于"一个数的因数的个数是有限的，倍数的个数是无限的"等结论自然也就掌握了，对于后面的公因数、公倍数等概念的理解也就水到渠成了。要引导学生用联系的方法掌握这些知识，而不是机械地记忆一堆支离破碎、毫无关联的概念和结论。

（2）由于本单元知识特有的抽象性，教学时要注意培养学生的抽象能力。虽然我们强调从生活的角度引出数学知识，但在过去的数学教学中，一些教师往往忽视概念的本质，而让学生死记硬背相关概念或结论，导致学生无法厘清各概念间的前后承接关系，达不到融会贯通的程度。而学生到了五年级，抽象能力已经有了进一步的提高，有意识地培养他们的抽象概括能力也是很有必要的，如让学生通过几个特殊的例子，自行总结出"一个数的倍数的个数是无限的"结论，逐步形成从特殊到一般的归纳推理能力等。

6. 教学建议

本单元建议设置 6 课时左右。

内容 1：因数和倍数

对于因数和倍数，传统教材是按数学知识的逻辑系统（除法、整除约数和倍数）来安排的，这种对概念的揭示，从抽象到抽象，没有学生亲身经历的过程，也无须学生借助原有经验的自主建构，学生获得的概念是刻板的、冰冷的。现在的具体做法是：

（1）出示情境图：（两排飞机，每排 6 架）引导学生列出乘法算式。

（2）以 2×6=12 为例，从数学的角度看，可以说 2 是 12 的因数，6 是 12 的因数。反过来，还可以说，12 是 2 的倍数，12 也是 6 的倍数。根据 4×4=16 这个算式，你能分别说一说谁是谁的因数，谁是谁的倍数吗？（此题的设计帮助学生明确了 3 个概念：①当两个因数相同时，通常只需要说出或写出一个。②能够根据算式灵活地说出因数与倍数的关系。③因数和倍数是相互依存的关系。）

学生非常容易将"因数和倍数"的概念与乘法算式中的因数及除法算式中的"倍"发生混淆，因此在教学中要充分估计学生出错的现象，用大量的判断题帮助学生形成正确的概念，对以下三点教师要做到心中有数。

（1）乘法算式各部分名称中的"因数"与本单元中的"因数"的联系和区别。

（2）"倍数"与前面学过的"倍"的联系和区别。

（3）说明本单元的研究范围，根据因数和倍数的定义，0 是任何非零自然数的倍数，任何非零自然数都是 0 的因数。但是考虑到以后研究最大公因数和最小公倍数时，如果不排除 0，很多问题无从讨论，如讨论 0 和 5 的最大公因数既没有实际意义，也没有数学意义；而且，如果把 0 考虑在内，任意两个自然数的最小公倍数就是 0，这样的研究没有任何价值。因此，教材指出本单元研究的内容一般不包括 0。

这三点不需要告诉学生，用习题进行辨析，只需要告诉学生为了研究方便，在研究因数和倍数时，我们所说的数专指不是 0 的自然数。

内容 2：2、5、3 的倍数

（1）在教学 2、5 的倍数的特征时让学生经历观察—猜想—验证的过程，由于 2、5 的倍数的特征在个位数上就体现出来了，很容易发现，所以可以放手让学生归纳，教师重点指导学生观察既是 2 的倍数又是 5 的倍数的数的特征。

（2）在运用 2 的倍数的特征进行自然数分类介绍偶数和奇数的概念时，在这个单元中一般不考虑 0，这里需要作一个特殊说明，因为 0 也是 2 的倍数，因此 0 也是偶数。

（3）在教学 3 的倍数的特征时让学生经历观察—猜想—推翻猜想—再观察—再

猜想—验证的过程。

内容 3：质数和合数

（1）在教质数和合数的含义时，注意加强因数与质数、合数的概念间相互关系的梳理，引导学生从本质上理解概念，避免死记硬背，从因数和倍数的含义去理解相关概念。

（2）从一张 100 以内的数列表中，寻找质数。这一环节要用课堂中较多的时间，必须使每一个学生都经历寻找质数的过程。有的学生会一个个地寻找质数；有的在寻找了几个后发现了规律，用排除合数的方法迅速寻找；还有的一开始就无从下手。当学生探索完后，教师要向他们介绍古代数学家的"筛法"，可以先筛出除 2 以外的 2 的倍数，再筛出除 3 以外的 3 的倍数，让学生想一想一直要筛到几，使学生深刻理解 100 以内的质数表。

（3）教材把分解质因数安排在"你知道吗？"栏目中进行介绍，供学生阅读参考。但教师在教学时还是要将其作为知识点讲授，因为这是今后学习其他知识的一种重要方法技能。按照图表的形式把合数分解成质数相乘的形式转化为短除法，重点讲短除法的方法。然后介绍分解质因数的作用，例如：找一个较大数的因数，使学生明确分解质因数的作用，并告知学生这一方法将在以后的学习中广泛运用，给学生留下悬念。

（二）课时分析——3 的倍数

3 的倍数是人教版《数学》五年级下册第二单元"因数和倍数"的第三课时内容。学生在第一课时学习了因数和倍数的概念，第二课时学习了 2、5 的倍数，在此基础上进行本课时的学习。它是求最大公因数、最小公倍数的重要基础，也是学习约分和通分的必要前提。因此，使学生熟练地掌握 2、5、3 的倍数的特征，具有十分重要的意义。

教材的安排是先教学 2、5 的倍数，再教学 3 的倍数。因为 2、5 的倍数的特征仅仅体现在个位上的数，比较明显、容易理解。而 3 的倍数，不能只从个位上的数来判定，必须把其各位上的数相加，看所得的和是否是 3 的倍数来判定，学生理解起来有一定的困难。

数学是"思维的体操"，不能就知识而教知识，而要通过具体的知识，打开学生的思维，真正做到举一反三。要达到这个要求，就需要对数学知识的本质有比较深刻的把握。3 的倍数是一节"种子课"，在这节课教学完以后，在练习题中将探究 4 的倍数的特征、6 的倍数的特征，在练习册中还会探究 9 的倍数的特征、15 的倍数的特征。因此，不仅需要从形式上探讨数的规律，更需要从本质上把握数的规律。只有从本质上把握了数学知识的内涵，才能彻底打开学生的思维，使学生真正做到举一反三。本课时内容学习完以后，学生应该能形成探究活动的经验，会自主探究一些数的倍数的特征。

小学数学教学应促进"四基"的落实。可从表层知识、深层知识和数学文化三个方面深度解读教材，如图2.3所示。

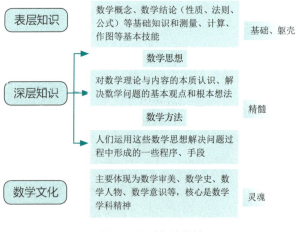

图2.3　深度解读教材

1. 表层知识

（1）3的倍数的特征：各位上的数之和是3的倍数。

特征，意思是可以作为人或事物特点的征象、标志等。

3的倍数都有"各位上的数之和是3的倍数"的特征；反过来，有"各位上的数之和是3的倍数"的特征的整数一定是3的倍数。

（2）判断一个整数是不是3的倍数的方法。

3的倍数的特征与3的倍数之间是一一对应的关系，所以可以根据3的倍数的特征来判断一个数是不是3的倍数。

如果这个数各位上的数之和是3的倍数，那么这个数就是3的倍数；如果这个数各位上的数之和不是3的倍数，那么这个数就不是3的倍数。

2. 深层知识

马克思主义哲学认为：事物的普遍性往往寓于事物的特殊性之中。

归纳推理是由个别事实概括出一般结论，即从特殊到一般的推理，它是一种重要的思维方法。我们在数学学习的"找规律"活动中经常使用，其一般形式如图2.4所示。

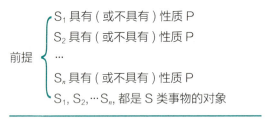

前提 $\begin{cases} S_1 \text{具有（或不具有）性质 P} \\ S_2 \text{具有（或不具有）性质 P} \\ \cdots \\ S_n \text{具有（或不具有）性质 P} \\ S_1, S_2, \cdots S_n \text{，都是 S 类事物的对象} \end{cases}$

结论　所有 S 类事物都具有（或不具有）性质 P

图2.4　归纳推理思维方法

在百数表（见图2.5）中，圈出3的倍数。学生先横着看，然后竖着看，都不能发现3的倍数的特征。于是教师进行一定提示，启发学生排除只看个位的思维定式。学生根据提示，观察、思考，并通过课文中的提示语，变换观察的角度，开始斜着看。斜着看的时候，规律就出现了——在第一斜线上出现的数是3、12、21，在第

笔记栏

二斜线上出现的数是 6、15、24、33、42、51……斜着看时，3 的倍数的特点就比较明显了，就是十位上的数和个位上的数加起来是 3 的倍数。发现百以内的 3 的倍数的规律后，就可以进行推广，归纳出"任何一个 3 的倍数，它的各个数位上的数之和是 3 的倍数"。这个结论的等价说法是"如果一个数各位上的数之和不是 3 的倍数，那么这个数不是 3 的倍数"。

1	2	③	4	5	⑥	7	8	⑨	10
11	⑫	13	14	⑮	16	17	⑱	19	20
㉑	22	23	㉔	25	26	㉗	28	29	㉚
31	32	㉝	34	35	㊱	37	38	㊴	40
41	㊷	43	44	㊺	46	47	㊽	49	50
(51)	52	53	(54)	55	56	(57)	58	59	(60)
61	62	(63)	64	65	(66)	67	68	(69)	70
71	(72)	73	74	(75)	76	77	(78)	79	80
(81)	82	83	(84)	85	86	(87)	88	89	(90)
91	92	(93)	94	95	(96)	97	98	(99)	100

图 2.5　百数表

再任意找几个各位上的数之和是 3 的倍数的整数，看看它们是否是 3 的倍数。

如 246 的各位上的数之和 $2+4+6=12$ 是 3 的倍数，从算式 $246\div 3=82$ 可知 246 是 3 的倍数；又如 12345 的各位上的数之和 $1+2+3+4+5=15$ 是 3 的倍数，从算式 $12345\div 3=4115$ 可知 12345 是 3 的倍数；再如 987654321 的各位上的数之和 $9+8+7+6+5+4+3+2+1=45$ 是 3 的倍数，从算式 $987654321\div 3=329218107$ 可知 987654321 是 3 的倍数。

观察上述特殊的例子，可以归纳出一般的结论：如果一个数各位上的数之和是 3 的倍数，那么这个数就是 3 的倍数。

3. 数学文化

要深入 3 的倍数特征的本质，就需要借助演绎推理进行说理，充分探索 3 的倍数特征的内在规律。

将 3246 分解为 3 个千，2 个百，4 个十，6 个 1。即

$3246=3\times 1000+2\times 100+4\times 10+6\times 1$

而 9、99、999……是 3 的倍数。因此，利用乘法分配律把整千数、整百数、整十数分解成 1 和 999，1 和 99，1 和 9，然后计算寻找原因。

$$\begin{aligned}3246&=3\times 1000+2\times 100+4\times 10+6\\&=(3\times 999+2\times 99+4\times 9)+(3+2+4+6)\end{aligned}$$

第 1 个括号内，每个部分都含有因数 9，都是 3 的倍数。因此，只要看第 2 个括号，第 2 个括号里的数之和是 3 的倍数，这个数就是 3 的倍数。而第 2 个括号内计算的正好是这个四位数每个数位上的数字和。因此，判断这个数是不是 3 的倍数，只要看第 2 个括号里的数之和是否为 3 的倍数。

一般地，$n=abcd$ 是一个任意的四位数，则

$$\begin{aligned}n&=a\times 1000+b\times 100+c\times 10+d\times 1\\&=(a\times 999+b\times 99+c\times 9)+(a+b+c+d)\end{aligned}$$

记 $A=a\times 999+b\times 99+c\times 9$，$B=a+b+c+d$

$A=3\times(a\times 333+b\times 33+c\times 3)$，所以 A 是 3 的倍数。

若 n 的各位上的数之和 B 为 3 的倍数，则 $n=A+B$ 也为 3 的倍数。

若 n 为 3 的倍数，则 n 的各位上的数之和 $B=n-A$ 也为 3 的倍数。

所以，n 为 3 的倍数 $\Leftrightarrow$ n 的各位上的数之和也为 3 的倍数。

数学的简洁和抽象恰好掩盖了最本质的原理，只有化解疑惑，层层剥笋，还原真相，才能促进学生真正理解。教师基于数论视角把握教材，追寻数学本质，借助整数的组成让学生意识到 3 的倍数的特征背后隐含的道理，这对于教师的专业素养确实是很大的挑战。

4. 教学目标

（1）掌握 3 的倍数的特征，能用此特征判别一个整数是否为 3 的倍数。

（2）经历 3 的倍数的特征的探究过程，感悟从特殊到一般的归纳思想，提升观察、分析、归纳、推理的能力，学会用观察归纳的方法找规律，积累探索整数倍数的特征的经验。初步体验数学证明的演绎思想和方法。

（3）体验数学问题的探究性和挑战性，激发学习数学的欲望，并从中获得积极的情感体验；培养自主探究和创新意识；启蒙理性精神，培养理性思维，养成说理的良好习惯。

重点：理解和掌握 3 的倍数的特征，并能熟练地判断一个数是否是 3 的倍数。

难点：3 的倍数的特征的归纳过程。

5. 教学建议

（1）让学生经历归纳、猜想、验证的过程，积累数学活动经验。

探究 3 的倍数的特征时，学生已经积累了"看个位"的经验，而探究 3 的倍数的特征只看个位恰恰成了"陷阱"，教师如果提示"把 3 的倍数各位上的数相加，你发现了什么？"这样就过于直白，不利于学生获得探究体验。应该让学生自己先圈数，发现 3 的倍数个位上 0~9 都有，原来的经验已经失效了，必须改变观察的角度，然后让学生独立观察圈起来的数的分布，教师耐心等待。实在没学生发现规律，再提示"斜着看"；如果还没有学生看出规律，则追加提示，如"第二斜线上，6、15、24、33、42、51，个位数依次少 1，十位数依次加 1，什么不变？""发现了规律，继续观察，其他斜线上的数呢？"

学生归纳概括出规律后，教师让学生再写一些数，验证规律。

（2）让学生从数学视角观察、思考，将实际问题转化为数学问题，提升抽象能力。

数论初步知识属于纯数学，教材在探究 3 的倍数的特征时，去掉了可有可无的实际情境，直接给出百数表，这是引导学生从数学的视角去观察、去思考，而不再时时处处都依赖生活经验来理解，这也能培养学生的抽象能力，教师在教学时要关注这一点。在练习时，需要引导学生将生活中的实际问题转化为数学问题，用数学的方法来解释生活问题。

（3）培养学生有条理的思考习惯和有根有据的说理习惯。

需要借助演绎推理进行说理。让学生品读"你知道吗？"栏目，探求数学知识的本质，知其然并知其所以然，引导学生将"理"表述清楚。

运用2、5、3的倍数解决问题时，依据要明确，表达要清楚。在学生做练习时，教师应关注学生审题，让学生识别无关信息。同时学生要有条理地思考问题，教师应引导学生先考虑什么，满足哪个条件，再考虑什么，满足哪个条件，培养学生有条有理的思考习惯。

（三）"你知道吗？"栏目分析——品读"哥德巴赫猜想"

"哥德巴赫猜想"是人教版《数学》五年级下册第二单元"因数和倍数"的"你知道吗？"栏目的一个数学文化内容。

1. 表层知识

猜想：所有大于2的偶数都可以表示为两个质数的和。

2. 深层知识

从等式10=3+7，28=11+17，12=7+5，100=3+97，18=7+11，36=7+29，……中可以发现"规律"（猜想）。

"哥德巴赫猜想"的数学思想方法是观察归纳，在数学学习的"找规律"活动中经常使用，它是从特殊到一般的归纳思想方法，如图2.6所示。

图2.6 "哥德巴赫猜想"的数学思想方法

著名数学家欧拉告诉我们一个秘诀：数学结论是靠观察得来的。观察归纳是找规律的常用方法。牛顿告诉我们：没有大胆的猜想，就没有伟大的发现。不学会找规律，就不会有数学的发现，教师应鼓励学生学找规律。

观察归纳得到的结论只能算是一个猜想，可能是正确的，也可能是错误的。因此，发现规律后，必须还要做两件事，第一件是进行严密的推理论证，证明猜想是真理，从而形成规律。第二件是在验证的过程中，或许能找到一个猜想不成立的反例，从而推翻它。

3. 数学文化

（1）理性探索，严谨求真。

哥德巴赫在提出猜想后也应该做这两件事，要么证明它，要么找个反例推翻它。但是哥德巴赫几经努力，都没有成功证明，于是他又验证了很多偶数，也都成立，因而也没有找到反例去推翻它。哥德巴赫觉得很困难，就给他的好友欧拉写信求助。欧拉在回信中说："我相信这个猜想是真的，但我也无法证明它。"

欧拉是世界著名数学家，欧拉都没有办法证明，这立马引起了各国数学家的注意。此后，数学家们争先恐后地研究这一猜想。

许多数学家试图对这个猜想作出证明（见图2.7），但直到现在都没有人成功。所以，"哥德巴赫猜想"成为数学领域一座可望而不可即的高峰，成为世界上著名的难题。

图2.7　数学家对"哥德巴赫猜想"的探索

从数学家身上可以看到"理性探索""严谨求真"的数学科学精神。数学结论的真理性必须经受极为严格的逻辑和实践的双重检验。只有数学证明才能使它成为定理（真理）。在数学探究活动中，要养成良好的"说理"习惯，发展理性思维，铸就"追求真理"的精神。

（2）精神偶像，时代典范。

在"哥德巴赫猜想"的教学中，学生通过了解"哥德巴赫猜想"的历史足迹，从数学家身上看到了"理性探索""严谨求真"的数学精神。陈景润醉心科学探索、执着追求真理，他在逆境中忘我钻研，勇攀科学高峰，被誉为"激励青年勇攀科学高峰的典范"，陈景润的精神激励一代又一代的青年发愤图强、艰苦攻坚，为中国成为世界数学强国而奋斗。

我国著名数学家华罗庚、王元、陈景润等在探索"哥德巴赫猜想"方面取得了非凡的成就，是中国数学的骄傲。通过宣传中国数学的辉煌成就，增强学生的民族自豪感和爱国主义情感。

4. 教学目标

（1）理解"哥德巴赫猜想"的具体内容：任意一个大于2的偶数都能写成两个质数的和。

（2）经历"哥德巴赫猜想"的发现过程，感悟从特殊到一般的归纳推理思想，学会用观察归纳方法找数学规律。

（3）沿着数学家探索"哥德巴赫猜想"的历史足迹，培养"理性探索"和"严谨求真"的数学精神。

（4）陈景润的奋斗精神和爱国情怀激励学生发愤图强、艰苦攻坚、科学报国。

（5）介绍中国数学家在探索"哥德巴赫猜想"中取得享誉世界的成就的事迹。宣传中国数学的辉煌成就，增强学生的民族自豪感和爱国主义情感。

重点：发现"哥德巴赫猜想"的数学思想和方法；培养"理性探索"和"严谨求真"的数学科学精神。

难点：感悟数学思想和方法，理解"哥德巴赫猜想"是世界著名难题的原因。

思考与练习：

1.简述小学数学课程的基本理念和课程目标。

2.小学数学教材的主要内容和基本要求是什么？

3.知识技能目标对于不同学段的学生有哪些不同的要求？

4.选择小学数学教材的一个单元内容进行教材分析。

第三章

小学数学教学设计基本知识

 学习目标

1.掌握小学数学教学常用的方法与手段。
2.掌握小学数学课堂教学的类型和结构。
3.对小学数学教学的实施有整体的认识。
4.掌握小学数学教学的评价方法。

第一节 小学数学教学方法和手段

小学数学教学的设计与实施过程，离不开实现教学目的的基本活动方式（教学方法）与保证教学任务顺利完成的物质条件（教学手段）。合理、恰当地选择教学方法与教学手段，是提高小学数学教学质量、提高课堂教学效率的重要保障。

一、小学数学教学方法概述

（一）教学方法的含义

教学方法是指教师和学生为了完成一定的教学任务，在教学过程中采用的方法的总称。教学方法是教学思想的反映，是教学原则的具体化和行为化，随着教学思想的更新、教学目标和教学内容的变化而变化。

教学方法受教学思想支配，又受教学目的和教学内容制约。在小学数学教学中，面对同样的教材、同样的学生，同一位教师，若采用不同的教学方法，则会产生截然不同的教学效果。数学教学方法直接影响学生数学知识的掌握、智力的开发、能力的培养、个性心理品质的形成。它在优化教学过程中起着十分重要的作用。

教师在理解教学方法的含义时需要把握以下几个要点。

（1）教学方法是与方式、手段等范畴密切联系的一个概念。

（2）教学方法的采用与教师的教学风格和教学个性有关，其主要目的是完成教学任务。

（3）教学方法是一个结构性的概念，主要由教师的教和学生的学有机构成。

（二）教学方法和教学方式的区别

教学方法和教学方式是两个既有密切联系又有严格区别的不同概念。教学方式是构成教学方法的基本单位，是教师和学生在教学过程中的具体的操作行为方式；而教学方法是由许多教学方式所组成的，不是一个单独的操作行为方式，而是由语言系统、操作系统、实物系统和情感系统等构成的师生双方的活动系统。例如，讲解法是一种教学方法，在讲解时，教师说明、描述某个概念，解释某个名词术语或论证某个命题，这里的说明、描述、解释、论证等就是教学方式，在不同的教学方法中可以采用同一种教学方式，在同一种教学方法中可以采用不同的教学方式。

（三）教学方法的作用

从宏观的角度看，教学方法是教学过程中的最重要的因素之一，不用适当的教学方法，就不可能实现教学目的；从微观的角度看，教学方法的作用在于唤起学生的注意力，激发学生的兴趣，调节学生的行为，以学生能接受的方式呈现教材内容，增强学生因学习成果而产生的满足感。因此，教学方法对完成教学任务、实现教学目的具有重要的意义。当确定了教学内容和相应的教学目的之后，教师就必须选择相应的、行之有效的教学方法，否则，完成教学任务、实现教学目的就要落空。可见，教学方法关系教学的成败，在我国，改革教学方法具有重要的现实意义。

（四）小学数学教学方法的特点

小学数学教学方法具有综合性和相对性的特点。综合性表现为每种教学方法都是一系列教学方式的综合，或者是几种基本教学方法的组合。在课堂教学中，很少只采用一种教学方法，常常是一法为主、多法相助，相互补充，综合运用。相对性表现为没有也不可能有某一种或某几种教学方法能普遍适用于一切场合，各种教学方法都有自身的长处和短处，也都有一定的运用条件和适用范围，要根据具体情况科学地选择、灵活地运用。

二、小学数学教学方法的分类

（一）根据运用教学方法的指导思想来划分

根据运用教学方法的指导思想，小学数学教学方法可分为启发式的教学方法和注入式的教学方法。

（二）根据学生获得知识的独立程度来划分

根据学生获得知识的独立程度，小学数学教学方法可分为：①教师进行较多的组织，学生的活动较少，如讲解法、演示法、复习法；②教师进行必要的组织，学生的活动较多，如谈话法、讨论法、参观法、练习法；③ 以学生的独立活动为主，如阅读法、实验法、实习法。

（三）根据教学的层次来划分

根据教学的层次，小学数学教学方法可分为基本的教学方法、综合性教学方法及创造性教学方法。基本的教学方法主要有讲解法、练习法、谈话法、演示法、实验法、阅读法等，这些教学方法是小学数学教学方法体系的基础。综合性教学方法是几种基本的教学方法的组合。例如，自学辅导法是阅读法、练习法、讲解法和讨论法的组合；引导发现法是谈话法、实验法、演示法和讨论法的组合。创造性教学方法是教师在学习和模仿各种综合性教学方法的同时，不断总结，有所创新，创造出的具有自己个性特色的教学方法。

（四）根据教师呈现知识的方式来划分

根据教师呈现知识的方式，小学数学教学方法可分为传递接受型、示范模仿型、引导发现型、自学辅导型和情境陶冶型。传递接受型教学方法是指主要通过教师的系统讲授使学生掌握知识的方法，如讲解法。示范模仿型教学方法是指学生根据教师或课本示范进行模仿练习，从而培养自己的技能、技巧和能力的方法，如范例教学法、尝试教学法等。引导发现型教学方法是指向学生提供研究的材料，引导学生探索、发现应得出的结论的方法，如引探教学法、问题探索法、引导发现法、迁移教学法等。自学辅导型教学方法是指学生在教师的指导下自学的方法，如阅读法、自学法、辅导法等。情境陶冶型教学方法是指通过教学环境的情感渲染，利用人的可暗示性，调动学生大脑中无意识领域的潜能，使学生在轻松愉悦的气氛中进行学习的方法，如游戏法、情境教学法、愉快教学法、暗示教学法等。

三、小学数学常用的教学方法

我国小学数学基本的教学方法有讲解法、谈话法、练习法、讨论法、演示法、引导发现法、读书指导法、实习法、实验法、参观法、研究法等。以下是几种常用的教学方法。

（一）讲解法

讲解法是教师运用口头语言向学生说明、解释或论证数学概念、法则、规律的一种教学方法。学生所学内容是由教师系统地讲授的，而学生采用接受式学习方式将教师所讲授的内容经过加工整理存储于头脑中。在小学数学教学中，无论什么课型，都会用到讲解法。

讲解法的作用是：能在较短的时间内向学生传授大量的、系统的文化知识；可以对学生进行思想品德教育，对学生进行美感教育；能充分发挥教师的主导作用。讲解法虽省时省力，但也有一定的局限性，易形成"满堂灌"的局面，使用不当还会影响学生的智力发展。因此在讲解的过程中，要注意启发式的讲解和有意义的接受，避免注入式讲解。

运用讲解法的基本要求如下：

（1）要运用规范的数学语言。教师要正确、清楚地阐明数学概念，运用规范的数学语言，不要随意用其他的语言取代数学语言。

（2）语言要简练易懂，生动有趣。教师在讲解时，语言要清晰、精确、简练，逻辑性强并有感染力；要注意学生的年龄特点，使学生听懂讲解的内容，并且印象深刻。

（3）注意新旧知识的联系。讲解新知识时，要选准与新知识密切联系的并作为其基础的旧知识，即要切实复习那些在学生认知结构中与新知识有最佳关系的生长点，以便由旧引新，促进学生知识的迁移。例如，讲多位数时，教师要重点复习万以内数的读写；讲相遇问题前，教师要着重弄清速度、时间与路程的关系。

（4）注意启发学生的积极思维。讲解时，教师要掌握学生原有的认知结构与现有的发展水平，努力创造最近发展区。

（5）注意运用分析与综合、归纳与演绎等思维方法。数学的讲解与一般的讲述不同，它更多的是将关键内容进行分析综合。一些定义、法则和规律都是由若干个部分组合而成的。因此，教师在讲解时要善于把整体划分成若干个组成部分，根据学生的认知基础以由易到难的逻辑顺序进行分析，使学生逐个掌握，最后综合，达到解决问题的目的。例如，讲两位数乘法时，以 14×12 为例，先分三个部分 14×2、14×10、$28+140$ 进行讲解，最后综合得出乘数是两位数的乘法法则。事实上，要掌握数学知识，是离不开分析、综合的。

归纳是由个别到一般的推理，小学数学中的很多概念、法则、公式都是通过不完全归纳法进行讲解的。例如，教师在讲解加法交换律时，可先让学生计算几组题目。然后让学生通过观察比较、分析异同，归纳得出：在加法中，交换加数的位置，和不变，叫作加法交换律。

演绎是由一般到个别的推理。例如，学过四边形后，学习梯形的定义"只有一组对边平行的四边形叫作梯形"；或者，学过梯形后，学习等腰梯形的定义"两腰相等的梯形叫作等腰梯形"。这种类属同化的学习就是典型的演绎思维。根据已学的法则、公式等对个别数学事实作出判断也是演绎。例如，把加法交换律运用于简便算法就是演绎。归纳和演绎是讲解数学知识时不可缺少的思维形式。

要恰当地运用板书。在讲解重点内容时，教师可以边讲边板书，也可以在讲解结束后总结时板书。板书要有目的、有计划、简明扼要、条理清晰、布局合理。教师的板书犹如一幅具有整体结构的蓝图，把课堂教学的重点、关键，鲜明而又形象地印在学生的头脑之中，起着提纲挈领、画龙点睛的作用。

（二）谈话法

谈话法是指教师根据一定的教学目的、任务和内容，向学生提出问题，要求学生回答，在问与答的过程中引导学生获得新知识或巩固所学知识的方法。

谈话法的作用是：有助于教师了解学生的情况，便于因材施教；有助于教师了解学生的思维过程和品质，便于训练、优化学生的思维；有助于锻炼和培养学生的综合能力；有助于师生之间情感的交融，以建立良好的师生关系。

谈话法的特点是教师根据学生已有的知识和经验，提出一系列的问题，引导学生积极思考，从而达到使学生掌握新知识的目的。谈话法的精髓在于"启发"二字，即要把当前的新课题转化为学生认知中的矛盾，激发其求知欲，以此来推动教学过程的发展。谈话法有利于培养学生的逻辑思维能力和语言表达能力，也有利于教师及时获得反馈信息以调控教学程序，使教学过程处于动态平衡之中。谈话法不仅在讲解新知识时采用，在巩固旧知识、组织练习时也常采用。

运用谈话法的基本要求如下。

（1）精心设问，有的放矢。施教之功，贵在引导，精心设问是谈话的核心。设问是一门重要的教学艺术，要有目的性、针对性、启发性和连贯性，要问在知识的关键处、问在思维的转折点，要围绕教材中心展开。例如，教学"三角形内角和"时安排以下一组问题，引导学生从不同角度加深对这一知识的认识。

①已知一个三角形的两个内角分别是150°和24°，求第三个内角的度数。

②为什么直角三角形只能有一个直角？为什么钝角三角形只能有一个钝角？

③直角三角形中的一个锐角是53°，求另一个锐角的度数。

④把一个大三角形纸片剪成两个小三角形，每个小三角形的内角和是多少？

（2）谈话要面向全体。谈话要面向全体学生，要吸引全班学生积极参加，避免把谈话集中于少数几个"优等生"，而将多数学生遗忘在角落。教师可以有意识地根据问题的难易程度，问不同水平的学生，调动每个学生的积极性和主动性，使各类学生的思维水平都在各自的基础上得到发展和提高。例如，教师可在教学"异分母分数加减法"时提出以下难度不同的问题。

①整数加减法为什么要数位对齐？

②小数加减法为什么要小数点对齐？

③同分母分数加减法为什么分子可以直接相加减？

④异分母分数加减法为什么要先通分再计算？

通过比较，学生自己悟出"只有计算单位相同，才能直接进行加减"这一概括性高的计算原理。其中渗透了"单位"的数学思想方法。

（3）谈话时要认真倾听，及时作出评价。对学生的回答，教师要认真倾听并及时作出明确的评价，要肯定每个学生的点滴进步，以增强其学习的自信心。必要时，教师可以进一步提出补充问题以引导学生思考。例如，有的学生说："圆的直径都相等。"教师可以追问："所有的直径都相等吗？"有的学生说："能被 1 和它本身整除的数叫作质数。"教师可以紧接着问："4 能被 1 整除吗？ 4 能被 4 整除吗？ 4 是质数吗？"这样可以帮助学生及时扫除认知中的障碍，作出合乎逻辑的判断。

（4）谈话要富于启发性，难易适度。讲授新课时，教师让学生联系已有的知识或经验，按教师的提问思考，研究并作出回答。首先，教师要了解学生对认知结构中作为新知识支柱的相适应的概念的掌握程度，对概念的掌握有没有缺陷，引入新知识将会引起认知结构中的哪些不平衡；其次，教师要了解他们对新课题的学习兴趣和要求，必要时引入一些容易理解的先行性材料作为新课题的铺垫，使学生在心理上做好准备。例如，教学"三角形内角和"时，教师在引出课题时，提问："长方形、正方形的四个角都是直角，那么，它们的内角和是多少度呢？三角形的三个角的大小不是固定的，那么，三角形的内角和有没有规律呢？"对于前一个问题要求学生回答，对于后一个问题可以不用学生回答，让学生带着疑问学习新知识。

（5）谈话时要创设生动活泼的氛围。可以教师问、学生答，也可以学生问、教师答，还可以学生问、学生答。

（三）练习法

练习法是指在教师的指导下，学生通过练习来巩固知识，形成数学技能，发展智力的一种教学方法。练习是学生牢固掌握知识并将知识内化为技能的一种基本途径。学生通过一定量的练习能够巩固数学概念、法则等，并形成技能，提升发现问题、提出问题、分析问题及解决问题的能力。值得注意的是，练习法是在教师的指导下进行的有计划、有目的的活动，而不是机械重复、盲目做题，或"题海战术""错一罚十"等，这些惩罚性的练习更多会起到相反的效果，有悖于练习法所倡导的有效练习。

练习法的作用是教学、教育、发展、反馈。

运用练习法的基本要求如下。

（1）练习要有目的和要求。练习之前，教师要向学生说明练习的目的和要求，以调动学生练习的主动性和积极性。练习的要求要适当：要求过低，会妨碍学生的进一步学习；要求过高，有些学生难以达到，会影响他们的学习信心。

（2）练习要有计划地进行。教师要根据教学的内容和目的，按照循序渐进的原则来设计练习。例如，在教学新知识前，教师要安排准备性的练习；在教学一个概念或法则后，教师要安排巩固性的练习，使学生加深对概念的理解、对法则的掌握。此外，教师还要适当地安排形成技能的练习和复习性的练习。

（3）练习要有层次。技能的形成是一个由懂到会、由会到熟、由熟到巧的过程。练习的安排也应贯彻循序渐进的原则，先单项后综合、先基本后变式、先尝试后独立，有层次地进行。练习一般要经过模仿、熟练和创造三个阶段：模仿阶段是技能初步形成的阶段，在这一阶段，题目可以是基本的、带有模仿性的；熟练阶段是技能巩固的阶段，在这一阶段，可以有变式题、小型综合题，要注意以新带旧，注意知识的系统性；创造阶段是技能的发展阶段，这一阶段的练习题要有一定的综合性和灵活性，促使学生灵活地运用知识去解决实际问题。

（4）练习的数量要适当。练习的数量应根据教学内容和要求而定，练习的内容要有针对性，防止单调重复、盲目多练，以免学生因负担过重而降低练习的兴趣。

（5）练习的要求要有弹性。对于学习困难的学生，可以让他们少做几道题，或者另外设计几道题；对于学习优秀的学生，除要求他们完成规定的练习外，可以适当布置一些思考性强的练习题。

（6）练习的方式要多样化。选用多种练习方式可以提高学生练习的兴趣，也有利于他们加深对知识的理解。例如，低年级学生口算练习有集体算、个人算、分组算、听算以及找朋友、开火车等游戏性或竞赛性的形式。对中、高年级的学生，可以根据具体内容适当采用不同题型，如填空题、判断题、选择题、改错题等。

（7）练习的时间安排要科学。科学地安排练习时间对提高练习效率起着重要的作用。心理学研究表明，技能练习具有规律性。单位时间完成的练习量随着练习时间的后延而不断增加；随着练习次数的增加，相同量的练习所需用的时间逐步减少；练习次数逐步增加，练习中出现的错误相应地减少。根据这些规律，教师要研究练习时间的长短、次数的多少及间隔的疏密等问题。一般来说，分散练习比过度集中练习效果好。例如，学生每天花一定时间练习计算，持之以恒，计算能力能不断提高。根据艾宾浩斯的遗忘曲线，在学生学完新知识后，教师要及时组织练习，练习分布要先密后疏。即在开始阶段，间隔时间要短，练习可以集中些，之后间隔时间逐步加长，次数也逐渐减少，而且可以对不同的知识进行交叉练习。例如，在练习分数四则运算时，教师可以附加一些整数或小数的计算；在练习应用题时，教师可以穿插一些几何求积的题目等，使旧知识不断地同化到新知识中。

（8）要教会学生练习的方法。教师要培养学生独立完成作业、认真思考和自我检查的良好习惯，即要使学生明确练习的具体目标和要求，要培养学生认真审题、抄题、计算和解答的好习惯，要培养学生对解答的过程和结果进行细致检查和验证的良好习惯。

（四）演示法

演示法是教师通过演示教具或实物来说明或印证所教知识的一种教学方法。演示法向学生提供了直观的感性材料，不仅有助于其理解抽象的数学知识，而且有助于他们发展自身的观察能力和思维能力。

数学概念比较抽象，有时单靠教师讲解学生很难掌握，必须借助实物和教具的演示。演示法是直观教学原则的具体体现，因此，在小学数学教学中，教师应当十分重视演示法的应用。在演示过程中，一般伴有教师的解释或提问，以引导学生观察和分析。

演示法的作用是：激发学生的学习兴趣，使他们集中注意力；能使抽象知识具体化，缩短学生掌握数学知识的认识过程，提升教学效果。

运用演示法的基本要求如下。

（1）演示要有明确的目的。例如，教 20 以内的数时，教师可选用小棒、小木块等作为教具，目的是突出十位和个位；教万以内的数时，教师可选用计数器或算盘，目的是说明数值的顺序；教几何形体时，教师可用模型或实物，以使学生形成空间观念；应用题的难点是分析数量关系，对于低年级的学生可用实物图，对于中年级的学生可用示意图，高年级的学生学习分数、百分数的应用题时，利用线段图有助于揭示部分与整体的关系。

（2）课前要准备好演示用具。教具设计要符合差异律、组合律和活动律的要求，大小、色彩及安放的位置都要便于学生对观察对象获得完善的感知。教具应到使用时才展示，以免分散学生的注意力，削弱其新鲜感；每节课所使用的教具不宜过多、过杂。

（3）演示要与讲解相结合。只有直观演示与讲解紧密配合，才能充分发挥各自的作用。演示与讲解配合，可以改善学生的观察效果。演示前，教师应向学生提出观察的具体目的和要求，说明观察的方向，要告诉学生观察什么和怎样观察，以及思考什么问题。

（4）演示后要及时总结归纳。演示后，教师要及时总结所得的规律或结论，使学生从感性认识提高到理性认识。

（五）引导发现法

引导发现法是指教师提出课题，让学生完全独立地去探索和发现的一种方法。

引导发现法的作用是能很大程度地激发学生学习的主动性和创造性，提高其学习兴趣，培养其思维能力和独立获取知识的能力，使其了解某些数学知识的由来。

运用引导发现法的基本要求如下。

（1）要掌握引导发现法的教学程序。引导发现法的教学程序大致分为六个步骤：创设问题情境促使学生思考；明确探究的目标和内容；拟定解决问题的途径；根据所得数据寻找问题的答案；组织交流、讨论成果；运用发现的成果。

（2）要重视学生发现的过程。例如，在教长方形面积的计算时，教师可给学生创设问题情境。给每个学生分配两张大小不等的长方形纸片、一张面积计（透明的方格纸，每个方格的边长为 1 厘米）、几十个表示面积单位的小正方形纸片、一把米尺，要求他们用不同的方法求出每个长方形的面积。有的学生用面积计进行直接测量，有的用面积单位"铺方格"，有的用尺子量长方形的长和宽……经历一番探索后，学生终于找到了解决问题的途径。因此，在学生探索、发现的关键时刻，教师一定要给学生留足够的时间，要善于等待，让学生有足够的时间去探索、思考。

（3）要注意引导发现法运用的范围。对于约定俗成的内容不宜用引导发现法，如整数的读法和写法、几何形体的名称、四则运算的顺序等。而对于有些内容可以让学生通过观察、操作、思考得到结果，如长方形、正方形的面积计算，加法和乘法的运算定律等。此外，其适用的知识内容必须是在大多数学生已有相关知识、经验的基础上，通过努力就能够发现的规律；否则，费时很长，且不一定能达到好的效果。

（4）要注意发挥教师的引导作用。在一般的教学过程中，教师的主导作用是明显的、直接的，引导发现法却不然，教师的主导作用是潜在的、间接的，反映在教具、学具的准备，方案的设计，困难的预估等方面。因此，如何真正地发挥教师的主导作用仍是一个值得研究的问题。一般来说，教师应注意：上课前要细致地设计方案，明确探究的目标和所需要的操作材料；要充分预估学生在探究中可能遇到的困难、可能产生的问题，必要时，可以适当启发；当学生得出某些错误的结论时，要引导学生讨论或辨析，不要过早地作出评判，必要时，教师可配以适当的讲解。

（六）讨论法

讨论法是指根据教学的要求，学生在教师的指导下，围绕某些问题各抒己见，展开辩论，辨明是非真伪，以此提高认识问题的能力的方法。

讨论法的特点是以学生活动为中心，因此，更能发挥学生的积极主动性，提升学生的独立思考能力、表达能力等，促进学生对知识的灵活运用。由于讨论法的运用需要学生具备一定的基础知识、理解和独立思考的能力，因此，该方法在高年级运用得比较多。又由于讨论法以学生为中心，体现了现代教育理念，因此越来越被重视和使用。

讨论法的作用是培养学生的思维能力、研究能力和语言表达能力，有效地培养学生的组织管理能力。

运用讨论法的基本要求如下。

（1）精选讨论主题或时机，做好前期准备。讨论前教师应精心设计所需讨论的问题，把握好讨论的时机。要讨论的问题应切合教学内容，不宜过难或过易，要有吸引力。随机讨论应选择在学生遇到困难或进入一种"愤悱"状态时使用。讨论前还要与学生明确讨论的具体要求，帮助学生做好前期准备。

（2）要组织好讨论的过程。讨论法的一般过程为：分配讨论角色—安排讨论程序—教师巡回指导—小组汇报—教师反馈小结。①分配讨论角色。讨论小组一般为4~6人，包含主持人、发言人、记录人等，可由组内成员或教师安排，力求学生都能积极参与，并使讨论有组织、有秩序地进行。②安排讨论程序。小组讨论一般可分三步进行：先由成员各抒己见；再由小组成员对他人的看法进行反馈改进完善，达成较为一致的看法；最后根据教师要求向全班陈述小组观点。③教师巡回指导。在讨论时，教师应巡回指导，引导学生围绕主题积极参与，鼓励每个学生积极发言。④小组汇报。在汇报时，教师要适当鼓励和表扬，启发引导学生自由发表意见，仔细倾听他人意见。⑤教师反馈小结。在讨论结束时，教师应及时反馈小结，概括讨论的情况，使学生获得正确的观点和系统的知识。

（3）开展讨论所需技能的常规训练。教师在平时要注意对学生开展讨论技能的一些常规训练，如让学生养成先独立思考再讨论的习惯，逐步培养学生思维的深刻性、灵活性、创造性、批判性、敏捷性；培养良好的口头表达能力，让学生知道要先倾听再表达，逐步学会用口头语言清晰、准确、有逻辑性地表达自己的观点；培养良好的沟通交流能力，使学生乐于与人交往，善于与人交往；等等。

以上阐述了小学数学教学中常用的几种基本方法。随着教育科学的发展，新的教学方法还会不断产生。

四、小学数学教学方法的选择

小学数学的教学方法是多种多样的，每种教学方法都各有其适用范围，也有自身的局限性。因此，教师要针对教学实际，根据教学目的和任务、课题内容、学生的年龄特点和水平，以及学校的教学设备等因素综合考虑，灵活地选用教学方法。

一般来说，选择教学方法要遵循以下四个基本要求。

（一）根据不同的教学任务选择教学方法

教学方法是多种多样的，各有其适用范围。例如，感知新教材时，以演示法、操作实验法为主；理解新教材时，以谈话法、讲解法为主；形成技能技巧时，以练习法为主。教低年级学生"乘法的初步认识"时，宜用演示法和谈话法；要让学生熟练地掌握乘法口诀，宜用练习法；教高年级学生"分数乘法"时，教师可用讲解法或谈话法。

（二）根据不同的教学内容选择教学方法

在符合具体教学目标、教学内容特点的前提下，教师要以有利于学生形成良好的知识结构为目的来选择教学方法。不同的教学内容有不同的特点和教学目标，有时可以将几种教学方法有机地结合起来。

小学阶段的几何属于直观几何，因此，演示法、操作实验法是教学几何初步知识的基本方法。在教学中，教师要充分利用实物、教具和学具，引导学生进行拼摆、折叠、绘画、测量等实际操作，使学生掌握图形的特征，形成初步的空间观念。应用题教学的重点在于引导学生在全面分析数量关系的基础上，掌握解题思路，一般适用谈话法或辅之以讲解法。此外，对不同的新教材，教学时也应采用不同的教学方法。当新旧教材联系十分紧密时，往往采用谈话法、引导发现法，在关键处点拨即能奏效；当教学某个崭新的起始概念（如第一次认识分数）时，就要采用操作实验法等。

◆ 笔记栏

（三）根据学生的年龄选择教学方法

年龄不同，学生的心理和生理的发展水平也不同。没有一种教学方法适合所有的学生和所有的教学内容；不同年级、不同班级的学生的实际水平也不同，因此，选择教学方法一定要结合所教班级的具体情况。

对于低年级学生，可以多用演示法、操作实验法，并辅之以引导发现法；对于中年级的学生宜用谈话法；对于高年级学生，可以适当采用讲解法和自学辅导法。此外，教学方法的选择还要视不同班级的情况而定。有的班级的学生思维相当活跃，则可以考虑采用引导发现法；有的班级的学生自我评价能力较强，则可以增加独立作业；有的班级的学生抽象概括能力较为突出，则可以减少直观手段；有的班级的学生自学能力较强，则可以适当采用自学辅导法。

（四）根据教师的特长选择教学方法

教师的教学水平、教学经验、教学能力、习惯和特长不尽相同，教师要根据自身的特点来选择相应的教学方法，以充分发挥自己的特长。运用演示法或实验法等方法教学时要具备相应的条件；若条件不具备，应结合教学效果考虑改用其他更为有效的教学方法。例如，有的教师擅长板书，则可以结合教学内容边讲边板书，这能起到很好的教学效果；有的教师善于表达，则采用讲解法能达到预期的效果。要提倡教学方法的多样化，不同的教师都可以有自己独特的风格。

教无定法，贵在得法。教学方法的选择要综合考虑各个因素，忽略任何一方都会影响教学效果。教学方法要讲求实效，只依赖一两种方法进行教学，无疑是有缺陷的。教师要注意多种方法的有机结合，逐步做到教学时间最少，教学效果最好，达到教学方法的整体优化。例如，教长度单位时，要用演示法；教三角形的内角和时，可以用实验法；等等。

五、小学数学教学方法的指导思想

启发式教学是确定小学数学教学方法的指导思想。启发式教学作为一种教学思想由来已久。孔子曰："不愤不启，不悱不发。"当学生想知而不知、想说而说不出时，教师应加以点拨指引，这就叫作启发。怎样启发呢？《礼记·学记》中有精辟的论述："道而弗牵，强而弗抑，开而弗达。"这是说，要引导学生而不要牵着学生走，要鼓励学生而不要压抑他们，要指导学生学习而不要和盘托出。

启发式教学不是一种具体的教学方法，而是确定所有教学方法的指导思想。可以看到，同样的一种具体的教学方法，若指导思想不同，则可能是启发式的，也可能是注入式的。例如，讲解法虽然是一种接受式的教学方法，学生相对比较被动，但是，如果教师讲解条理清晰、深入浅出，同样能起到启发思维的作用。因此，衡量教学方法时不能只看形式，还要看其实质，看其能否遵循学生的认知规律，最大限度地调动学生学习的主动性、积极性，能否自始至终引导学生直接参与学习过程，培养他们独立获取知识的能力。

六、小学数学教学方法改革的趋势

根据《标准》的基本理念，我国小学数学教学方法的改革呈现出了以下的发展趋势。

（一）注重课程目标的整体实现

数学教学不但要使学生获得数学知识技能，而且要将"三会（核心素养）""四基""四能"及培养必备的品格与正确的价值观有机结合，整体实现课程目标。因此，无论是设计、实施课堂教学方案，还是组织教学活动，都要注重学生核心素养的培养，重视使学生获得知识技能，激发学生的学习兴趣，通过独立思考或者合作交流感悟数学的基本思想，引导学生在参与数学活动的过程中积累基本经验；还要重视培养学生发现问题、提出问题、分析问题、解决问题的能力，同时使学生形成认真勤奋、独立思考等良好的学习习惯。

（二）重视学生在学习活动中的主体地位

学生是数学学习的主体，在积极参与学习活动的过程中不断得到发展。学生获得知识，必须建立在自己思考的基础上，既可以通过接受学习的方式，也可以通过自主探索的方式；学生应用知识并逐步形成技能，离不开自己的实践；只有亲身参与教师精心设计的教学活动，才能在数学思考、问题解决和情感态度等方面得到发展。

教师应成为学生学习活动的组织者、引导者、合作者，为学生的发展提供良好的环境和条件。

教师的组织作用主要体现在两个方面：第一，教师应当准确把握教学内容的数学实质和学生的实际情况，确定合理的教学目标，设计好的教学方案；第二，在教学活动中，教师要选择适当的教学方式，因势利导，适时调控，营造师生互动、生生互动、生动活泼的课堂氛围，形成有效的学习活动。

教师的引导作用主要体现在通过恰当的问题或富有启发性的讲授，引导学生积极思考；通过恰当的归纳和示范，使学生理解知识，掌握技能，积累经验，感悟思想；关注学生的差异，用不同层次的问题或教学手段引导每个学生积极参与学习活动，提高教学活动的针对性和有效性。

教师与学生的合作主要体现在教师鼓励学生积极参与教学活动，引导学生共同探索，与学生一起感受成功和挫折，分享成果。

教师要处理好学生主体地位和教师主导作用的关系。学生在学习活动中的主体地位的落实，依赖于教师在教学活动中的主导作用的有效发挥。教师进行富有启发性的讲授，创设情境、设计问题，引导学生自主探索、合作交流，组织学生操作实验、提出猜想、推理论证等，有效地启发学生思考，使学生逐步学会学习。

（三）注重学生对基础知识、基本技能的理解和掌握

知识技能既是学生发展的基础性目标，又是落实数学思考、问题解决和情感态度目标的载体。

数学知识的教学应注重学生对所学知识的理解。学生掌握数学知识不能依赖死记硬背，而应以理解为主，并在具体应用中不断巩固和深化。教师应注重数学知识与学生生活经验的联系，引导学生进行观察、分析和抽象概括；教师应揭示知识的数学实质及其体现的数学思想，帮助学生厘清相关知识之间的区别和联系；教师要注重知识的生长点，把每节课教学的知识置于整体知识体系中，处理好局部与整体的关系。

在基本技能的教学中，教师不仅要使学生掌握技能操作的程序和步骤，还要使学生理解程序和步骤的原理。例如，对于整数乘法，学生不仅要掌握如何进行计算，还要知道相应的算理。

（四）感悟数学思想，积累数学活动经验

数学思想是对数学知识和方法在更高层次上的抽象和概括，学生在积极参与教学活动的过程中逐步感悟数学思想。例如，分类是一种重要的数学思想，学生在学习数学的过程中经常会遇到分类问题，因此，教师在教学活动中要使学生逐步体会为什么要分类，如何分类，如何确定分类的标准、被分的母项和分得的子项等，使学生逐步感悟分类是一种重要的思想。学会分类，既有助于学习数学知识，也有助于分析和解决数学问题。

数学活动经验的积累是提高学生数学素养的重要标志。帮助学生积累数学活动经验是数学教学的重要目标，数学活动经验是在数学学习活动过程中逐步积累的。

（五）关注学生情感态度的发展

设计教学方案、进行课堂教学活动时，教师应当经常考虑以下问题。

（1）如何引导学生积极参与教学过程？

（2）如何组织学生探索并鼓励学生创新？

（3）如何引导学生感受数学的价值？

（4）如何使学生愿意学、喜欢学，对数学感兴趣？

（5）如何让学生体验成功的喜悦，从而增强自信心？

（6）如何帮助学生磨炼克服困难的意志？

（7）如何培养学生良好的学习习惯？

在教学活动中，教师要尊重学生，以强烈的责任心、严谨的治学态度、健全的人格感染影响学生；要不断地提高自身的数学素养，恰当地进行养成教育。

（六）处理好四大关系

1. 面向全体与关注个体差异的关系

教学活动应努力使全体学生达到课程目标的基本要求，同时要关注学生的个体差异，使每个学生在原有基础上得到发展。对于学习困难的学生，教师要及时给予帮助，鼓励他们主动参与数学学习活动，及时肯定他们的点滴进步，从而增强他们学习数学的兴趣和信心；对于学有余力并对数学有兴趣的学生，教师要为他们提供足够的材料和思维空间，指导他们自主学习，发展他们的数学才能。教师要鼓励与提倡问题解决策略的多样化，引导学生通过与他人的交流选择合适的策略，丰富数学活动的经验，提高数学思维水平。

2. 预设与生成的关系

教学方案是教师对教学过程的预设，教学方案的形成依赖于教师对教材的理解。实施教学方案，是把预设转化为实际的教学活动。师生的互动往往会生成一些新的教学资源，这就需要教师及时把握，因势利导，适时调整预案，使教学活动达到更好的效果。

3. 合情推理与演绎推理的关系

推理贯穿于数学教学的始终，推理能力的形成和提高是一个长期的、循序渐进的过程。推理包括合情推理与演绎推理。教师应该设计适当的学习活动，引导学生通过观察、尝试、估算、归纳、类比、画图等活动发现一些规律，猜想结论，发展合情推理能力；通过实例使学生逐步意识到，结论正确与否需要演绎推理的验证。

4. 使用现代信息技术与教学手段多样化的关系

积极开发和有效利用各种课程资源，合理地应用现代信息技术，注重信息技术与课程内容的整合，有效地改变教学方式，提高课堂教学的效益。现代信息技术不能完全替代原有的教学手段，其真正的价值在于实现原有的教学手段难以达到甚至达不到的效果。在应用现代信息技术的同时，教师还应注重课堂教学的板书设计。必要的板书有利于使学生的思维与教学过程同步，有利于学生更好地把握教学内容的脉络。

七、小学数学教学手段

（一）小学数学教学手段的发展阶段

教学手段是师生在教学过程中相互传递信息的工具或设备，如黑板、教科书、多媒体设备等，它是保证教学活动顺利完成的各种物质条件，也是推动教育教学改革的主要因素之一。教师要理解各种教学手段，能恰当地运用相应的教学手段完成教学任务，提高教学质量。

教学手段经历了一个漫长的历史发展过程，大致可分为以下六个阶段。

1. 口耳相传阶段

在语言产生之前，人类主要借助面部表情、肢体动作等进行教学，辅以简单的图形符号。语言产生以后，极大地促进了知识、经验的教与学。语言作为教学手段的新发展，完善了口耳相传的教学形式，大大提高了传情达意的能力和教学的能力；同时，语言也丰富了教学内容，使人类积累的生产、生活经验得以广泛地传播和延续。

2. 文字书籍阶段

文字的出现是学校教育走向专门化的一个基本条件，有了文字，人类才能积累文化知识和经验，使得教学活动能够摆脱个人直接经验的局限。采用书写文字作为教育教学的手段，是人类教育发展与文明进步的一个标志。文字体系的形成、造纸术和印刷术的发展，使学校出现了专为教学目的而编印的教学用书，即教科书。教科书的出现对丰富教学内容、扩大教学对象、提高知识的传播效率起了重大的作用，是教学手段发展史上的一次大的跃进。

3. 直观教具阶段

直观教具是随着学校教学的发展，为弥补语言、文字的实感性差而出现的，以提供感性经验为特点的教学手段。自此以后，教学手段除语言文字外，还有粉笔、黑板、模型、标本、挂图、实物等直观教具。裴斯泰洛齐的"算术箱"和福禄培尔的"恩物"都是直观教具。这些具有形象性和实践性的教学手段把视与听、抽象与具体结合起来，大大提高了教学质量。直观教具已形成了比较完整的体系。

4. 实验技术阶段

实验技术手段的出现与应用弥补了经验教学的不足，增加了教学的实践与动手操作环节。尤其是对于以实验为基础和学习手段的学科，如物理与化学，教师通过演示实验或组织学生亲自操作实验，能把书本知识由抽象变为具体，由无形变为有形，使学生获取多方面的知识，巩固学习成果，培养学生动手操作和解决问题的能力。实验教学已经作为一种主要的教学手段。

5. 视听媒体阶段

视听媒体是应用先进的科学技术成果发展起来的教学手段。因其利用声、光、电等现代化的科学技术辅助教学，故又称为电化教学，包括视觉、听觉及视听结合的形式。它们将信息诉诸师生的视听觉，是师生获取信息的主要来源。例如，幻灯片、电影、唱片、收音机、录音机、录像机、电视机、语言实验室、教学机器等均属于视听媒体。视听媒体的出现大大突破了直观对象本身和人感觉本身的局限性，人的感官被延长了，从而能够更广、更深地认识宏观、微观、动、静、快、慢的各种事物和现象。例如，通过录音、录像、电视和电影可以看到在自然状态下看不到的图像，听到在自然状态下听不到的声音；通过电子显微镜可以看到微小的动植物细胞；通过卫星图片可以看到太阳系中的行星等。电化教学的出现和运用，不但提高了教学活动的效率，而且使得教学活动本身发生了重要的变化，突破了教学活动在时间和空间上的界限，达到了过去所没有的广度和深度，将教学活动推向了一个新的阶段。

6. 高新技术阶段

在高新技术阶段，作为人脑的延伸的电子计算机被应用于教学领域，这是一次质的飞跃。计算机进入教学领域所产生的意义是其他所有教学手段所无法比拟的。有学者指出，以往的教学手段充其量只是人的感官的延长，而计算机则是人脑的扩展，因为计算机可以代替人脑做部分工作。计算机的这种独特性为教学活动带来的不仅是效率的提高，而且是一些革命性的变化。综合了高新技术的通信技术、信息高速公路等为教学手段的变革带来新的突破，使得教学领域具有广阔的发展前景。

（二）小学数学教学手段选择与应用的原则

小学数学教学手段的选择与应用要遵循以下五个原则。

1. 教育性原则

教学手段的选择与应用必须具有目标指向性，尽量满足教学目标所提出的要求。教学手段的设计是为了有效地辅助教学，而不是为了应用而应用。教学手段的设计与选择要能够摆脱传统的"高分低能"的窠臼，做到"五入"，即入情、入理、入耳、入脑、入心，使学生在轻松愉悦的教学氛围中学会求知、学会做人；同时，要能激发学生的创造激情，促进学生内在的改善与成长，这是真正的教育效能的体现。随着现代化教学手段的引入与普及，如何正确地引导学生健康、安全地使用现代教学手段是摆在广大教育工作者面前迫切需要解决的问题。

2. 发展性原则

发展性原则是指选用教学手段时应考虑它能在多大程度上发挥教育作用，促进学生各方面的发展。无论是传统教学手段的设计，还是现代教学手段的设计，都要尽量避免"人灌""机灌"的填鸭式灌输。教学手段的设计要突出发展性，把学生有效地引导到"探究—发现—提问—解疑"的主动学习的过程中，让学生以探索者和发现者的姿态进行活动。例如，教师利用计算机先给学生出示一个修路工人修路的画面，紧接着画面中出现文字"两个修路队共同修这条路，3天修完，第一队修了120米，第二队修了102米"。这时，计算机发出悦耳的声音："同学们，根据这些条件，你能提出一个问题吗？"有的学生提出："第一队比第二队多修了多少米？"有的学生提出："第一队（第二队）平均每天修多少米？"有的学生提出："第一队比第二队平均每天多修多少米？"这些问题有易有难，涉及的知识有学过的，也有没有学过的。通过提问，学生不但展示了自己的思维水平，学到了切实可行的提问方法，而且由于问题是自己提出来的，学习兴趣更浓了，他们会更积极、主动地投入后面的探索学习。

3. 最优化原则

最优化原则是教学手段设计的根本原则和根本要求。教学过程本身是一个复杂的系统，各个环节、要素彼此紧密联系，针对一个特定的共同目标发挥各自的作用，组成一个有机的统一体。最优化原则是指要把教学手段的设计放在整体的教学设计中，充分考虑教学的各种因素，协调教学手段与教学的其他方面的关系，使教学手段的功效服从于整体教学设计。即教学手段的设计既要考虑教学过程的要求，又要考虑学生已掌握的知识技能，还要客观分析现实的教学环境和条件，力求所选择的教学手段以最小的代价取得最大的效果。这一原则的关键是对教学的各个方面进行系统的分析。

4. 灵活性原则

没有任何一种固定的教学手段是教学成功的灵丹妙药，每个学生都是独特个体，用一成不变的模式去教千差万别的个体是不科学的。教学手段的选择和应用要随问题情境的变化而变化，这就要求教师在设计教学手段时思维要灵活，以设计出多种风格的教学手段。教师应根据不同手段的特点、功能，结合学生的年龄、性格特点及教学的目标、内容，在教学过程中灵活组合、调整教学手段。

5. 学生主体性原则

从教学手段的设计到选择与应用，都需要在学生的主体参与上下功夫，要让学生参与进来。推进教学手段设计与改革的核心是能够充分调动学生参与的主动性与积极性，培养其创造激情。在教学手段的应用过程中，教师要设计出多方面、多层次、多形式的目标，让每个学生都有质疑和探索的机会，使问题贯穿教学活动的始终，避免人与多媒体两方面的疲劳轰炸、满堂灌，避免教师或多媒体牵着学生鼻子走，避免整齐划一。这就要在教学过程中通过设置适当的问题情境，营造平等愉悦的氛围，让学生在悟中学，在学中悟，在不知不觉中产生学习兴趣，提高思考与创新能力。

第二节　小学数学课堂教学的类型和结构

课堂教学是学校教学工作的最基本的组成部分，是实现课程目标的重要途径，有一定的任务、内容、结构和要求。常见的小学数学课堂教学有新授课、练习课、复习课、讲评课、考查课以及实践活动课等基本类型。小学数学课堂教学结构是指小学数学一节课的组成部分以及各部分的联系、顺序和时间分配。教师应以发展学生主体性为主导，构建小学数学课堂教学结构。不同的课型有不同的教学结构。教师在对课堂教学结构进行设计时，应注意将自身的业务水平与现代化的教学手段相结合，进一步提高教学质量和教学效率。下面将探讨不同类型的课堂教学及其教学结构。

一、新授课

（一）新授课概述

小学数学新授课是数学课最基本的课型之一，也是数学课最重要、最常见的一种课型，其主要任务是使学生获得新的知识、新的技能、新的方法。

小学数学课堂教学不仅要让学生了解数学事实，还要让学生获取数学活动经验。新授课的教学是师生之间、生生之间相互交往和互动，并促使教师与学生共同成长的过程，而不是教师向学生传授知识的单向活动。《标准》总目标指出，通过义务教学阶段的数学学习，学生应逐步学会"三会"，获得"四基"，发展"四能"，形成正确的情感、态度和价值观。这便要求小学数学教学应密切联系学生的生活实际，从学生已有的知识和生活经验出发，创设有趣、有用的情境，引导学生通过观察、操作、猜测、推理、交流合作等获取基本活动经验，掌握数学基础知识和基本技能，发展数学基本思想；培养学生发现问题、提出问题、分析问题以及解决问题的能力；使学生初步学会"三会"，激发学生对数学的兴趣和学好数学的愿望。学生是学习的主体，教师是学生数学活动的组织者、引导者与合作者，教师应结合教学内容与学生的具体情况，创设性地设计教学活动，做到因材施教，使得"人人都能获得良好的数学教育，不同的人在数学上得到不同的发展，逐步形成适应终身发展需要的核心素养"，同时要让学生获得成功的体验，树立学好数学的信心。

（二）新授课的一般结构

1. 新课导入

新课一般可由学生已有的知识、经验或结合生活实际导入，如复习导入、情境导入等。其中，小学数学课堂上常用的情境一般有故事情境、问题情境、生活情境、游戏情境、悬疑情境等。新课导入的方式可以是直接导入，也可以是间接导入。无论新课以什么形式或方式导入，它至少应满足两点：一是有趣，二是有用。有趣即能激发学生探究问题的欲望，发挥学生的自主能动性，使其积极参与课程；有用则是指导入的内容应是跟本节课要学的内容有关联，对新课的学习有所帮助的，否则，即使再有趣，也只是无效的导入。另外，还需控制好导入的时间，不宜过长。

2. 新知探究

若将新课导入视为发现问题、提出问题的环节，那么新知探究便是分析问题、解决问题的环节，这也是新课的核心环节。在新知探究环节中，教师要处理好知识的内在关系和学生的认知基础与认知特点之间的关系，根据教学内容，采用合理的教学方法引导学生进行探究。学生是学习的主体，在探究的环节中，学生的学习活动应是主动积极的。教学中，教师应创设愉悦、民主、和谐的学习氛围，引导学生独立思考、实践操作、自主探究、合作交流，使学生通过观察实验、猜测计算、分析综合、抽象概括、推理验证等活动，逐步把握重点、突破难点，达成目标。此外，还要注意把握教学节奏，突出教学重点，一节课的教学内容不宜太多，但要使学生学得扎实、透彻。

3. 练习巩固

练习阶段既是检验学生是否掌握所学知识的阶段，也是将新知识或新技能纳入学生已有的认知体系将其内化的重要阶段。在练习的过程中，学生能够进一步掌握新知识，初步学会运用新知识或新技能解决问题，进一步培养应用意识。一般地，新授课的练习包括两个层面：一是尝试练习，二是独立练习。尝试练习是通过让全班同时练习或部分学生展示来检查学生对新知识或新技能的掌握情况，将学生的疑点、难点暴露出来，如此教师能及时发现问题并进行补救。独立练习是指学生用一段时间独立进行练习，对新知识或新技能加以理解和巩固。

4. 归纳小结

归纳小结环节中，教师应根据教学目标以及学生的探究情况，引导学生对所学知识进行精练的概况总结，包括数学概念、公式、法则等，还包括数学思维与方法以及学生的学习方法等。同时，还要引导学生对新旧知识、新旧技能，以及不同的学习方式、学习方法等进行比较，形成知识结构体系，拓展数学思维空间，提升数学素养。

5. 作业布置

课后作业是指学生根据教师的要求在课外时间独立进行的学习活动，是对所学的新知识与新技能的进一步检验、理解、巩固与内化。课后作业的设计要科学合理，形式多样，具有层次性，能满足不同层次学生的需求。在"双减"的大背景之下，课后作业的设计对教师提出了更高的要求，内容要符合学生的学习需要，要能够减轻学生的学习负担，同时要促进学生的数学发展。

二、练习课

（一）练习课概述

练习课在新课讲授之后，是数学新授课的延续和补充，可以帮助学生以练习的方式进一步理解、巩固和运用新知识，熟练掌握技能技巧，提升学生的数学思维，发展学生分析问题和解决问题的能力，培养学生的应用意识和创新意识。由于数学的学科特点，练习是学生获得数学知识与技能的基础，因此练习课是小学数学教学重要的课型，在教学中不可或缺。一方面，于学生而言，通过练习课，学生能进一步理解和巩固新知识，将知识转化为能力，提高学习数学的能力和效率；另一方面，于教师和教学而言，练习课是教学评价的一部分，通过练习课，教师能及时了解学生对新知识、新技能的掌握情况，对学生学业水平作出客观评价，同时有助于教师根据学生反馈的信息，及时调整教学策略，进行查漏补缺。

（二）练习课的一般结构

1. 复习

一般情况下，大多数学生对课外作业的做法是拿来就做，很少在做之前对相关知识进行复习，练习的效果往往事倍功半。因此，在练习课上，教师应对学生的这种不良倾向给予纠正，培养学生在做练习之前先复习回顾的良好习惯，做到事半功倍。在此环节，教师可以引导学生在做练习之前先复习本次练习的相关基础知识与技能，也可以采取边练习边复习的形式。

2. 练习

练习前要让学生明确本节课练什么，以及练习的目的。在进入练习环节后要注意以下几点。

（1）练习的层次要先易后难。练习题的设计应遵循循序渐进的原则，先易后难，由浅入深，层层递进。练习题还要有一定的深度和广度，能够引发学生的认知冲突，激发学生的探究欲望，发展学生的数学思维能力与应用意识。

（2）练习的形式要多样化。由于不同年龄段的学生的生理结构有所差别，因此练习的形式也有所不同，要注意练习形式的多样化。特别是对于上课注意力保持的时间至多在 15 分钟的低年级学生，教师应设计不同形式的练习以吸引学生的注意力，使他们能够积极参与学习。而对于高年级学生，可以采取全班集体独立练习的形式，也可以让学生到黑板前演练，或先讨论后练习等。

（3）练习力求人人参与。在进行练习时，要注意力求全体学生都能积极参与，特别要关注学困生。

（4）注意及时反馈。练习时，教师应时刻关注学生的练习情况并及时反馈，对做得好的学生应给予表扬，对做得不好的学生应给予鼓励，引导学生分析易错点及原因，深化对知识的理解，同时鼓励学生一题多解，并对不同的解法进行比较，寻找最优解。此外，要合理安排练习的时间，注意讲练相结合。

3. 小结

练习结束时，教师应对练习的情况进行小结。分析学生在做练习时存在的问题，归纳总结解题的规律及一些常用的解题方法。

此外，教师平时要注意对学生进行解题方法的训练，如波利亚的解题步骤：弄清题意—拟定计划—执行计划—回顾。

三、复习课

（一）复习课概述

复习课，顾名思义就是帮助学生复习、巩固已经学过的知识，建立知识间的联系，构建知识体系，使知识系统化、条理化，同时完善学生的认知结构。

与练习课不同，复习课虽然也要对解题进行技能技巧的训练，但复习课最重要的任务是将原本分散的所学知识有机地联系起来，进行归纳、整理，形成完整的知识体系。小学数学复习课有利于小学生获得稳定、清晰的核心概念，形成完善的认知结构；有利于小学生对知识的理解和记忆，为今后的学习打下良好的基础；同时，有利于培养小学生归纳、分析、整理的能力及知识的运用能力，在发展小学生"四能"中培养小学生的应用意识与创新意识。

（二）复习课的一般结构

1. 归纳整理

复习课开始，教师可引导学生将各部分零散的知识进行归纳整理。在归纳整理的过程中要充分发挥学生的主体性，鼓励学生自主建构，同时教师可引导学生注意知识的纵向、横向之间的联系，厘清知识脉络，融会贯通，重构学生的认知体系，使单元知识形成系统。除引导学生复习基本的概念、要点、法则等知识，完善学生的知识结构外，还需引导学生复习原则、规则、步骤、方法等解决问题的基本技能。

2. 重点复习

复习的重点内容不是随意设定的，而是在课前进行深入仔细的调查研究来确定的。教师在前期的复习提问、练习、课外辅导等活动中，对学生的知识掌握情况已有所了解，如学生对哪些知识或技能已经熟练掌握、对哪些知识还处于不懂或半知半懂状态、哪些知识还需要补充等。教师根据这些了解到的情况，整理出一些需要解决的主要的、基本的问题，在复习课上引导学生重点复习，帮助学生查缺补漏、攻克疑难，进一步加深学生对基础知识和数学思想方法的理解掌握，完善他们的认知结构。

3. 归纳总结

复习课的总结引导学生以更全面、更概括的方法，将几部分的知识前后串联起来，使这些知识形成一个完整的知识结构体系。一是对知识的总结，进一步揭示知识间的联系，加深理解；二是对技能的总结，完善解题规范，提升解题技巧和方法，增强应用意识和创新意识；三是对思想方法的总结，提升数学素养，坚定学好数学的信念，提高学习效率。

4. 练习布置

复习课的练习以要求综合运用所学知识、体现知识系统性的练习题为主，同时要有一定的体现教学重难点的练习题，要具趣味性、思考性和综合性等。复习课的练习，学生应独立完成。

5. 练习讲评

教师针对练习的情况进行分析讲解，加深学生对知识与技能的理解和掌握。

四、实践活动课

（一）实践活动课概述

《标准》指出，"综合与实践"是小学数学学习的四大领域之一，学生在实际情境和真实问题中，运用数学和其他学科的知识与方法，经历发现问题、提出问题、分析问题、解决问题的过程，感悟数学知识之间、数学与其他学科知识之间、数学与科学技术和社会生活之间的联系，积累活动经验，感悟思想方法，提高解决实际问题的能力，形成和发展模型意识、创新意识及核心素养。数学实践活动课是在教师的指导下，学生进行"综合与实践"领域学习的主要课型，如实地考察、测量、统计等。

数学实践活动课是对常规的数学课堂的延展，有着相对的独立性，又与常规的数学课堂相辅相成、相互联系。数学实践活动课可在课堂内或课堂外进行，也可在校内或校外进行，不受教学时空的限制，弥补了常规的数学课堂教学的不足。在数学实践活动课中，学生通过自主探究、合作交流，在实际情境和真实问题中发现问题、提出问题、分析问题、解决问题，激发探究欲望和数学兴趣，提升数学素质和数学能力。

（二）实践活动课的一般结构

1. 拟定计划

在开展数学实践活动之前，教师应精心设计数学实践活动方案，确保其开展的可行性，确定其开展的具体探究操作的流程和地点。此外，要注意数学实践活动问题和情境的趣味性和探究性，激发学生探究的欲望，同时引导学生明确活动任务与目的并进行分组，指导各小组拟定活动方案，确保数学实践活动顺利有效地实施。

2. 实行计划

各小组根据拟定好的数学实践活动方案，分工合作、团结互助，开展实践活动探究。教师应遵循学生的主体性原则，放手让学生自己开展实践活动探究，但并非意味着放任不管，要注意引导学生梳理有关知识和如何将知识转化为能力，提升学生的积极主动性。

3. 汇报成果

学生分组对数学实践活动的探究成果进行汇报分享，汇报的内容可分为收获、

◆ 笔记栏

不足、改进等，汇报的形式可分为文字、PPT、图片、视频等。在汇报的过程中，其他小组成员要注意聆听。可在汇报结束时设置提问环节，促进汇报小组对活动过程的反思和完善。

4. 总结拓展

学生既是数学实践活动的主体，又是独立的个体，具有个体差异性，因此，具体探究实践活动的过程和结果会存在差异性，也会有出乎意料的创新成果，这也是数学实践活动课的灵动之处。在全班各组都汇报活动成果之后教师应对学生积极主动参与探究活动的表现给予中肯积极的评价，并引导学生对自己的活动过程和活动结果进行回顾和反思，对相关数学和其他相关学科的知识与思想方法进行回顾和反思，促使学生进一步对所学知识进行拓展延伸。最后可指导学生将本次活动以日记、小论文等形式再次总结与升华。

五、讲评课

（一）讲评课概述

讲评课的主要任务是对某一阶段的课外作业情况或检测结果进行分析。目的在于纠正学生在作业或检测中的缺点和错误，使学生掌握正确的解题方法和步骤，提升数学学习能力和解题技能。此外还可以发挥优秀作业的示范作用，鼓励先进，启发后进，引导学生认识自己与他人的差距，寻找原因并缩短差距。进一步对相关知识和思想方法进行概括、归纳、总结，利于学生今后的进一步提升。

讲评课虽然不多，但其作用和地位不可忽视。学生在课外作业中出现的错误和好的解法，有时具有普遍性和典型性。若教师能够对这些内容进行理论上的分析，找出原因，并给予具体指导，将会激发学生学好数学的兴趣和信心，尤其对于后进生更有帮助。适时地上一节作业讲评课对学生的发展十分有用。检测结束，教师通过评阅试卷，不仅可以掌握学生前一段学习存在的一些主要问题，而且能发现个别学生的突出优点。试卷讲评课能纠正错误，树立典型，弥补知识与技能上的缺陷，为下一阶段的学习奠定良好的基础。

（二）讲评课的一般结构

1. 整体情况分析

分析作业或检测的整体情况，如所完成作业的数量与质量、试卷的完成情况。

2. 错例展示

针对作业或检测中的错误类型进行归类，将各种类型的错误出示给学生，让学生进行分辨，引导学生通过讨论等形式分析错误产生的原因和改正的方法，同时展示学生作业或检测中对某些题目的较好的解法，最后寻求最优解法。

3. 总结反思

归纳总结经验教训，如有必要可以布置一些补充作业。需要注意的是，讲评课不能就题论题，而应通过深入分析，师生共同总结出解决问题的正确方法和途径。

六、考查课

考查课的主要目的是检查学生知识、技能的掌握情况，通常在学完一个或几个单元之后进行。小学数学考查课一般采用闭卷或口头提问的形式展开。考查课能及时向学生和教师反馈学习和教学情况，对学生的学习起到激励和督促的作用，是教师教学调控的主要依据之一。

考查课需要注意的是，第一，考查不可太频繁，以免增加学生负担；第二，考查内容的命题应依据教学标准和学业要求，着重检查一个阶段应掌握的基本知识和基本技能，以及课程目标的达成情况；第三，考查覆盖的范围要大，难度要适中，分量要适当，以保证试卷的信度和效度；第四，题目要有层次性，同时可以适当安排创造性内容，以检查学生掌握知识的灵活性；第五，要使学生养成按时交作业的习惯。

以上介绍了小学数学六种主要的课堂教学类型及其一般结构，值得注意的是，在优化小学数学课堂教学的过程中，随着教学方法及教学内容的改革，新的课堂教学结构层出不穷，但每种课堂教学结构都不是万能的，教师应灵活运用，不可生搬硬套。

从优化的角度设计课堂教学结构时，应考虑以下三个方面。

（1）以先进的教学理论为指导选择或设计课堂教学结构，力求教师的主导性与学生的主体性、教师的教法与学生的学法得到最佳组合。

（2）素质教育强调人的素质的全面发展，《标准》强调学生数学核心素养的培养，课堂教学是达成目标的主要途径之一，因此，课堂教学结构应全面体现课堂教学目标。通过为学生设计最近发展区，实现课堂教学的预期目标。同时，促进学生由"学会"到"会学"、由"让我学"到"我要学"的转化。

（3）变信息的单向交流为多向交流，充分发挥教对学的促进功能，提高教学质量，让学生真正成为课堂教学的主体，教师起到引导点拨的作用。

第三节 小学数学教学的实施

小学数学教学的实施是教学的重要环节，实施成功与否直接关系到教学质量的好坏。教师如何在课堂上顺利、有效地实施教育教学活动就显得尤为重要。教师应当利用小学数学课堂教学语言的科学性和艺术性，设计教学过程。另外，教师讲课的严密性、逻辑性和教学智慧等，都是小学数学课堂教学实施的重要因素。

一、小学数学课堂教学语言

（一）小学数学课堂教学语言概述

课堂教学语言是语言在课堂教学领域的具体运用，是课堂信息交流的工具与载体，是教学活动的必备手段，也是教师完成教学任务的主要工具。它可以体现教师的基本素养和基本功，是课堂教学艺术的重要组成部分。苏霍姆林斯基曾经指出："教师的语言修养在极大的程度上决定着学生在课堂上脑力劳动的效率。"马卡连柯也曾说过："同样的教学方法，因为语言不同，就可能相差二十倍。"由此可见，教师的课堂教学语言的表达方式和质量直接影响学生对知识的接受情况，教师课堂教学语言的情感引发学生的情感。

小学数学课堂教学语言不同于日常生活语言，是教师这一职业所独有的语言，具有区别于其他语言的特性。课堂教学语言的形成一般经历由教材语言到教案语言再到教学语言转化的过程。作为口语的课堂教学语言，同时具有书面语言和口头语言的特点。教师要自觉地从书面和口头两个角度去推敲课堂教学语言，以使表达更准确和更完善。

（二）小学数学课堂教学语言的特点

1.科学性

数学课堂教学语言的科学性体现在数学教学语言的准确性、严密性、规范性、精炼性、逻辑性及系统性上。数学教学内容是严谨的，这就要求教师在用词、表达上准确贴切，不含糊，不模棱两可，经得起推敲，尤其对于数学中的基本概念、性质、法则、结论等，应准确无误地表达清楚。

要实现课堂教学语言的科学性，教师应注意以下两点。

（1）对概念的实质和术语的含义有透彻的理解。例如，"数位"与"位数"、"增加了"和"增加到"等是截然不同的概念，不能混为一谈；教学"比、除法、分数的关系"时，不能把"相当于"说成"就是"。又如，"圆锥的体积等于圆柱体积的三分之一"，这种表达忽略了"等底等高"的条件；而"所有的质数都是奇数"等表达以偏概全。

（2）必须用科学的术语授课，不能任意使用日常生活语言来授课，更不能用方言表达概念、法则、性质等。例如，教师不能把"垂线"讲成"垂直向下的线"。

2.启发性

从古至今，启发式教学在教育界都有着举足轻重的地位，数学知识的抽象性、严谨性更要求教师的教学语言富有启发性。在教学过程中，要变学生被动接收信息为主动地获取知识，就需要教师启发学生通过看、想、做、讲等认识活动来掌握知识。因此，教师只有善于用启发性的语言，才能促使学生积极主动地探索数学知识的奥秘。

例如，教"圆的周长"的内容时，教师拿出一枚1元的硬币，问学生："你们能计算出它的周长吗？"学生回答："能量出它的周长。"教师接着问："用什么量？怎样量？"然后，学生通过合作探索，加上教师的进一步启发，学生回答："用皮尺绕硬币一周""先用绳子绕硬币一周，然后用皮尺量绳子的长度""将硬币在直尺上滚一圈"……教师充分肯定了学生的想法，接着问："如果给你们一个非常大的圆，能较容易地量它的周长吗？有没有更简单的方法来计算圆的周长呢？"教师组织学生通过做实验得出：圆的周长与它的直径关系密切，圆的周长总是它的直径的3倍多一些，这个数是个固定的数，叫圆周率。教师引导学生得出：只要知道圆的直径，就能求出圆的周长。

上例中，教师用了一系列启发性的提问，不断点燃学生思维的火花，调动学生学习的积极性，使学生自主掌握知识。

3. 形象性

高度抽象是数学学科知识的基本特点之一，小学生对数学所蕴含的深邃的哲理和严密的逻辑难以从理论上认识和接受，往往只能从他们所熟悉的事实、生活常识、掌握的知识等方面去体会。因此，教师应该使抽象的概念具体化，使深奥的知识明朗化，用自己深厚的文化底蕴培养学生丰富的数学素养。教师的课堂教学语言应形象、生动，贴近学生，力求通俗易懂，富有趣味性，能诱发学生的联想和想象，以引起他们的学习兴趣。

例如，在教学"认识1，2，3，4"时，有位教师设计了这样的教学语言：1像铅笔细又长，2像小鸭水上漂，3像耳朵听声音，4像红旗迎风飘。形象的比喻激发了学生学习的积极性。又如，学生认识了大于号和小于号后，教师用"开口向左大于号，尖角跟着小数跑"这一顺口溜来帮助学生记忆。这一形象化的语言概括出了大于号和小于号的区别和共同点，符合学生的审美情趣，给学生留下了深刻的印象。

4. 情感性

课堂教学语言的"发射源"是教师，接收者是学生。亲切感人的教学语言能使学生亲其师而信其道，心情舒畅，唤起学习的热情，产生不可估量的力量。教师在教学活动中，对待学生应亲切、热情、真诚，由此维护学生的自尊心，激励学生上进；对学生的错误，要诚恳地指出，做到多鼓励、少指责，多正面教育、少板起面孔训人，让学生对学习有信心、有积极性，从而达到教育、教学的目的。因此，数学教师的课堂教学语言要带有鲜明的感情色彩。

5. 幽默性

教学幽默既是一种教学艺术，也是一种教学机智、教育风格。教师在教学中巧妙地运用幽默的语言，可使课堂变得风趣、诙谐，激活课堂气氛，调节学生的情绪，培养学生开朗的个性，提高批评的效果，开启学生的智慧，提高其思维的质量。

例如，有位教师出了一道"鸡兔同笼"的题：鸡兔同笼，有99个头，300条腿，请你算一算，共有多少只鸡、多少只兔？学生看完题目，议论纷纷，有的用心算，有的用笔算，但始终算不出结果。有的学生说，要是每只鸡和每只兔的腿数一样就好办了。于是，教师说："请全体兔子提起前脚，立正！"全班学生哄堂大笑，个个睁大了眼睛。"现在，鸡与兔的腿数一样了，上面有99个头，下面有多少条腿呢？""99×2=198（条）。"学生齐答。"和原来的条件相比，少了多少条腿呢？""少了300−198=102（条）。"学生马上回答道。"这102条腿到哪里去了？""被兔子提起来了。""那么，现在你们应该知道有多少只兔子了吧？""有51只兔子。"许多学生欢叫着。对"鸡兔同笼"的理解有一定的难度，但教师采取了比较幽默的语言和形象化的教学方式，学生理解起来就容易多了。

6.激励性

小学生在性格和心理上发育都还不健全，需要教师点滴培养和引导。教师在课堂上要善于通过激励性的语言对学生进行评价，不失时机地给学生以充分的肯定、鼓励和赞扬，使学生在心理上获得自尊、自信，获得成功的体验，诱发他们的学习兴趣，帮助他们认识自我、超越自我。

例如，在教师提出问题让学生回答，学生对自己的答案感到不自信时，教师可以面带微笑，用期待的目光对他说："没关系，大胆地说，你很聪明，这个问题一定难不倒你。"这样的语言既充分尊重了学生的意见，又保护了学生的自尊心，可培养学生自信的个性品质。

7.反馈性

课堂教学是师生双向的交流互动活动。教师把储存的信息输送给学生，必然引起学生的反应，表现为学生把教师输入的信号以不同的方式输出。由于学生的知识基础和智能存在差别，他们对信息的输出会不尽相同，有的部分输出，有的按原型输出，有的同时输出新的信息。教师要根据学生的信息输出情况，明察课堂上学情出现的变化，及时反馈，因势利导，灵活地、及时地调整讲课进度、深度及教学方法等。由于教学上存在着反馈现象，教师的教学语言具有反馈性的特点。

（三）小学数学课堂教学语言的分类

1.衔接语

衔接语是指用于教学的环节与环节之间、层次与层次之间的转换性语言，起承上启下的衔接和过渡作用。数学课堂的环节性比其他学科更加明显，教师的课堂环节衔接、过渡语言的设计不仅直接影响学生对数学知识的理解、运用和学习兴趣的培养，还直接影响课堂进程。教师的课堂衔接语要连贯自然，能够引起学生的学习兴趣，使学生产生继续学习的愿望；在内容上能加强新旧知识之间的联系，增强教学的系统性和完整性。

（1）导入新课的衔接语。

导入新课的衔接语是指用于一节课的起始、导入新课的语言。其应该能引起学生的学习兴趣，吸引学生的注意力，引导学生复习相关的知识，积极思维，为深入学习新知识做好铺垫。导入新课的方法多种多样，导入语的设计也丰富多彩。

例如，"最小公倍数"的教学片段。

师：请大家报数，并记住自己所报的数。

生：1，2，3……

师：请所报的数是2的倍数的同学站起来，接下来请所报的数是3的倍数的同学站起来（学生按要求起立后坐下）。你们发现了什么？

生：我发现有的同学两次都站起来了。

师：报哪些数的同学两次都站起来了？

生：报6，12，18……的同学。

师：报6的同学你能说说你为什么两次都要站起来吗？

生：我报的数6既是2的倍数，又是3的倍数，所以我两次都要站起来。

师：说得好。6既是2的倍数，又是3的倍数，所以说6是2和3公有的倍数。报12的同学你能说说你为什么两次都要站起来吗？

生：我报的数12也是2和3公有的倍数，所以我也要两次都站起来。

师：说得有理。这样的数还有吗？

生：18，24，30……

师：像6，12，18等这些数都是2和3公有的倍数，可以简称为2和3的公倍数（板书：公倍数）。想一想，2和3的公倍数有哪些？

生：6，12，18，24，30……

师：请找出最大的是几？最小的是几？

生：找不出最大的，最小的是6。

师：说得真好。2和3的公倍数中6最小，我们称它为2和3的最小公倍数。（在板书"公倍数"前面填写"最小"）2和3的公倍数很多，而且不可能有一个最大的公倍数，所以，在研究两个数的公倍数的问题时一般只研究最小公倍数。今天，我们就来学习有关两个数的最小公倍数的知识。

这一教学片段，教师利用数学知识的系统性和连贯性，适当提问和概括，引导学生发现发生在自己身边的、有趣的公倍数的现象，提出相关的数学问题，努力为学生创设一个生活化的情境，环环相扣，搭建了新旧知识联系的桥梁，让学生在生动具体的现实情境中学习数学，体验和理解数学。

（2）探索新知的衔接语。

在新知与新知间设计必要的、简短的、过渡性的语言，激发学生探索新知的激情。

例如，"11~20各数的认识"教学中在学生通过动手操作，探讨、研究了11~20的组成后，探索11~20的顺序和大小的教学环节。

师（出示直尺图）：指定一名学生读数。

师：你发现尺子上的数越往右越怎么样呢？越往左呢？

师：看着尺子上的数，我能提出好多问题。例如，紧跟在13后面的数是几？ 16前面的数是几？ 15和17中间的数是几？谁能上来当小老师，向大家提问题呢？

学生踊跃扮演角色，提问并解答。

这一衔接环节，首先是数形结合思考问题，接着教师以点带面，示范引导后，言简意赅地提出要求，然后学生根据要求提问并解答，引发了学生进一步探索的热情。

（3）巩固新课的衔接语。

为了巩固所学的数学基础知识、基本方法、基本思想和基本能力，熟练技法，形成数学观念并培养数学意识，课堂教学中教师需要配置各类训练或测试题。在配置练习题之前，教师应引导学生对例题教学中所蕴含的数学思维方法进行深入总结，并设计出总括性的衔接语。

2. 提问语

提问语是指教师提出问题让学生思考后回答的语言。西方学者德加默指出："提问得好即教得好。"课堂提问可能出现在课堂教学的各个环节，提问效果如何往往成为一节课成败的关键。教师在提问时要把握问的时机，所问问题要明确，有针对性，符合学情，有一定的梯度，能引起学生的思考，表达清晰、语速稍慢，并注意学生是否明白了所提问题的意思。同时，教师提问的语言要多样化。提问既要考虑面向大多数学生，也要关注学生的个体差异。只有这样，才能使每个学生都参与课堂教学活动，激发学生的积极性。

例如，讲授"乘数中间有零的三位数乘法"的简便算法时，教师在让学生按一般的方法计算的基础上，提问："哪一步可以省略？为什么？"这样的提问针对教学内容和课程教学目标，突出重点，在学生的思考过程中无疑起到了点化作用。

3. 评价语

评价语是指教师运用语言对学生在课堂上的学习态度、方法、过程、效果等方面进行即兴点评的语言。它主要起反馈、激励、调控和导向的作用。评价语要注意体现对学生的积极肯定与启发指导，要杜绝错误评价和无效评价，减少简单确定性评价（"对""好""是的"），不要做简单的否定评价（"错的""你再想一想"），倡导发展性评价。

例如，一位教师教"简单分数的大小比较"的教学片段。

师：小玲家买了一款新式蛋糕，小玲吃了其中的一部分（图片显示将蛋糕平均分为 4 份，阴影部分占 1 份），小玲吃了蛋糕的几分之几呢？为什么？

生 1（断断续续地）：把一个蛋糕分成了 4 份，小玲吃了其中的 1 份。

师：谁能说得更流利些？

生 2：小玲把蛋糕分成了 4 份，吃了其中的 1 份，所以说她吃了整个蛋糕的四分之一。

师：你怎么知道刚好是四分之一呢？

生 3：首先要平均分。

师：你能说说吗？

生 3：小玲把蛋糕平均分成了 4 份，吃了其中的 1 份，所以说她吃了整个蛋糕的四分之一。

师：小明也有这样一个蛋糕，但是，他想比小玲多吃点儿，你会建议他吃几分之几呢？

生 3：把一整块都吃掉。

师：你的意思是吃掉"单位 1"，这是一个整数，刚才我们要求给出的是分数。

显然，第一次评价"谁能说得更流利些"的评价指向性不准确（生 1 的回答存在的主要问题是没有指明平均分），对后继的回答是一种误导，而且，这一点评用语没有正面肯定生 1，在一定程度上扼杀了发言学生的积极性。评价"你的意思是吃掉'单位 1'，这是一个整数，刚才我们要求给出的是分数"没有将学生的发言"把一整块都吃掉"转变为可利用的资源，是一种简单的、无效的，甚至是错误的点评。

又如，一位教师在教学"长方形的周长"时的评价。

师：如果知道了长方形的长和宽，你们能求出它的周长吗？

生 1：我会，把四条边相加。

生 2：太麻烦了，可以简化为两条长加两条宽。

生 3：长加宽乘以 2。

师（指图）：请观察，长＋宽×2，发现了什么问题？

生 4：从图上可以看出，生 3 只求了 3 条边，3 条边不是周长，缺了一条边，应该是长乘以 2，宽也乘以 2，再把它们相加，求出来的才是周长。

（这时生 3 也发现自己少算了一条边，举手并说出了自己的错误。）

教师赞许地点点头，说："你善于观察，勇于改正错误，真是一个爱思考的好孩子。"

这样的评价，表扬了学生的学习态度，更重要的是给了学生更多的时间和空间，让学生体验到发现的快乐和成功的喜悦。

4. 讲解语

讲解语是指教师系统地、完整地阐释教材内容、描绘事例、论证原理的教学用语。教师在讲解时要发音清晰，有节奏感，有针对性；注意用词及语言的科学性，语言应通俗易懂，精炼生动，深入浅出，有吸引力，富有启发性，目标明确，重点突出，连贯周密，条理清楚。

5. 指令语

指令语是指教师在课堂上发出的包括语言文字、肢体动作在内的各种指令。一般来说，在课堂上，由教师发出的、学生接收后作出适当反应的各种信息都属于教学指令语，可分为语言文字类和非语言文字类。语言文字类指令语可细分为语言类和文字类。语言类教学指令语主要是指教师在课堂上口头表达的各种指令。文字类教学指令语主要包括板书和 PPT 上的以文字为表现形式的指令语。教师的课堂指令语是传递教学计划和教学步骤的重要工具，要能引起学生的注意，表达明确，把学生要做的事情交代清楚。

6. 小结语

小结语是指用于重要的教学环节之后和全课内容结束之后的一种总结性语言。小结语不仅可以帮助学生梳理知识、明确重点、掌握知识和技能，还可以促进其认知结构的形成、新知识模块的建立、解题技能的优化和思想方法的提炼等。

例如，教学"三角形的分类"的小结：为什么出现一个钝角或直角时就可以判断它是钝角三角形或直角三角形，而看到一个锐角时不能马上判断它是锐角三角形呢？那么，三角形的三个角之间有什么关系呢？我们下堂课将进行学习。这样的课堂小结，不但对本节课的学习内容进行了总结，而且为课后的思考和之后的教学做了一些必要的铺垫。

7. 体态语

体态语是指教师利用课堂教学时的教态变化，如手势、位置、视线、运动、造型和表情等来传递信息的无声语言。它是教师为课堂教学创设的一种生动的辅助性语言。这种语言虽然无声，却可以给学生生动、形象地传递信息，表达情感，引起学生的注意，激发他们的学习兴趣，有利于提高学生对知识的记忆和理解；还可以反馈课堂教学信息，控制学生的课堂行为，构建和谐的师生关系。

教师在运用体态语时，一般要注意下列原则。

（1）师生共意原则。要让学生充分、精确地理解教师所要表达的意思，达到师生沟通和交流的目的。

（2）程度控制原则。教师要注意体态语的使用幅度、力度和频率。

（3）和谐统一原则。各式体态语和谐统一，且体态语要与有声语言、课堂环境协调一致。

例如，教学低年级的学生"求和问题"时，教师可以利用体态语，用较夸张的手势，如两只手分别比画出两个部分，再做合起来的动作，即把两只手从两端向中间合拢，意为求和，并边比画边说："把这两个部分合起来后，就是它们的总数。合起来就是加起来，所以求和问题用加法解答。"学生从这个过程中理解了求和用加法的含义。

又如，教学"面积概念"时，学生对于"物体的表面或封闭图形的大小，就是它们的面积"这一抽象概念较难理解。这时，教师若举起手，将手掌表面与课桌表面相叠进行演示，并追问是手掌表面大，还是课桌表面大，从而揭示面积的根本属性：面积是一个量，可进行大小的比较。

（四）小学数学课堂教学语言的禁忌

数学课堂教学语言是一门艺术，不规范的教学语言，对教师自己和学生都会造成负面的影响。教师要从有利于学生学好数学、关注学生的成长出发，通过不懈地努力，提高语言修养。教学中，教师应避免下列不规范的语言。

1. 口头禅

教师的口头禅是指教师长期习惯化了的语言。它在课堂上反复出现，在一定程度上是一种无意识行为。口头禅太多，往往会分散学生的注意力，破坏数学语言的连贯性和流畅性，浪费课堂的有限时间，影响学生自我表现的积极性。

2. 含糊不清的语言

含糊不清、表达不完整、容易引起歧义的语言不能正确地表情达意，传递出的教学信息是不确切的，既会使学生茫然失措，感到困惑不解，又会无意中误导学生，使学生收到错误的信息。例如，为了区别直线与线段，教师问："直线从头到尾有没有端点？"学生回答："有。"教师的本意是想通过设问强调直线没有端点，但"从头到尾"一词对学生产生了误导，模糊了学生对直线概念的理解。又如，在教学"用短除法求两个数的最大公约数"时，当除到所得的商为互质数时，教师问学生："这两个数还有没有公约数了？"学生答："没有了。"教师也肯定地对学生说："对，没有了，除到两个数为互质数为止。"久而久之，学生形成了一个错误的概念：互质数没有公约数。这主要是教师的课堂教学语言表述不完整导致的。

3. 伤害感情的语言

对学生讽刺挖苦、不给学生鼓励、不尊重学生的人格尊严、伤害学生的感情等，不仅很容易使学生对教师产生严重的对立情绪，还会使学生产生严重的心理障碍，影响他们学习潜能的发挥。

4.平淡无奇的语言

小学生生性好动，充满好奇。语调单一、平铺直叙、平淡无奇的课堂语言，不能吸引小学生的注意力，甚至会使学生感觉上课是一种"煎熬"，以致上课时精神不振、昏昏欲睡。

5.重复啰唆的语言

教学语言烦琐啰唆、拖泥带水，不但不利于学生掌握知识的重点和理解知识间的联系，更不利于发展学生的智力，培养学生的能力。

6.贫乏单调的鼓励式语言

教师在课堂上评价学生的回答时，总是用"好""很好""不错""你很聪明""你回答得最好"等来赞赏学生精彩的回答，这种过多的廉价奖励、过分注重形式、缺乏真挚感情的鼓励性语言，只是教师挂在嘴上而没有意义的空话，会让学生习以为常，起不到对学生的鼓励、激励的作用，甚至会误导学生，让他们认为自己的答案真的很好而沾沾自喜，还可能导致学生浅尝辄止、不再探究。

二、小学数学教学的预设与生成

（一）正确对待预设与生成

在小学数学教学过程中，常常会发生与教师的预设不一样的情况，这是难得的课堂生成资源，是学生主动投入学习的积极表现，对此，教师必须加以重视、合理利用。预设与生成是教学中的一对矛盾统一体，预设体现教师的教学行为，生成体现学生的学习状况。生成的质量在某种程度上依赖于预设的质量，巧妙且有创意的预设能与生成相辅相成，使得课堂亮点突出。教师对于学生能想到或有可能想到的要预设，对于学生根本不会想到的更要预设，没有预设的生成往往是盲目的，而没有生成的预设往往是低效的。

例如，一位教师在进行"角的初步认识"的教学时，为了使学生对角的概念有更好的认识，让学生用三角板画角，但由于三角板有磨损，一位学生沿其两边画出角的顶点，致使所画的角的顶点不明显（不尖）、边不直，很不规范；另一位学生利用三角板画角时也出现了类似的情况，把角的顶点部分画成了弧线。教师及时利用生成的教学资源，指出画角时要根据角的特征，顶点要画尖，角的两边要画直。这样，学生对角的认识得到了进一步的深化。

（二）精心设计预设

数学课堂教学目标是教学中教师预期学生达到的学习结果和标准，是由教师制定的。教师在制定课堂教学目标时必须结合学生的认知水平和认知规律，不要认为学生是一块白板，可以任由教师涂抹；要预设明确而有弹性的教学目标、恰当的教学情境和有弹性的教学板块，留给学生思维扩展的空间。

布卢姆说过："人们无法预料教学所产生的成果的全部范围，没有预料不到的成果的教学，也就不成为一种艺术了。"教学设计必须充分考虑对学生知识生成的预设和数学方法形成的预设，同时也要考虑对学生可能产生错误的预设，使教学取得最大的效益。学生在知识的建构过程中会有一些认识上的偏差，教师在课堂上应重视学生通过数学语言表达所暴露的思维过程，特别是对这一过程中发生的错误，不能简单地纠正了事，而要把学生学习活动中的"错误"加以分析和引导。

例如，"正比例关系的认识"的教学片段。

师：同学们，你们有没有做过绕口令的游戏？有这样一个绕口令，第一句是：1只青蛙，1张嘴，2只眼睛，4条腿。谁能接下一句？

生1：2只青蛙，2张嘴，4只眼睛，8条腿。

生2：3只青蛙，3张嘴，3只眼睛，12条腿。

生笑：错了，错了。

师：为什么错了？

生：应该是6只眼睛。

师：如果老师告诉你青蛙的腿共有36条腿，你能猜出有几只青蛙吗？

生（略加思考）：9只青蛙。

师：你是怎样得出9只的呢？

生：36÷4=9。

师：为什么要除以4？

生：因为每只青蛙都有4条腿，这个数是不变的，所以要除以4。

师：说得好，现在请同学们把这个表填好。

青蛙的只数/只	1	2		5		8	
青蛙的腿数/条	4		12		24		36

（生填完）

师：你们发现了什么？

（生思考）

生1：青蛙的腿数总是青蛙只数的4倍。

生2：青蛙的只数变了，青蛙的腿数也变了。

生3：我补充一点，青蛙的只数变多，青蛙的腿数也变多；青蛙的只数变少，腿数也随着变少。

师：同学们观察得很仔细，善于发现规律，真了不起！现在哪一位同学能把刚才说的总结一下？

生 4：青蛙的只数变多，青蛙的腿数也变多，青蛙的腿数总是青蛙只数的 4 倍。

师：说得好！你把我们今天要学的知识说出来了，这就是我们今天要研究的正比例关系。（教师板书：正比例关系）现在，我们就来进一步研究正比例关系。

（三）调节预设，促进生成

苏霍姆林斯基说过："教育的技巧并不在于预见课堂的所有细节，而在于根据当时的具体情况，巧妙地在学生不知不觉的情况下作出相应的变动。"教学过程中，课前的预设往往是随着教学的深入而变化的，教师必须做好充分的预设，并且应不断完善预设，丰富预设，促进学生的生成与发展。作为教师，要充分利用课堂教学中生成的教学资源，重视课堂教学过程中的生成，激活"亮点"，还学生课堂主动权。因此，教师不仅要有扎实、深厚的专业功底，还必须具有多方面的良好素养，并要及时转变教育观念和教学方式。

马卡连柯说过："教育技巧的必要特征之一就是随机应变的能力。有了这种品质，教师才可能避免刻板的公式，才能估量此时此刻的情况特点，从而找到适当的方法并正确地加以应用。"教师在教学中要把学生学习活动中的"错误"转变成一种教学资源，合理进行点拨与引导。教师正确对待"错误"是对学生的尊重和保护。这样，学生就获得了一次难得的探究机会。探究的过程是从学生的"错误"出发，抓住学生思维的兴奋点，这是学生明辨是非的过程，也是重新建构的过程。此外，在这一过程中，学生还得到了潜移默化的情感、态度和价值观教育。

例如，"多边形内角和"的教学片段。

师：根据"三角形内角和是 180 度"，谁能想出四边形的内角和是多少度吗？

生 1：连接四边形的一条对角线，把四边形分成两个三角形，从而求出四边形的内角和是 180×2=360 度。

师：那五边形的内角和是多少度呢？

生 2：连接五边形的两条对角线，把五边形分成三个三角形，从而求出五边形的内角和是 180×3=540 度。

生 3：在五边形内找一个点，分别连接五边形的五个顶点，把五边形分成五个三角形，五边形的内角和应是 180×5=900 度，但这 900 度里包含一个圆周角 360 度，所以应该减去 360 度，得到五边形的内角和是 180×5−360=540 度。

生 3 的方法是教师没有预设的，这时，教师充分利用课堂生成的资源训练学生的思维，使本节课得到了升华。

三、小学数学教学的说课

说课是教学改革中涌现的新事物，是进行教学研究、交流与探讨的一种方式，是集体备课的进一步发展。它能集中而简明地反映教师的教育理念、教学技能与教学风格，能较好地反映教师的教学智慧，疏通了备课、上课与评课之间的有机关系；使教师的教学实践上升到一定的理性层面，解决研究与教学、理论与实践脱节的矛盾，是一项基于学校、面向教师、服务实践的教学活动。

（一）说课的本质

1. 说课的含义

说课是教师针对某一具体的课题，在备课的基础上，在一定的场合，主要运用口头语言并借助有关的辅助手段，对领导、同行或评委述说在课堂教学中如何依据《标准》、教学理论，对教材内容、教学目标、教法、学法、教学过程等进行全面的设计与阐述，不但要层次清晰地说明这节课怎样教，而且要简练精辟地揭示这节课为什么要这样教，然后由听者评说，达到相互交流、共同提高的目的的一种教研活动。

2. 说课的特点

（1）简易性与操作性。

说课不受时间、空间、人数的限制，且不涉及学生，备课组内2人以上，用时20~30分钟，便可在适当的场所完成。作为教研活动的说课，通常在10~15分钟内完成。说课是一种简便易行的教研活动，能很好地解决教研与教学、理论与实践脱节的矛盾。

（2）理论性与科学性。

在备课中，教师往往会对教材作必要的分析和处理，但这些分析和处理通常还不够深入，是感性的。而说课必须从课程标准、教育教学理论等方面理性地审视教材，有可能发现备课中的种种疏漏，经过修改教案，疏漏就会得到弥补。从这个意义上来说，说课能帮助教师更好地理解教材。另外，说课的准备过程是教师驾驭教材、优化教学设计的过程。特别是，说课不仅要说明怎么教，还要说明为什么这样教。这就迫使教师深入地学习教学理论，从更高层次的角度去思考问题；同时，说课还需要教师写说课稿和上台演讲，这能进一步提高教师的写作能力和语言表达能力。

（3）交流性与示范性。

说课是一种集思广益的活动，符合现代教育所倡导的合作化学习理念。无论是同行还是教研人员都会在听说课、评议说课、切磋教艺、交流教学经验中获益，尤其是说课者，更能受益。

3. 说课与上课的关系

（1）相同点。

说课和上课都是以课程标准、教材、学生的实际为依据，为指导学生更有效地学习服务的。两者围绕着同一个教学课题，都可以展示教师的课堂教学操控艺术，都能反映教师的语言、教态、板书等教学基本功。

（2）不同点。

①目的不同。上课的目的是将教材知识转化为学生知识，进而培养学生的能力；说课的目的是向听者介绍一节课的教学设想，使听者听懂。

②内容不同。上课的主要内容是教哪些知识，怎么教；说课不但要讲清上述主要内容，而且要讲清这样做的原因。

③对象不同。上课的对象是学生；说课的对象是领导、同行或专家、评委。

④活动形式不同。上课是课堂上教师与学生间的双边教学活动，在教师的指导下，通过读、讲、议、练、演示、实验等形式完成；说课以教师自己的解说为主，是课堂外教师、同行间的教研活动。

⑤评价标准不同。上课的评价标准虽也看重教师的课堂教学方案的实施能力，但更看重课堂教学的效果，看重学生实际接受新知、发展智能的情况；说课重在评价教师理解与掌握教材、设计教学方案、应用教学理论及教学基本功等方面。

（二）说课时要注意的问题

说课是在没有学生配合的情况下进行的，这就需要教师具有自信心、稳定力和应变力。说课时，说课者要注意以下几个问题。

1. 正确认识说课本质

说课稿与教案、说课与讲课既有一定的联系，又有明显的区别，不能将说课当作复述教案或再现教学过程。

2. 说课要有层次感

说课不要求面面俱到，不要求说得很细，在10~15分钟的说课时间里，说课者应把主要精力放在说教学程序上。说课者在说课时所说的都是一些教学预案，所以要多谈一谈学生在学习中可能碰到的困难和教师的教学策略。这里所说的层次针对某一教学环节来说也是如此。

3. 说课语言要生动，整体要流畅

说课者要加强说的训练，说课要有激情，用简洁、清晰、明快的陈述性语言表达；注意语言的过渡与衔接，整体要流畅。

4. 恰当地使用视觉材料

说课者要清楚地表述教学设计，抓住听者的注意力，调动听者的兴趣，给听

者留下深刻的印象，可在说课中灵活地运用视觉材料，使说课充实、深刻、生动、精彩。

（三）说课案例

"小数的初步认识"说课稿

各位领导、老师：

大家下午好！

今天我说课的内容是义务教育教科书人教版《数学》三年级下册第七单元的"小数的初步认识"的第一课时。

一、说教材

"小数的初步认识"是在学生初步认识了分数并且学习了常见的计量单位的基础上进行学习的内容。这部分知识的学习，可以扩大学生用数学解决实际问题的范围，提高学生解决问题的能力；同时也能使学生初步学会用简单的小数进行表达和交流，进一步发展数感。本课内容包括认识一位小数、两位小数和它们的读法、写法，理解以元、米为单位的一位小数的实际含义。一位小数和两位小数的认识是"小数的初步认识"中最基础的知识，通过对它们的学习，不但有助于学生准确、清晰地理解小数的含义，并在实际生活中加以应用，而且能为其以后系统地学习小数的有关知识奠定坚实的基础。

为了使学生更好地体会小数的含义，教材力求从现实生活出发，借助生活素材，以元、角、米、分米等常用的计量单位为学习小数的形象支撑，让学生在熟悉的情境中感悟小数的含义，体现了数学的生活化。

二、说教学目标

这虽然是学生在课本中第一次接触小数，但是，由于小数在生活中的应用广泛，大多数学生对于小数并不陌生，根据《标准》的要求、教材的特点及学生的实际认知水平，我把本节课的目标定为以下几个方面。

（1）结合具体情境和几何直观图认识小数，会读、写小数部分不超过两位的小数；知道以元、米为单位的一位小数的实际含义；知道十分之几可以用一位小数表示；能用小数表示日常生活中的一些事物的数量。

（2）通过观察、比较、合作交流等学习活动，培养观察能力、概括能力、迁移能力，以及综合运用所学知识解决实际问题的能力。

（3）通过所创设的生活情境，进一步认识数的发展，感受小数与现实生活的联系，体会生活中处处有数学，从而激发热爱生活、热爱数学的情感。

三、说教学重点、难点

教学重点：会认、读、写小数，理解以元、米为单位的一位小数的实际含义；初步感知十分之几可以用一位小数表示。

教学难点：结合具体情境认识小数的含义，理解以米为单位的小数的实际含义。

四、说教法与学法

《标准》指出："教师是学习的组织者、引导者和合作者。"为了完成以上教学目标，突出重点、突破难点，根据教学内容并结合本阶段学生的认知特点，在教学中，我遵循从生活到数学、从具体到抽象的教学原则，对于概念的教学拟采用具体可感、可知的形象作为支撑，采用以情境再现、合作探究为主的教学方式，并将谈话法、发现法、练习法等教学方法优化组合，结合多媒体展示，引导学生在具体的情境中观察思考、交流研讨，注意调动学生的主动性，让他们积极地发现问题、分析问题、解决问题、获取知识，从而达到掌握知识、训练思维、培养能力的目的。

本节课尽可能地通过生活情境和学生已有的生活经验建立新旧知识的联系，增加学生参与教学活动的时间和空间；在整个过程中通过多种形式，充分调动学生的各种感官参与学习，激发他们内在的潜力，使他们不但学会，而且会学。我在教学中拟进行以下学法指导：重在知识的处理和转换，而不是知识的传递，让学生用观察法、比较法、小组讨论法、类推法去主动学习、探究学习、合作学习。

五、说教学流程

基于以上构想，按照循序渐进、因材施教的教学原则，我将整个教学流程预设为以下 4 个阶段：创设情境，导入新课；自主探究，学习新知；巩固应用，内化提高；归纳总结，完善认知。

（一）创设情境，导入新课

这一阶段拟设计以下两个环节。

1.创设情境，激发兴趣

《标准》强调数学与现实生活的联系。教学实践表明，接近学生生活的原生态背景能有效地激发学生的学习兴趣，调动学生学习的积极性和主动性。上课开始时，我对学生说道："你们都有过同爸爸妈妈一起去超市购物的经历吧，你们一定了解一些常见商品的价格，并见过价格标签吧。昨天，我去超市购物时发现两个小朋友拿着笔和本子在记录着什么（多媒体展示：超市调查情境图）。出于好奇，我就上前询问了一下，原来他们在做社会小调查——了解一些商品的价格。我看了看，发现他们是这样记录的。"多媒体展示两张记录单后我询问学生是否看得懂，更喜欢哪张记录单，并让他们说说自己的看法。倾听学生的想法后，我引导学生达成共识：这两种记录各有所长，不过，小女孩的记录单更简单、明了、方便，

90

值得我们进一步研究。接着，我用多媒体展示以元为单位的记录单。这一情境的创设，可以唤醒学生已有的生活经验，激发学生的学习兴趣，为学生提供思维之源，使他们向既定的学习目标努力。

2.初识小数，揭示课题

在这一环节，我请学生仔细观察以元为单位的记录单上的数，并思考问题：这些数跟我们以前学过的整数一样吗？这些数有什么共同点？然后，我要求学生以 4 个人为一个小组交流，当学生形成"这些数中都有一个小圆点"的共识时，我利用多媒体展示小圆点变红的动画，引出小数的概念：像 1.2，3.45，0.85，2.60 这样的数，叫作小数。我板书课题：小数的初步认识。这一教学设计以学生为主体，让学生通过观察、分析、比较并进行交流，了解、认识小数和整数在记法上的区别；这一教学设计符合学生的认知规律，培养了学生的观察能力、概括能力，也为其进一步学习小数知识做了铺垫。

（二）自主探究，学习新知

这一阶段拟分为以下四个环节进行教学。

1.小数各部分的名称及小数的读写法

在这一环节，我分以下两个步骤进行教学。

（1）认识小数各部分的名称。借助学生的生活经验和前一阶段的发现，学生对小数的特征已不陌生，通过师生谈话："我们以前学习的分数中间有一条线叫什么？（分数线）那么，小数中间的小圆点叫小数点。"让学生经历知识迁移的思考过程，并认识小数点。我板书小数 3.45 并作了相应的批注，适时点拨：这个小圆点叫作小数点，读作点，小数点的左边是小数的整数部分，小数点的右边是小数部分。

（2）读写小数。我充分相信学生的能力和知识广度。为了鼓励学生合理猜想、大胆尝试，我先让学生尝试读小数。开始时，学生有不同的读法，有的学生一下子就正确读出了小数，有的学生按整数的读法读小数。在学生尝试的基础上，我引导学生小结小数的读法，并以 3.45 为例示范小数的读法、写法，将读法板书，强调小数点的规范写法。

2.寻找生活中的小数

为了让学生善于发现身边的数学，体会学习数学的现实意义，感受数学的应用价值，我会要求学生说说在生活中的哪些地方见到过小数。随着学生的回答，我会适当地用多媒体展示一些常见的用小数记录或标记的情境（如称重、量体温、量身高等）。

3.理解小数的意义

小数的意义比较抽象。为了让学生理解小数的意义，我密切联系生活,利用物体的长度、商品的价格等,从情境中提出问题并解决问题,通过实践操作、观察、对比、分析、合作交流等活动,让学生感悟其意义。我拟将这一过程分为以下两个环节进行。

(1)理解以米为单位的小数的实际含义。以米为单位的小数的含义对初学小数的学生来说是抽象的、难以理解的知识。为化解难点,我拟运用课件演示,通过长度单位建立分数与小数的联系,数形结合,将抽象的知识直观化,让学生对小数的认知经历由具体到抽象的过程,引发学生深入地思考。具体设计如下。

①呈现教材第84页的情境图,让学生观察图意,并思考图中同学们提出的问题。

②用课件展示:将1米的尺子平均分成10份,其中一部分为红色。据此,提出问题:红色部分的长度是多少?用分数表示是多少?用小数表示是多少米?要求学生以4个人为一组研究、讨论,并展示自己的研究成果,我评价、点拨,使学生明确1分米是1米的十分之一,用小数表示为0.1米,并简要地板书这些关系。

③为使学生加深理解,培养他们的推理能力,我接着要求学生思考3分米用分数、小数表示各是多少米并板书。学生通过自己的探索感知一位小数与十分之几的关系。

④引导学生讨论:1米3分米写成小数是多少米?通过这一讨论解决例1提出的问题。在这一过程中,可因材施教,扩展到理解以米为单位的两位小数的含义的问题。

(2)理解以元为单位的小数的实际含义。数学的教学过程是一个学生以自己的已有知识和经验为基础主动构建数学知识的过程。在学生理解了以米为单位的小数的含义后,我不再从具体情境出发引出数学问题,而是直接要求学生尝试解决教材第85页"做一做"的问题。因为学生已经学习了例1的知识,在这一环节,我放手让学生通过自主探究和小组讨论去解决问题。

(三)巩固应用,内化提高

为了使课内的练习起到促进学生掌握知识、锻炼能力的双重作用,我组织练习时会注意练习形式的多样化和练习的梯度,激发学生学习的兴趣。本环节,我设计了下列3个层次的训练。

1.基本训练

(1)教材第87页练习十八的第1题。让学生读一读,巩固小数的读法,了解多位小数和小数在日常生活中的应用,培养学生的数感。

(2)教材第87页练习十八的第2题。让学生填一填,进一步感知

"十分之几"与一位小数的关系。

（3）教材第 87 页练习十八的第 3 题。让学生说一说、填一填，加深对以元、米为单位的小数含义、小数与分数的关系的认识。

2. 变式训练

利用教材第 88 页练习十八的第 4 题，引导学生看图，鼓励学生叙述图意，培养学生观察、分析、抽象、应用新知识的能力。

3. 综合训练

呈现铅笔等物体的名称和对应的价格或高度，让学生做"换名"游戏，培养学生的数感，并深化学生对小数知识的理解，使学生会用小数解决简单的实际问题。

（1）铅笔：3 角 =（   ）元。

（2）钢笔：11.2 元 =（   ）元（   ）角。

（3）冰激凌：2 元 5 角 =（   ）元。

（4）杯子的高：9 厘米 =（   ）米。

（四）归纳总结，完善认知

鉴于三年级学生的概括力还不是很强，且本节课的学习内容较多，在课堂教学结束时，我拟以提问、交流的形式引导学生对本节课的教学内容进行梳理和概括：自己学会了什么？是怎么学的？有什么收获？通过指向性的问题，让学生思考、交流自己的学习历程，使他们将新知识纳入自己原有的知识体系中，同时有效地提高语言表达能力和整体思维能力。

板书设计：

板书以本节课学习的内容为主题，突出重点，使学生对本节课的教学内容形成一个整体，运用多种感官，促进理解与记忆，建立良好的认知结构。

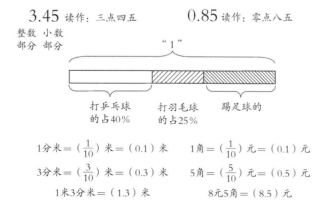

小数的初步认识

3.45 读作：三点四五 0.85 读作：零点八五

整数 小数
部分 部分

1 分米 =（ $\frac{1}{10}$ ）米 =（ 0.1 ）米   1 角 =（ $\frac{1}{10}$ ）元 =（ 0.1 ）元

3 分米 =（ $\frac{3}{10}$ ）米 =（ 0.3 ）米   5 角 =（ $\frac{5}{10}$ ）元 =（ 0.5 ）元

1 米 3 分米 =（ 1.3 ）米   8 元 5 角 =（ 8.5 ）元

思考与练习：

1.小学数学教学常用的方法与手段有哪些?

2.简述小学数学课堂教学的类型及结构。

3.谈谈你对小学数学教学的实施的整体认识。

4.请结合具体课例完成说课稿的设计。

第四章

小学数学微格教学实训指导

学习目标

1. 了解我国小学数学微格教学的概念和发展历程。
2. 掌握小学数学微格教学的组织程序。
3. 学会编写小学数学微格教学教案。

第一节 小学数学微格教学概述

微格教学产生于 20 世纪 60 年代初，具有理论联系实际、目的明确、反馈及时等特点，为受训者提高教学技能创造了有利条件，很快地在世界各地推广开来。本节介绍微格教学的产生和发展、微格教学的概念以及微格教学的基本特点。

一、微格教学的产生和发展

（一）我国微格教学的产生

20 世纪 80 年代，北京教育学院受国家教育委员会师范教育司的委托，举办了两期外国专家微格教学讲习班、五期国内微格教学讲习班，培养了一批我国开展微格教学的实践和研究人才。1986 年，上海教育学院开始运用微格教学开展在职教师的教育培训，并取得了很好的效果。按照国家教育委员会师范教育司的意见和要求，1988 年，在北京教育学院举办了两期微格教学研讨班，全国有 70 多所教育学院的教师参加了学习和研讨。

1998 年 10 月，全国微格教学协作组年会在云南教育学院召开，来自美国的微格教学创始人艾伦教授作了"关于微格教学新旧模式对比"的报告，展示了新型微格教学的实习与评价模式；来自我国香港的任伯江教授作了"优质教学，以微格教学为首"的演讲。大会交流的论文从数量到质量均超过以往各届，表明我国的微格教学研究经过十多年的探索，已不断深入，成效显著。

（二）微格教学研究的发展

我国开展微格教学几十年来，大中专院校和广大中小学的教育工作者撰写了一批质量较高的科研论文，先后出版了《微格教学初步》（孙文杰）、《微格教学与教学测量》（陈献芳等）、《微格教学》（王维平）、《教师教学技能》（郭友等）等。1992年，由全国微格教学协作组秘书长孟宪凯担任主编的《微格教学基本教程》出版。同年，北京教育学院与河南平顶山矿务局教师进修学校合作出版了《微格教学（示范带）》5集，并先后在北京教育学院学报上刊登了《微格教学研究》专刊5期，为全国从事微格教学研究和教学的人员提供了参考资料。1997年，北京教育学院组编、孙立仁担任主编的《微格教学理论与实践研究》和配套的中小学各学科微格教学教程的出版，标志着微格教学的研究和实践在我国已深入开展，为教师的专业化发展发挥了重要的作用。

二、微格教学的概念

微格教学，来自英文microteaching，可译为"微型教学""微观教学""小型教学"等，国内称之为"微格教学"，是一种利用现代教学技术手段来培训教师教学技能的教学方法。通常，让师范生分成若干小组，在指导教师的理论指导下，对一小组学生进行10分钟左右的"微格教学"，并当场将实况摄录下来。然后在指导教师的引导下，组织小组成员一起反复观看录好的视听材料，同时进行讨论和评议，最后由指导教师进行小结。让所有学员轮流进行多次微格教学训练，使他们的教学技能、技巧有所提高，从而提高教师的整体素质。

艾伦教授将它定义为："它是一种缩小了的可控制的教学环境，使准备成为或已经是教师的人有可能集中掌握某一特定的教学技能和教学内容。"其实，微格教学是一种通过"讲解—观摩—分析—实践—评价"的方法，借助音视频记录装置和实验室的教学练习，对需要掌握的知识、技能进行选择性模拟，使师范生和在职教师的各种教学行为的训练可被观察、分析和评价。

结合我国实际，北京教育学院微格教学课题组经过多年的实践研究认为：微格教学是一个有目的、有控制的教学实践系统，它使师范生和教师能集中解决某一特定的教学行为，并在有控制的条件下进行学习和训练。它是建立在教育教学理论、视听理论和教学技术基础上，系统训练教师课堂教学技能的方法。

三、微格教学的基本特点

微格教学将复杂的教学过程作了科学的细分，并应用现代化的视听技术，对细分了的教学技能逐项进行训练，帮助师范生掌握有关的教学技能，提高他们的教育、教学能力。微格教学具有如下特点。

（一）技能单一集中

微格教学是将复杂的教学过程细分为容易掌握的单项技能，如导入技能、讲解技能、提问技能、强化技能、演示技能、组织技能、结束技能等，使每一项技能都成为可描述、可观察和可培训的，并能逐项进行分析研究和训练，以提高培训效能。

（二）目标明确可控

微格教学中的课堂教学技能以单一的形式逐一出现，使培训目标明确，容易控制。课堂教学过程是各项教学技能的综合运用，只有对各项细分的技能都反复培训、熟练掌握，才能形成完美的综合艺术。微格教学培训系统是受控制的实践系统，要重视每项教学技能的分析研究，使培训者在受控制的条件下朝着明确的目标发展，最终提高综合课堂教学能力。

（三）参加的人数少

在训练过程中，学生角色一般是 7 ～ 10 名，而且学生可以频繁调换。实践表明，这样便于机动灵活地实施微格教学，深入进行讨论与评价。

（四）上课时间短

微格教学每次实践过程的时间很短，通常只有 5 ～ 10 分钟。在这期间集中训练学生某一单项教学技能，如讲解技能或板书技能，可使学生在较短的时间内掌握这项技能。

（五）运用视听设备

借助现代视听设备真实记录课堂互动细节，使受训者获得自己教学行为的直接反馈，并可运用慢速、定格等手段，在课后进行反复讨论、自我分析和再次实践，以行为结果确定个别进度，强调合格标准。

（六）反馈及时全面

微格教学利用现代视听设备作为记录手段，真实而准确地记录教学的全过程。对执教者而言，课后所收到的反馈信息有来自指导教师的，也有来自听课的同伴的，更主要的是来自自己的教学信息，反馈及时而全面。

（七）角色转换多元

微格教学突破了传统的教师培训的理论灌输或师徒传带模式，运用现代化的录像技术，对课堂教学技能研究既有理论指导内容，又有观察、示范、实践、反馈、评议等内容。在微格教学课程中，每个人从学习者到执教者，再转为评议者，如此不断地转换角色，反复地从理论到实践，经过实践再进行理论分析、比较研究，这种角色转换多元化的培训方式，既体现了教学方法与教学模式的改进，又体现了新形势下教育观念的更新。

（八）评价科学合理

传统训练中的评价主要凭经验和印象，带有很强的主观性。微格教学中的评价参评者的范围广，评价内容比较具体，评价方法比较合理，可操作性强，使评价结果包含的个人主观因素成分减少，比较科学合理。

（九）心理负担小

微格教学上课持续时间短，教学内容少，而且班级人数不多，可以使受训者的紧张感与焦虑感减弱，从而减轻受训者的实质性心理紧张。又由于评价既要指出不足，又要肯定优点，会增加受训者的自信心与成功感。另外，微格教学的环境是特殊安排的，是在一定控制条件下进行实践活动的，避免了学生的干扰，因而也减轻了受训者的心理负担。

第二节　小学数学微格教学的组织实施

小学数学微格教学是一项细致的工作，要有效地提高教师的教学技能，关键是紧紧抓好微格教学全过程所包含的理论学习、教学技能分析、示范观摩、指导备课、角色扮演、反馈评议等环节。这些环节环环相扣，联系密切，削弱其中任何一个环节，都会影响培训的效果。应针对被培训者的实际情况，落实每一个实施步骤。

一、理论学习

在微格教学实践和发展的过程中，融入了许多新的教育观念、教育思想和方法。如布卢姆的"教育目标分类学""掌握学习法"、弗朗德的"师生相互作用分析"理论。具体实践中，又有美国艾伦教授的双循环式和英国布朗教授的单循环式等。微格教学培训是一种全新的实践活动，其有深刻的理论基础，因此，学习和研究新的教学理论是十分有必要的。理论辅导的内容包括微格教学的概念、微格教学的目的和作用、学科教学论、教学技能理论。理论研究和辅导阶段要确定好教学的组织形式。通常在学习教学理论时，指导教师以班级为单位作启发报告，讨论和实践则以小组为单位。一般小组成员 6 人左右，最好是同一层次的教师或师范生。指导教师要启发小组成员尽快相互了解，对所研讨的问题有共同语言，互相成为"好朋友"。

二、教学技能分析

微格教学的研究方法就是将复杂的教学过程细分为单一的技能，再逐项培训。指导教师可以根据培训对象的不同层次和需要，有针对性地选定几项技能。一般来说，对于师范生和刚踏上讲台不久的青年教师，可以通过微格教学实践及早掌握教态、语言、板书等方面的基本技能；对于有一定教学经验的教师，可以通过微格教学实践，深入探讨较深层次的技能，有利于总结经验、互相交流，共同提高教学能力，以达到提高教师整体素质的目标。在技能分析和示范阶段，指导教师要作启发性报告，分析各项技能的定义、作用、实施类型、方法及运用要领、注意点等，同时将事先编制好的示范录像给学员观看。

三、示范观摩

针对各项教学技能，提供相关的小学数学课堂教学片段，组织学生进行示范观摩。观看录像后，小组成员经过讨论分析，取得共识。这样，学员不仅可获得理论知识，也可形成初步的感知。

（一）观摩微格教学示范录像

1. 教学示范录像片段的选择

在选择示范录像时要遵循两条原则，一是水平要高，二是针对性要强。示范的水平越高，学员的起点就越高；针对性越强，该技能的展现就越具体、越典型。

2. 提出观摩教学示范录像片段的要求

在观看示范录像片段时，指导教师要先提出具体要求，明确目标，突出重点，边观看边提示。提示时要画龙点睛，简明扼要，不可频繁，以免影响学员观看和思考。

（二）组织学习、讨论、模仿

1. 谈学习体会

各自谈观后感：哪些方面值得学习；对照录像，检查自己的教学存在哪些不足。师范生注重前者，在职教师注重后者。

2. 集体讨论

重点交换各自的意见，在要学习的方面达成共识。指导教师也要参加讨论，重点指导。

3. 要点模仿

示范的目的是使受训者进行模仿。许多复杂的社会型行为往往都能通过模仿而获得。实际上，受训者在观看录像时，就已渗透着模仿的意义。这里的模仿，主要是在指导教师的指导下进行重点模仿。此外，指导教师亲自示范或提供反面示范，对学员理解教学技能也会起到十分重要的作用。

四、指导备课

（一）钻研某项教学技能

1. 充分备课，熟悉教材

熟悉教材是至关重要的，如果对教材理解不透彻、不深入，甚至出现片面性或错误，就无法体现教学技能。

2. 根据指定教材，针对某项教学技能进行钻研

在熟悉教材的基础上，应该重点考虑教学技能的运用。要正确运用教学技能，对该教学技能的钻研是先决条件，指导教师要正确引导学习者钻研教学技能的理论，联系教材，把理论应用于实践。

（二）备课

（1）在钻研指定教材和该项教学技能的基础上，编写教案。教案的格式如表4.1所示。

表 4.1 微格教学教案格式

科目：_____ 课题：_____ 训练的技能：_____ 主讲：_____

教学目标：				
时间 （分/秒）	授课行为 （讲解，提问等内容）	应掌握的 技能要素	学生行为 （预想回答等）	教学意图 （媒体准备）

日期：　　年　　月　　日

（2）在指导教师的指导下，交流备课情况，取人之长，补己之短。

（3）对在职教师和师范生要求有别。钻研教材、熟悉教材、理解教材，并结合教学技能备课，对在职教师来说，问题不是很大；但对在校的师范生来说，则是比较困难的。师范生应先接受教学基本理论和教材分析的培训。指导教师在给他们指定教材时，还要对教材进行适当的分析，以帮助他们正确理解教材，从而结合教学技能的运用进行备课。

五、角色扮演

（一）角色扮演的意义

角色扮演是微格教学的中心环节，是受训者训练教学技能的具体教学实践活动，在活动中每个受训者都要扮演一个角色，进行模拟教学。它改变了传统的老师讲、学生听的教学模式，给受训者以实践的机会，从而使师资培训工作上一个新台阶。

（二）角色扮演的要求

角色扮演的要求主要有两个方面：一方面，扮演教师者要"真枪实弹"，按照自己的备课计划，在一定条件下，训练教学技能；另一方面，扮演学生者要充分表现学生的特点，自觉进入特定情境。

培养教学技能，必须通过真实的练习与训练，否则就难以形成技能。微格教学中的角色扮演，给学生提供了上讲台的机会，使他们能把备课时的设想和对单项技能的理解通过自己的实践表现出来，同时进行录像。师范生由原来的被动听课者变为教学活动的参与者，充分发挥了学生的主体作用，体现了微格教学的优势。

在微格教学实习室内，有教师、学生和录像人员。教师由接受培训的学员轮流担任，学生也由学员扮演。每节微格教学课的时间控制在 10 分钟左右。要使角色扮演的效果更佳，微格教学实践应该注意以下几点。

（1）在角色扮演前，指导教师要向师范生说明有关角色扮演的规定。

（2）除执教者和学生外，减少模拟课堂上其他无关人员，这样当执教者面对镜头时，能缓解紧张情绪。

（3）扮演教师者要把自己当成一个纯粹的教师，要把自己置身于课堂教学的真实情境之中，一切按照备课计划有序进行教学实践活动，训练教学技能。

（4）扮演学生者要充分表现学生的特点，自觉进入特定情境。有时也可以让学员扮演一位常答错题的学生，以培训执教者的应变能力。"学生"最好是执教者平时的好朋友，这样初登讲台的执教者能有一种安全感。

六、反馈评议

反馈评议阶段，首先由执教者将自己的设计目标、主要教学技能和方法、教学过程等向小组成员进行介绍，然后播放微格录像，全组成员和指导教师共同观摩。观看录像后进行评议，可以由执教者本人先分析自己观看后的体会，检查事先设计的目标是否达到，谈谈自我感觉如何；再由全组成员根据每一项具体的课堂教学技能要求进行评议。评议过程由以下三个环节构成。

（一）学员自评

1. 照镜子，找差距

由扮演教师者分析技能应用的方式和效果，看是否达到预期目标。

2. 列出优缺点，肯定成绩，找出不足之处

如果自己认为很糟，非常不满意，可以申请重新进行角色扮演和录像。指导教师可根据条件和时间，决定是否重录，尽量做到不挫伤学员积极性。

（二）组织讨论、集体评议

评议时应以技能理论为指导，分析优缺点，进行定性评价。根据量化评价表给出成绩，进行量化评价。提出建设性意见，提出如何做可能会更好。指导教师要注意引导，营造一种学术讨论的氛围。

（三）指导教师评议

学习者对指导教师的评价是十分重视的，指导教师的意见举足轻重。因此，指导教师的评价应尽量客观、全面、准确。对于扮演者的成绩和优点要讲全，缺点和不足要讲准、讲主要的。要注意保护学习者的自尊心和积极性，要以讨论者的身份出现，讨论应该怎样做和怎样做更好，这样效果会更好。

第三节　小学数学微格教学设计与教案编写

教学设计是微格教学过程中的一个重要环节，也是踏入教学实践的第一步。

如何根据教学内容和技能训练目标，对微格教学的教学方案和教学过程进行设计，将要训练的教学技能恰如其分地运用于课堂教学过程，是微格教学训练中极其重要的工作。这项工作几乎贯穿微格教学训练的全过程。

一、微格教学的教学设计

微格教学的教学设计是根据课堂教学目标和教学技能训练目标，运用系统方法分析教学问题和需要，建立解决教学问题的教学策略微观方案、试行解决方案、评价试行结果和对方案进行修改的过程。它以优化教学效果和培训教学技能为目的，以学习理论、教学理论和传播理论为理论基础。

微格教学的教学设计与一般的课堂教学设计既有联系，又有区别。一般的课堂教学设计对象是一个完整的单元课，教学过程包括导入、讲解、练习、总结评价等完整的教学阶段。而微格教学通常都是比较简短的，教学内容只是一节课的一部分，便于对某项教学技能进行训练。因此，不能像课堂教学设计那样主要从宏观的结构要素来分析，而要把一个事实、概念、原理或方法等当作一套过程来具体设计。所以，在微格教学技能训练的过程中应有两个教学目标：一是使被培训者掌握教学技能；二是通过技能的运用，实现中小学课堂教学目标。教学技能是实现教学目标的方法和措施，而课堂教学目标所达到的程度是对教学技能的检验和体现，两者紧密联系、互相依存。由此，微格教学的教学设计既要遵循课堂教学设计的原理和方法，又要体现微格教学的教学技能训练特点。

◆ 笔记栏

二、微格教学教案的编写

在微格教学中，教案的编写是教师的一项重要工作，它是根据教学理论、教学技能、教学手段，并结合学生实际，把知识正确传授给学生的准备过程。微格教学教案的产生是建立在微格教学设计基础之上的，以设计为指导，具体编写微格教学的计划。

（一）微格教学教案编写的内容和要求

1. 确定教学目标

教学目标的确定和整堂课教学目标的确定方法一样，只不过对象不同。

2. 确定技能目标

即教师课堂教学技能训练目标，针对不同的人可以有不同的技能要求。

3. 教师教学行为

要求教师把教学过程中的主要教学行为，即要讲授的内容、提的问题、列举的实例、准备做的演示或实验、课堂练习题、师生的活动等，都一一编写在教案内。

4. 标明教学技能

在实践过程中，每处应当运用哪种教学技能，在教案中都应予以标明。当有的地方需要运用多种教学技能时，就要选择其中针对性最强的主要技能进行标明。

标明教学技能是微格教学教案编写的最大特点，它要求受训者感知教学技能，识别教学技能，应用教学技能，突出体现微格教学以培训教学技能为中心的宗旨。不要单纯认为把教学技能进行组合就是课堂设计，而要根据教学目标，结合教学实践决定各种技能的运用，这对师范生来说尤为重要。

5. 预测学生行为

在课堂教学设计中，对学生的行为要进行预测，这些行为包括学生的观察、回答、活动等各个方面，应尽量在教案中注明，它体现了教师引导学生学习的认知策略。

6. 准备教学媒体

教学中需要使用的教具、课件、录音、图表、标本、实物等各种教学媒体，按照教学流程中的顺序加以注明，以便随时使用。

7. 分配教学时间

每个知识点需要分配的时间应预先在教案中注明，以便有效地控制教学进程和教学行为的时间分配。

（二）微格教学教案设计表例

微格教学教案设计的具体格式可以是多种多样的，但大致应该包括教学目标、教师的主要教学行为、对应的教学技能、学生的学习行为、演示器材、媒体和时间分配等项目（见表 4.2），教师可以设计好表格，发给学生用于教案设计。

表 4.2　微格教学教案设计表

科目：_____　执教者：_____　年级：_____　日期：_____　指导教师：_____

教学课题	
教学目标	1. 2. 3.
技能目标	1. 2. 3.

时间分配	教师行为	教学技能	学生行为	所用教具、仪器和媒体等

三、小学数学微格教学教案设计案例

表 4.3 是一个小学数学微格教学教案设计案例。

表 4.3　小学数学微格教学教案设计案例

训练技能	结束技能		教学课题	求一个小数的近似数
执教者	白艳丽		教学时间	8 分钟
教学目标	1. 使学生学会用四舍五入法保留一定的小数位数，求出小数的近似数。 2. 使学生知道小数保留不同位数与精确度的关系			
时间	教师的教学行为		教学技能要素	学生学习行为
30 秒钟	过渡：通过前面的学习及练习，现在我们一起来总结一下今天的学习内容。 （课件出示板书）今天我们学习的内容是：求一个小数的近似数		明确学习内容	学生思考回答

续表　　　　◆ 笔记栏

时间	教师的教学行为	教学技能要素	学生学习行为
2分钟	通过今天的学习，你们的收获应该不小，可以在小组里说说你的收获。 （相机指导说出以下知识点） A.求小数的近似数的方法 B.保留小数位数的方法 C.保留小数位数的含义	引导学生； 归纳总结	学生小组内 总结交流； 指名汇报
3分钟	1.比较1.0与1的不同，明确保留小数位数与精确度的关系 2.你认为在求小数的近似数的时候有什么需要注意的问题吗？（如果请你当小老师，你会提醒同学们注意什么呢？） A.要注意审题，读清要求 B.在保留的小数位数里，小数末尾的0不能去掉	比较分析； 提炼升华； 保留的数位越多， 小数越精确； 概括巩固	学生比较； 独立思考
1分钟	师：你对今天自己的学习满意吗？能给自己打分吗？	学习评价	学生自我评价
1分钟	布置作业。 A.猜一猜：老师的身高大约是1.6米（经过四舍五入保留了一位小数），实际身高是两位小数，猜一猜老师的实际身高 B.测量自己的身高，分别保留两位小数、一位小数、整数，看看哪个更精确	激发兴趣； 引导运用	读记作业题

思考与练习：

1.简述微格教学的特点。

2.请结合具体课例完成小学数学微格教学教案设计。

第五章

小学数学教案撰写实训指导

 **学习目标**

1.理解课堂教案的概念。
2.掌握撰写课堂教案的方法。

第一节　小学数学教案撰写的原则

　　教案是教师为顺利而有效地开展教学活动，根据课程标准、教学大纲和教科书要求及学生的实际情况，以课时或课题为单位，对教学内容、教学步骤、教学方法等进行具体设计和安排的一种实用性教学文书。教案一般包括教学目标、重难点、教学准备、教学过程、练习设计、作业布置和板书设计等最基本的结构或内容。

　　小学数学教案撰写是教学设计的落脚点，不仅要以《标准》的理念为指导，还要遵循一定的原则，逐步实现《标准》的教学目标，让学生在学会数学知识的同时，学会探究、学会合作、学会应用、学会创新。

一、整体性原则

　　由于小学数学教学过程是一个由多种因素构成的系统，受多种因素（目标、内容、方法等）的影响和制约，只有当这些因素达到和谐、完整、统一时，教学才能取得最佳的整体效益。因此，教学设计要把教学过程视为一个由诸多要素构成的系统，从整体出发，用系统的思想和方法对参与教学过程的各个要素及其相互关系作出分析、判断和调控。即从"学什么"入手，到"怎么学"，确定具体的教学目标，制定行之有效的教学策略，选择恰当实用的媒体，从而实现教学目标、教学内容、教学方式等的协调统一，确保教学和学习获得成功。

二、主体性原则

学生是教学活动的主体。教学是围绕学习活动展开的，教是为学服务的。教学设计要突出学生在学习过程中的主体地位，充分挖掘学生的内部潜能，调动他们学习的主动性和积极性。无论是教师角色的定位，还是教学内容、教学方法、教学策略等的选择和制定都要从学生主体的角度进行考虑，要让学生有多种机会在不同的情境下应用他们所学的知识。

《标准》强调："有效的教学活动是学生学和教师教的统一，学生是学习的主体，教师是学习的组织者、引导者与合作者。""认真听讲、独立思考、动手实践、自主探索、合作交流等是学习数学的重要方式。"教师的任务是激发学生学习兴趣，引发学生积极思考，而不是把现有的知识直接传授给他们。应做到：学生能独立思考的，教师不提示；学生能独立操作的，教师不替代；学生能独立解决的，教师不示范。在教学中，引导学生主动构建知识，让学生在积极、主动的参与中获得创新的机会，提高学生学习质量和学习效果。

三、发展性原则

学生的全面发展既包括全体学生的发展，又包括每个学生在知识、技能、情感等方面的全面发展以及个性的充分发展。一方面，不能只强调数学知识、技能或数学能力的培养，还要关注学生的情感态度、价值观的培养，也就是关注学生作为"一个完整的人"要全面协调发展；另一方面，要关注人与自然、社会以及人与人之间的和谐发展。在教学设计中，教师要以促进学生的发展为落脚点，做到：①关注每一个学生的健康成长，注重每一个学生的个性发展；②充分挖掘隐含在课程中的智力和非智力因素，使之服务于学生的学习，发展学生的智慧和能力，促进学生积极的情感态度以及正确的价值观的形成；③精心创设教学情景，激发学生的学习热情和积极性，引导他们主动参与、乐于探究、勤于动手、积极探索和大胆创新，使教学活动充满活力。

四、过程性原则

重视结果，也要重视过程，这是教学理念的基本主张。学生学习数学是一个"再创造"的过程，学生不是被动地接受知识，而是把前人已经创造的数学知识重新创造一遍。小学数学教师在教学设计上要注重引导学生探索、创新的过程，促进学生思维的发展，提高学生发现问题、解决问题的能力。

五、创新性原则

教材不能随意更改，但教法可以灵活变通，课怎么上全凭教师的智慧和才干。

将课本内容变成自己心中的方案，再落到纸上，形成书面教案，这是一个学习、思考的过程，关键在于教师要自己钻研，广泛地涉猎多种教学参考资料，向有经验的教师请教，但不要照搬照抄，要取其精华、去其糟粕，结合个人教学体会，巧妙构思，精心安排，从而写出自己的教案。

第二节　小学数学教案撰写的形式

教案是教师以课时或课题为单位编制的教学具体方案，是上课的重要依据。小学数学的教案设计，无论是对于小学数学教师，还是对于小学生都是至关重要的。因为只要有好的教案设计，再加上教师和学生的合作就能完成小学数学的教学目标，就能实现提升小学生数学素养的目的。

小学数学教案设计的基本步骤为：学习课程标准—钻研教材—了解学生—确定教学目标—设计教学进程—撰写学期（单元、课时）教案。

小学数学的教案一般包括课题、教学分析（包括环境、学习者特征、学习内容）、教学目标（重点和难点）、教学资源（含教具与学具设计、学习资源）、设计思路（宏观与微观）、教学流程和说明、板书设计、评价（关注学习效果）等几个部分。小学教案体现了分析、依据、理由、策略、流程等整体思考，具有时代性。

小学数学教案包括以下内容。

1. 课题

小学数学教案的课题是指小学数学教学内容的题目，虽然只有几个字，但应将师生共同进行的数学探究活动表述出来，是数学学习主题的精炼表述，如"分数的初步认识""平行四边形的面积"等。

2. 教学任务分析

教学任务分析主要从学习内容、学习者特征和学习环境三个维度进行，在此基础上确定教学内容（课题）、教学目标、教学重点和难点。与传统的教案相比这里增加了对学习者特征和学习环境的分析。

（1）学习内容分析。学习内容分析是指从数学本身的角度确定学习的范围（教什么）、学习的顺序（怎么教）和学习的深度（教到什么程度），需要从学习数学课程标准、钻研小学数学教材、借鉴小学数学教学参考资料这三个方面入手。

（2）学习者特征分析。学习者特征分析一般可从学习理论视角分析该年龄段学生的学习特征，但对一节课而言，最主要的是了解学习者的基本情况。所以，教学设计时常常采用前测代替过去凭经验的主观判断，以了解学生的认知基础。

（3）学习环境分析。这是在建构主义学习理论指导下的教学设计中所特别强调的，需要教师引起注意。例如，在常态课与观摩课中，教师和学生的心态是不一样的，学习环境也不一样，因而教学设计肯定也是不一样的，这是不可回避的事实。此外，在新授课与练习课、课堂内与课堂外的学习活动中，学生的情绪也是有区别的。对学生来讲，学习环境的创设特别重要，教师既要营造民主自由的学习氛围，也要注重培养学生的学习习惯。

3. 教学策略分析

从宏观的视角分析本节课的设计理念和理论基础，目的是让教学设计的意图清晰起来，使教师不仅知道怎么教，还知道为什么这么教。如针对人教版《数学》二年级下册第一单元"解决问题"中的"小括号"这一内容，教师可以从"核心概念"之一——"符号意识"的阐述中感悟到数学教学中需要关注的那条"暗线"，培养学生的符号意识，符号是数学表达和数学思考的重要形式，符号意识是形成抽象能力和推理能力的经验基础。小括号是一个数学符号，而且是数学运算符号，它可以改变运算顺序。因此，教师选择教学策略时要把着眼点放到如何让学生感受到"使用符号进行运算和推理"，使教学目标不只停留在计算顺序和计算方法的学习上，更要以小括号为载体，帮助学生建立符号意识。基于这样思考的教学设计与其他的教学设计自然有不同之处。

4. 教学流程

教师要根据新授课、练习课等不同的课型安排不同的教学流程，相较于传统教案的教学过程、教学设计，要把主要环节的设计意图标注出来，明确为什么这么设计，这是教师特别是新教师的备课难点。但让听课者了解设计者的目的和原因，有利于教师本人在课堂实施过程中进行宏观把握。教师的设计意图越明确，课堂实施中时间分配的动态生成就越有效。

5. 板书设计

虽然现在通过多媒体可以让学生运用多种感官参与学习活动，帮助学生感知和抽象，但板书能完整地呈现一节课的学习内容，不仅能帮助学生掌握本节课的重要知识点，还能让学生看到本节课的知识形式、格式规范和思想框架，帮助学生形成完整的数学认知结构。板书设计是教师教学水平的集中展示，更是学生学习的重要载体。板书设计是促进学生形成良好的数学认知结构、提高学习效果的基本设计策略。

6.教学评价

教学评价是教师对教学设计的自我评估，贯穿整个教学设计过程，既是教师教学自我调控的需要，也是预设与生成的辩证关系的体现。

小学数学教案撰写的上述 6 个部分内容是教学分析、策略设计、教学评价这三大板块的具体化，每部分内容之间都有一定的逻辑关系。一般情况下，一线教师在撰写常规课教案的文本资料时，会省略一些内容，如学习者特征分析，学习环境分析，教学内容的地位、作用，以及教学目标设定的依据等。因为这些内容的思考过程往往可以从教学目标、教学流程和板书设计中看出，如果全都写出来，对工作繁忙的一线教师而言有时会是负担。

教案有简案和详案两种，下面第三节范例"'小数乘小数'新授课教案"展示的是详案。详案与简案的最大区别在于详案将教学设计的创新点、教学的每个步骤和语言都写清楚，给人现场感。新教师刚参加工作应先学习教学的基本规范，学会写规范教案。新教师写详案，能悟一悟自己的教学效果，以积累教学经验，提高课堂教学语言的规范性，促进专业成长。但对有一定教学经验的教师来说，写简案反而有利于他们厘清设计思路，明确课堂教学结构，抓住教学重点，在课堂中灵活运用，动态生成。

第三节 小学数学新授课、练习课、复习课三种基本课型教案撰写案例

一、新授课设计及案例

新授课的主要任务是使学生获得新的数学知识与方法。它是数学课中最常见也是最重要的一种课型。

新授课侧重以点带面，通常以一个小的知识点为切口，带动比较宏大的知识，调动范围也颇为广泛。为了保证学生系统地掌握小学数学的基础知识和基本技能，教师在新授环节的教学设计时要抓住教材中的重点、难点、关键，精心设计、优化课堂，注意培养学生的学习能力，注意调动学生的学习主动性，注意灵活地运用教学方法，激发学生的学习兴趣，使学生主动探索、获取知识，成为学习的主人。

（一）新授知识的教学设计要注意抓教材重点，突破难点

1. 抓引入

从认知结构的角度讲，这是抓教学的起点。小学数学知识可分为起始知识和后继知识。对起始知识的引进很难找到与之相联系的旧知识做基础，教师最好采用直观性、操作性强的方法引进新知识。对后继知识的引进要注意旧技能的迁移作用，根据起始知识和后继知识的内在联系来进行迁移。

2. 抓突破

从认知结构角度讲，这是抓教学的坡度。教学时，要关注教学的重点、难点。在知识的转折处和思维的转折处设计数学的坡度。目的是架起新旧知识之间的桥梁，化难为易，把新知识纳入学生已有的知识体系中。

3. 抓过程

这是抓学生的学习过程。这就要求教师在课堂教学中，向学生展示完整的学习过程，重点让学生学会学习的方法。小学数学的内容可分为概念、计算、应用题等。教师要根据不同性质的内容，围绕教学重点，向学生展示不同的学习过程，使学生从中学会相应的数学思维方法。

（二）新授课的教学设计要注意培养学生的学习能力

要提高学生的学习效率，需要从两个方面着手：一是促使学生"想学"，即调动学生积极性；二是帮助学生"会学"，即指导学生学习方法。此外，加强对学生学习方法的科学指导，促使学生善学，不仅可提高质量，还可减轻学生负担，从而保护学生身心健康。因此，教师必须在教学设计时就考虑学生的学习方法。

在新授课教学设计中要注意以下四点。

1. 要精心设计动手操作

只动脑不动手和只动手不动脑都会使一个人片面发展，只有手脑并用才有可能实现人的均衡发展。在教学设计时精心设计动手操作的活动，有利于学生加强对知识的理解和掌握，有利于学生智力的发展和智能的发挥。

2. 教学设计要注意利用迁移规律

迁移是指学生运用已有的知识、技能以及情感对新的学习产生影响的方法，教师在教学中要重视培养学生的迁移能力。

3. 教学设计要重视比较

比较是一种思维方式，是人们区分事物的基本方法。用比较方法学到的知识，概念清晰，学生对其印象深刻，并能逐步变化，生成新的知识，形成新的技能。

教学设计中"比一比"字样的题，就是让学生利用比较的方法发现知识与知识之间的异同，从而学到新知识。

4. 教学设计要利于学生联想

联想是由一种事物想到另一种事物的心理过程。训练学生用联想的方法学习，可以培养学生思维的发散性、灵活性、独创性，使学生能从不同的角度、不同的方面去分析问题，活跃思维。联想的学习方法从低年级到高年级都非常适用，越到高年级学生的知识越丰富，联想也会越迅速、越丰富。

例如，圆的面积计算的相关知识中，圆的面积公式推导是单元的重点和难点，也是学生深感陌生的内容。

在课堂教学中，分析学生已有的知识体系，即学生知道了圆周长计算公式的由来，知道长方形面积的计算，可以将圆的面积公式推导这一陌生知识，纳入长方形面积计算的已有的知识网络中，将圆切割并重组成近似长方形，从而实现由陌生问题向熟悉问题的转化。

这个教学过程分三步：第一步，教学演示，将一个圆分别等分成 8 份、16 份和 32 份，并分别拼成近似的长方形，将学生思维由圆向长方形转化；第二步，引导学生思考拼成的长方形及宽与圆的周长、半径的关系，可以发现拼成的长方形的高等于圆的半径，而长方形的宽等于圆的周长的一半；第三步，由长方形面积的计算长乘以宽以及圆周长的计算推导出圆的面积计算公式。

将圆切割拼接成近似长方形，从而引导学生掌握圆的面积计算公式的推导过程，将知识化陌生为熟悉。如此循序渐进，简化学生理解的过程。

"小数乘小数"新授课教案

教学内容：人教版《数学》五年级上册第一单元第 5 页例 3 及相关内容。

教材分析：本课是在学生学习了整数的四则运算、小数的意义和性质、小数加减法、小数乘整数以及积的变化规律等基础上进行教学的，教材从解决实际问题的活动入手，提供了小数乘小数的生活素材，通过两个问题引发学生联系整数乘法来思考，教材提供了一位小数乘一位小数和两位小数乘一位小数两道算式，并通过符号示意方式，将小数转化成整数和因数的变化引起积的变化规律的思维过程表示出来，揭示了小数乘小数的原理。

本课也是学生后续学习积的近似数、小数除法、小数四则混合运算等的基础。

学情分析：学生有了整数的四则运算、小数的意义和性质、小数加减法、小数乘整数以及积的变化规律的知识基础，对小数乘法的竖式形式、乘的顺序、积的对位和进位规则有一定的认识，关键是理解因数"转化"和积的"还原"的思想方法及小数点的处理。可以放手让学生自主尝试计算并结合计算过程解释理由。

教学目标：

（1）理解小数乘小数的算理，能说出转化的思维过程，能总结出小数点处理的方法，能正确进行计算。

（2）经历小数乘小数的计算、说理过程，发展学生数据分析能力、运算能力，增强学生推理意识。

（3）体会小数运算的应用价值和数学推理之美，感受数学与生活的密切联系。

教学重点：小数乘小数的计算方法。

教学难点：小数乘小数的算理。

教学准备：课件、盆称、学生作业单。

教学过程：

一、复习旧知，联系迁移

用竖式算一算：$20.4 \times 8 =$　　　　　　$2.05 \times 8 =$

想一想、说一说：小数乘整数，你是怎样计算的？

设计意图　复习小数乘整数的计算方法，在对比和概括中，迁移到小数乘小数。

二、创设情境，探究新知

（一）收集信息，发现问题

出示例 3 主题图：给一个长 2.4m、宽 0.8m 的长方形宣传栏刷油漆，每平方米要用油漆 0.9kg，一共需要多少千克油漆？

问题串：

（1）说一说，你收集到什么数学信息？遇到什么问题？

（2）解决这个问题要先算什么，再算什么？

（3）说一说 2.4×0.8 和 20.4×8 有什么不同？

板书课题：小数乘小数。

设计意图　通过主题图引入新课，利用问题串，引导学生聚焦关键，有序思考，通过对比，贴近最近发展区，引起认知冲突："小数乘小数怎么计算呢？"激发求知欲望。

（二）尝试计算，探究算理

1.估一估，感知积的范围

估一估：2.4×0.8 的积大约是多少？

2.想一想，说一说

（1）能像小数乘整数一样都看作整数来计算吗？

（2）怎样变成整数？

（3）因数都变成整数后，相乘得到的积和原来的积有什么不同？

3.试一试，探索算理

请同学们把自己的想法、算法写出来，看谁的方法多。

学习预设：

（1）把"米"先转换成"分米"，再计算和还原转换。

2.4 米 =24 分米，0.8 米 =8 分米，24×8=192（平方分米），192 平方分米 =1.92 平方米。

（2）用竖式计算，可能出现小数点对齐的负迁移。

（3）用竖式计算，可能出现数字对位错误的做法。

结合学生的作业展示，运用积的变化规律和小数点移动引起小数大小变化规律，师生在会话中厘清算理。

先把 2.4 和 0.8 看成 24 和 8，按整数乘法计算，因为把 2.4 和 0.8 看成整数，两个因数的小数点都向右移动了 1 位，即分别都乘了 10，10 个 10 是 100，就是说算出的积是原来积的 100 倍，要让积不变，结果要除以 100，即积的小数点要向左移 2 位。

$$2.4 \times 0.8 = 1.92 \,(\text{m}^2)$$

边对话梳理，边板书推导过程。

围绕关键问题，引导追问：

（1）把因数 2.4 和 0.8 转化为整数，算得的数和原来的积有什么关系？

（2）为什么积要除以 100？

（3）猜一猜，两个因数的小数点个数和积的小数点个数有什么关系？

小结：小数乘小数，先按整数乘法来计算。把两个因数都转化为整数，也就是都乘了 10，得到的数就变大了，相当于原来的积乘了 100，要保持原来的积不变，就要除以 100，所以，从积的右边起数出两位小数，点上小数点。

4.验一验，回顾反思

精算得到的结果和估算得到的范围是否相符？

设计意图 放手让学生在自主探究小数乘小数的过程中感悟算理，感受算法的多样化，体会数学的转化、推理、还原的思想方法在运算中的作用。借助符号化表示转化与还原的思维过程，结合因数与积的变化规律、小数点移动规律，帮助学生理解算理。

5.迁移应用，巩固算法

运用刚才的学习方法，解决"需要多少千克油漆？"的问题。

$$1.92 \times 0.9 = \underline{1.728}（kg）$$

1.9 2	×100 →	1 9 2
× 0.9	×10 →	× 9
1.7 2 8	÷1000	1 7 2 8

（1）估一估，感知积的范围。

（2）独立算一算，同伴说一说算理。

（3）比一比，议一议，归纳算法。

通过观察和对比两道算式的因数和积的小数位数及计算过程，引导学生归纳计算方法。

①观察两道竖式，回想一下，我们是怎么计算小数乘小数的？

②积的小数点应该怎么点，有什么好方法？

归纳计算方法：

（1）先按照整数乘法计算，再点上积的小数点。

（2）点积的小数点时，要看因数中一共有几位小数，就从积的右边起数出几位，点上小数点。

设计意图　通过迁移应用，巩固算理和算法；通过对比，引导学生根据自己的经历和体验，形成小数乘小数的算理和算法的整体认识，总结小数乘法的一般计算方法，培养学生总结概括的能力，提高小数乘小数的运算技巧。

三、应用巩固，深化理解

（1）用竖式计算下面各题。

$6.7 \times 0.3 =$ 　　　　$2.4 \times 6.2 =$ 　　　　$5.4 \times 1.07 =$

（2）判断下面各个积的小数位数有没有错误。

$2.8 \times 5.6 = 1.568$ 　　　$0.37 \times 0.94 = 3.478$ 　　　$0.78 \times 6.1 = 47.58$

（3）称一称、猜一猜、算一算下面商品的总价，看谁猜得准、算得对。

3.60 元 / 千克

四、回顾总结，分享经验

你学会了什么？有什么感受？有什么建议？

◆ 笔记栏

板书设计:

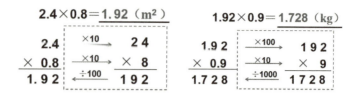

2.4×0.8＝1.92（m²）   1.92×0.9＝1.728（kg）

方法：小数→整数→按整数算出得数→点小数点还原。

技巧：因数一共有几位小数，就从积的右边起数出几位。

教学反思：略。

二、练习课设计及案例

数学知识的掌握、技能的形成、思想方法的领悟都离不开数学练习，为此，要重视练习课的设计。

（一）练习的基本形式

练习题既要有一个针对某个知识点的单一练习，甚至是模仿性练习，也要有为了突出本质特征而设计的变式练习，更要有应用所学知识解决或解释实际问题的综合性练习。

练习主要有以下三种类型：一是专项练习，二是变式练习，三是综合练习。从简单到复杂，依次排列。有的可在新授课中完成；有的受教学时间的限制，不能在新授课中完成，则需要专门用一至几节课的时间让学生慢慢掌握，这就要利用练习课来完成。

（二）练习课的教学要点

练习课作为一种课型，具有基本结构，一般要经历"基本训练—变式开拓—综合应用"的过程，其中变式开拓是练习课的重点环节。教学设计时不能把练习课设计成错题订正课或根据教材中的练习题一题一题往下讲，而要把练习的内容串点成线，让学生能够综合运用。

"连乘、连除问题对比"练习课教案

教学内容：人教版《数学》三年级下册第四单元第50、51页及相关内容。

教材分析：本单元内容主要包括口算乘法和两位数乘两位数的笔算乘法，运用连乘、连除两步计算解决问题。两位数乘两位数是本单元的重点，也是全册教材的重点，是以后学习三位数乘两位数的基础。第50、51页的习题，主要涉及四则混合运算和运用连乘、连除两步计算问题，还有

用除法和减法两步计算问题、开放性问题等内容。要充分利用好教材资源，开拓学生的思维空间，使学生在对比练习中进一步理解和掌握连乘、连除两种典型问题的特点及解题思路。

学情分析：学生具备了两位数、几百几十数乘一位数（进位）和两位数乘整十、整百数（不进位）的口算基础，学习了两位数乘两位数（不进位、进位）的笔算和连乘、连除问题，也有了简单的四则混合运算的基础。但笔算的速度和准确率、混合运算能力还不足，对连乘、连除问题的特点和区别的理解和运用还不够深入。需通过有针对性的对比练习和方法归纳，提高学生的运算技能和实际问题解决能力。

教学目标：

（1）会笔算乘除法和两步混合运算；会阅读题目，理解题意；会分析数量关系，找出解题思路，灵活解答；能区分连乘、连除问题。

（2）在计算和解决问题过程中提高计算技能和运用不同的方法灵活解决实际问题的能力。

（3）在练习和解决问题过程中增强学习兴趣，提高对比与分析能力。

教学重点：乘除计算及连乘、连除问题。

教学难点：解决问题算式含义的理解和表述。

教学准备：课件、学习卡。

教学过程：

一、基础运算，对比分析

（一）谈话引入

我们学过了两位数乘两位数、除数是一位数的除法、连乘和连除，今天我们运用对比这个好方法来学习有关内容。

（二）计算对比练习

1.呈现练习一

先估一估，再用竖式计算，并验一验、比一比。

$28 \times 3 =$ $18 \times 25 =$ $306 \div 2 =$ $306 \div 3 =$ $302 \div 5 =$

学生独立练习后展示汇报，互相讨论，纠正错误，引导对比。

设计意图 通过两位数乘一位数、两位数乘两位数这两道算式的对比练习，让学生进一步体会两位数乘两位数的"先分后合"的解题思路，提高计算技能。通过三道除法算式的对比，进一步强化首位够除且有余、首位正好除尽、首位不够除三种除式的特点，发展学生数感，使学生进一步明确乘除计算法则。通过估一估和验算，培养学生估值和验算意识。

2.呈现练习二：比一比，说一说，算一算。

| $23 \times 6 \times 5 =$ | $360 \div 5 \div 4 =$ | $490 + 48 \div 8 =$ |
| $23 \times (6 \times 5) =$ | $360 \div (5 \times 4) =$ | $490 - 23 \times 21 =$ |

设计意图 通过对比和说运算顺序，让学生在对比练习中进一步明确连乘、连除、有加或减又有乘或除两步计算、有括号的两步混合运算的运算顺序。提高学生按混合运算规则进行运算的意识和能力。

二、问题解决，对比强化

（一）呈现对比题组一

（1）呈现题组一。

①每块肥皂3元，每盒有4块。陈老师买5盒肥皂要多少钱？

②陈老师花60元买了5盒肥皂，每盒有4块。平均每块肥皂多少钱？

（2）师生合作阅读与理解题意，分析与解答问题。

（3）学生汇报后提问：为什么第一道用连乘，第二道用连除来解答？

对比强化：第一道已知两个每份数，可以先求每盒要多少钱，再求5盒要多少钱，最后求得总钱数，用连乘，即 $3 \times 4 \times 5 = 60$ 元。

也可以先求5盒一共有多少块，再求一共要多少钱，即 $4 \times 5 \times 3 = 60$ 元。

第二道反过来，已知的是总钱数，最后要求的是每块的钱数。可以先求出每盒多少钱，再求每块多少钱，用连除，即 $60 \div 5 \div 4 = 3$ 元。

设计意图 在对比强化中进一步明确连乘和连除问题的特点；清除学生的错误认识，提高学生解决问题的理解和分析能力。

（二）呈现对比题组二

（1）呈现第50页第10题和11题。

①小明家有4口人，平均每人每月产生12千克垃圾。小明家一年（12个月）共产生多少千克垃圾？

②小丽有192张照片，正好放满了2本相册，每页放4张照片，每本相册有多少页？

（2）让学生先独立阅读理解，分析和解答，再提取学生不同的解题思路，让学生展示讲解分析和解答的过程，择机引导学生对比分析。

三、变式深化，对比提升

（1）呈现教材第50页第12题和第51页第13题。

（2）引导学生阅读与理解，准确理解信息和问题。

（3）引导学生说出进行比较的策略，打开解决问题的思路。

（4）学生独立解题，展示分享，质疑问难。

118

哪种包装的牙刷单支
更便宜？便宜多少钱？

32元　　4元5角

我每天能吃
645只虫子。

我8天能吃
608只虫子。

比　　每天多吃多少只虫子？

设计意图 通过阅读与理解，提高学生理解题意的能力，为分析和解决问题奠定基础；通过头脑风暴，打开学生解决问题的思路；通过体验解决过程和分享不同的方法，理解比较的前提是统一标准的基本原则，体会运用乘减、除减解决问题的思想方法。让学生感受到多角度思考问题的思想方法和解决问题方法的多样性、结果的一致性。

四、综合运用，拓展演化

（1）呈现教材第51页第15题。

我们7个人租2条
四人船吧！

（2）说一说解决每一个问题要用到哪几个条件。

（3）学生分步解答，小组交流。

（4）集体展示交流讨论。

还能提出什么数学问题？

五、回顾总结，分享经验

通过今天的学习，你学到了什么？有什么感受和建议？

板书设计：

连乘、连除问题对比练习

两位数乘两位数：先分后合。

四则混合运算：括号优先，接着乘除，最后加减。

连乘：知道每份数，求总数。连除：知道总数，求每份数。

教学反思：略。

（三）练习设计的策略

1. 通过变式练习揭示概念的本质特征

学生的学习一般都要经过"模仿练习—变式练习—探究应用"的过程，而要激发学生探究的欲望，变式练习的教学设计十分重要。通过变式练习，可以让模糊的概念变得清晰。如为了让学生掌握平行四边形的本质特征，一位教师采用以下策略：一进教室就问学生："我是谁？"学生说："×老师。"然后这位教师做了坐着、蹲着、睡着、金鸡独立等姿势，不断地问学生："我是谁？"在学生疑惑不解时，出示摆放位置不同、形状和颜色不同的四边形：有斜放的，有竖放的；有菱形，有正方形；有红的，有绿的。让学生判断哪些是平行四边形，在辨别的过程中学生逐步感悟到只要有"两组对边分别平行"这个本质特征，不管什么形状、什么颜色，都是平行四边形。这一教学设计揭示了平行四边形的概念，给学生留下了深刻的印象，这就是"变式"的作用。

2. 通过概括提炼揭示规则之间的实质联系

如小数乘法的练习课，不仅把小数乘法和整数乘法联系在一起，发现它们的共同特征是"整数（替身）相乘的积确定计数单位的个数，小数位数的和确定计数单位"，还结合末尾有零的整数乘法，建立起整数乘法与小数乘法的实质性联系，通过概括提炼促使学生把知识转化为能力，之后学生在解决问题时就能融会贯通、举一反三。同时，通过小数乘法与小数加法的对比，发现小数乘法是先确定计数单位的个数（按整数乘法进行计算），再确定计数单位（根据因数的小数位数之和点上小数点），而小数加法是先确定计数单位（小数点对齐），再确定计数单位的个数（末位加起，哪位满十就向前一位进1）。

3. 通过变换叙述方式提高学生的思辨能力

练习设计，不仅要考虑正向思维，还要考虑逆向思维，如小数乘法的练习题中既有根据算式求结果的练习，也有根据结果推出算式的练习。同样，在练习课的教学中也要重视改变问题的叙述方式，以帮助学生掌握问题的实质。如"小鸡比小鸭多2只"，还可以叙述成"小鸭比小鸡少2只""小鸡的只数减2只就与小鸭的只数相同""小鸭的只数加2只就与小鸡的只数相同"等。

4. 关注练习的分布和频率

小学的一些"基本内容"是解决其他问题的基础，也是数学学习的基础，就像语文中的30000个常用字、英文中的26个英文字母和语音表一样，需要不断练习才能熟能生巧。如100道加法基本题（见图5.1）、100道减法基本题、乘法口诀表、11类基本问题等，要经常通过课堂导入让学生口算、口答等，以帮助学生熟练掌握。

有经验的教师在安排每天的口算练习时，会关注训练的频率，根据难易程度调整训练的密度，同时会结合本课需要、学生作业情况等因素，在基本题上做记号，控制训练的频率和密度，对学生容易错的题多安排几次练习。

0+0	1+0	2+0	3+0	4+0	5+0	6+0	7+0	8+0	9+0
0+1	1+1	2+1	3+1	4+1	5+1	6+1	7+1	8+1	9+1
0+2	1+2	2+2	3+2	4+2	5+2	6+2	7+2	8+2	9+2
0+3	1+3	2+3	3+3	4+3	5+3	6+3	7+3	8+3	9+3
0+4	1+4	2+4	3+4	4+4	5+4	6+4	7+4	8+4	9+4
0+5	1+5	2+5	3+5	4+5	5+5	6+5	7+5	8+5	9+5
0+6	1+6	2+6	3+6	4+6	5+6	6+6	7+6	8+6	9+6
0+7	1+7	2+7	3+7	4+7	5+7	6+7	7+7	8+7	9+7
0+8	1+8	2+8	3+8	4+8	5+8	6+8	7+8	8+8	9+8
0+9	1+9	2+9	3+9	4+9	5+9	6+9	7+9	8+9	9+9

图 5.1　100 道加法基本题

学生如果学了加法交换律，以及知道与 0 相加都得原数的规律，那么，加法基本题实际上只有图 5.1 中阴影部分的题了。等学了乘法口诀表后，对图 5.1 中如 7+7、8+8 这样的 9 道题，就能熟练掌握。这样，对加法基本题只需要关注其余的题即可，而其中让学生感到困难的也就只有 4+7、4+8、5+7、5+8、6+7、6+8、7+8 这几道题了。

5. 重视联系学生生活实际

《标准》重视数学与现实生活的联系，这种联系不是形式上的联系，而是让学生按照从生活问题到数学问题、从特殊关系到发现一般规律的人类认识规律进行学习。教师通过提供足够的资源、空间和时间，使学生有发现和应用数学知识的机会，从而使数学学习变成发现和再创造的过程，培养学生的洞察力和解决问题的能力。

练习设计也一样，数学题有现实感，学生才能从中感受到解题的乐趣。如"常见数量关系"中的练习设计，导入时，教师先让学生练习"购物"计算，在计算价格的过程中发现服装标价牌上隐藏着共同的数量关系，由此引出"单价 × 数量 = 总价"这个数量关系式，最后让学生帮老师买鲜花来进行综合练习，使学生灵活运用公式。

三、复习课设计及案例

复习课的主要作用是帮助学生复习、巩固已学过的知识，建立知识间的联系，使知识系统化、条理化。复习课不同于练习课，复习课虽然要继续训练解题的技能技巧，但更重要的任务是把所学的知识进行归纳、整理，把原来分散学习的知识有机地联系起来，使其形成一个完整的知识系统。

笔记栏

（一）复习要达成课时目标

每节课都有教学目标和要求，因此复习课也要围绕教学目标，要能体现教学目标。如解决问题的教学重点是会分析数量关系，适当淡化具体的计算，从而避免计算占用过多的课堂时间，这样才能有充裕的时间对重点内容进行集中训练。

（二）复习的设计要讲究方法

复习的设计要讲究方法，这是课堂教学达到有效目的的关键。复习活动设计要有目的，有针对性。对于知识间容易混淆的习题，可以引导学生运用对比的方法分析。如"求一个数是另一个数的几倍"与"求一个数的几倍是多少"，解答这样的题，教师要正确引导，让学生认真思考、分析，有效地组织学生交流讨论，总结方法。

（三）复习课的设计要把握好习题的质与量

练习是最常用的方法。巩固练习不能轻质量而重数量，要在"精"上下功夫。教师对学生，特别是后进生，要千方百计创造机会，使他们体会到成功的快乐，树立自信心。让学生通过练习寻找解决问题的途径，激发学生的积极性、主动性，培养学生解决问题的能力。

（四）复习课设计要体现四个原则

1. 复习课形式要有多样性

复习课根据教学内容，考虑学生的年龄特点，结合学生的生活经验，采取不同形式，从不同角度和层面组织多样化的设计，可以激发学生的求知欲，从而激发学生的学习兴趣，提高练习效率，达到灵活运用知识、启迪思维、培养能力、提高学生素质的目的。

2. 复习课设计要有鲜明的针对性

复习课的针对性和目的性是紧密相联的。具有鲜明的针对性的练习，往往就是目标更明确的目的性练习，它通常是为解决某一问题而专门设计编排的，对学生对某个知识点的掌握、学生某项技能的形成起到铺垫、促进、强化作用，是教学中突破重点、强化技能等常用的手段。

3. 复习课要有阶梯性

复习课的阶梯性是指在设计编排的过程中，教师要根据教材本身的逻辑性、学生认识的有序性，将复习课的内容由易到难、由简到繁依次安排，以适应不同阶段、不同层次学生的需要，让学生拾级而上，一步一步迈向掌握知识的最高点。

通常这样的环节分为五个层次，即基础训练、变式训练、对比训练、综合训练、发展训练。教师在编排训练时要做到各类训练深浅适宜，分量适当，搭配合理，使学生在其思维的最近发展区得到充分发展。

4.复习课内容要有应用性

复习课内容的设计要从学生熟悉的周围事物中寻找富有生活情趣的数学习题，让学生感受到数学的内在价值，做到学以致用，从而激发学生的探索欲望，促进学生的和谐发展。数学的价值在于它的实际应用，提高学生应用数学知识解决生活中的实际问题的意识和能力，才是数学教学的出发点和归宿。

5-1 课件

第四节 小学数学"数与代数"教案撰写案例

小学数学课程中"数与代数"的内容，是由以往数与运算、代数初步知识及量与计量的部分内容整合而来的，在小学数学教学中占有重要地位。"数与代数"的内容是进一步学习数学知识和其他领域内容必备的基础知识。本节介绍"数与代数"部分教学设计，呈现教学目标、教学重难点、教学过程等内容，加强学生对"数与代数"教学内容的理解，更好地实现《标准》的教学目标，完成教学任务。

"1~5 的认识"教案

教材分析：本课的教学内容是人教版《数学》一年级上册三单元第14~16页及相关内容，练习三中的第1、2、4题。主题图创设的是老奶奶在自家院子里喂小动物的情境。通过数图中的动物和其他的实物，抽象出1~5各数。然后，将抽象出的各个数物化为相应的小棒根数，并摆成学生经验中的几何图形。通过这种由具体到抽象，再由抽象回到具体的认知过程，学生能初步感知1~5各数的基数含义，从而学会认、读这5个数，此时教师向学生渗透数形结合的思想。接着学习1~5的顺序与书写，此时教师向学生渗透计数单位1的意识。

教学目标：

（1）初步学会用1~5表示物体的个数，知道1~5的数序。

（2）能正确认、读、写1~5各数，初步建立数感。

（3）感受"用教学"的乐趣，逐步养成认真观察、仔细倾听、主动交流的良好习惯。

教学重点：理解1~5的基数含义；正确书写1~5各数。

教学难点：正确掌握1~5各数的写法，初步建立数感。

教学准备：小棒、小动物图片、点子图、计数器、日字格、多媒体课件。

教学过程：

一、从情境中抽象出数

1.儿歌激趣，揭示课题

小朋友们，你们喜欢儿歌吗？今天，老师给你们带来了一首有趣的儿歌，就让我们一起来听一听吧。（放录音）

一二三四五，上山看老虎。

老虎没看到，看到小松鼠。

松鼠有几只，请你数一数。

数来又数去，一二三四五。

儿歌好听吗？你能说说儿歌中说到了哪些数吗？

揭示课题：今天我们就来认识1~5。

2.创设情境，初步感知

（1）小朋友们，你们去过农村吗？看到过哪些小动物？（出示老奶奶在院子里喂小动物的主题图）图中老奶奶在干什么？她家养了哪些小动物？

（2）请大家看画面。仔细观察：画面上有什么？各有多少？

（3）让学生试着回答。

（4）引导学生按不同事物的类型分类数数，有序观察。学生小组交流，教师参与其中。

（5）在学生讨论的基础上，抽象出数。

学生交流汇报内容：

1只小狗、1个脸盆、1位老奶奶都可以用数字"1"来表示。

2只大白鹅、2个喂鸡的盆子、2个箩筐都可以用数字"2"来表示。

3只小鸟、3只蝴蝶、3盆花都可以用数字"3"来表示。

4只小鸡、4朵向日葵花都可以用数字"4"来表示。

5个南瓜、5根玉米棒都可以用数字"5"来表示。

结合学生回答，教师出示相应数字。例如，当学生回答1只小狗、1个脸盆时，教师将图片与相应的数字贴在黑板上。

二、在实践中感知各数

1.摆一摆

让学生分别拿出1，2，3，4，5根小棒摆自己喜欢的图形。

124

2.找一找

（1）按要求拿学具。例如，教师伸出 4 根手指，学生相应地拿出 4 朵花、4 支铅笔、4 个圆片，用卡片 4 来表示。

（2）师生玩"实物和卡片找朋友"游戏。例如，教师拿实物，学生找出相对应的数字卡片；教师拿卡片，学生拿实物。

（3）找找身边的数。例如，教室里有 1 位老师、2 块黑板……

3.拨一拨

（1）拨珠数数：先拨 1 个珠子，再拨 1 个是几？再拨 1 个是几？……依次感知 2，3，4，5。

（2）学生边拨边说：1 添 1 是 2，2 添 1 是……

4.说一说

3 的前面一个数是几？ 3 的后面一个数是几？ 一个数在 5 的前面，有可能是几？

三、在观察中练习写数

1.试写数字

学生在黑板上试写 1~5 各数。

2.引导观察

教师根据学生书写情况，及时进行引导。

（1）观察字形特点。例如，1 像小棒，2 像鸭子，3 像耳朵，4 像旗帜，5 像秤钩。

（2）课件直观演示。让学生仔细观察每一个数字从哪里起笔，在哪里拐弯，在哪里停笔。

3.学生描写

学生独自在日字格里描写 1~5 各数。（注意写字姿势）

4.同伴评价

与小伙伴互相比一比，评评谁写得好。

四、在谈话中小结回顾

启发谈话：通过今天的学习，我们知道了 2 像鸭子，它的前面是___，后面是___，2 可以用来表示___。

然后用同样的方法说 3，4 等。

五、在练习中巩固拓展

1.课堂练习

（1）在日字格中写 1~5 各一行；

（2）完成"做一做"中的"连一连"。

2.口头作业

和爸爸妈妈说说生活中的数。

从这个案例可知，"数的认识"教学中要抓住以下几个要点：一是在数数的过程中要把一类具体个数用一个抽象的数来表示；二是教授数的符号表示，使学生知道数的顺序和大小；三是教授读数和写数；四是教授数的组成；五是使学生形成数的概念。最后使学生在理解基数与序数之间的关系、数的符号的创造和数之间的关系后逐步形成数的认知结构。

这几个教学要点并不一定要在一节课中完成，以上案例完成了前三个教学要点，这说明教学目标的达成有时需要几节课，也体现了单元备课的重要性。

（1）学习"20以内与100以内数的认识"。这部分的重点是让学生理解十进制计数法的原理，就是0~9这十个数字符号加上位值原则就能把所有的自然数都构建起来。从认识一位数到认识两位数是学生认识数的飞跃，在这个过程中，学生通过认识11~20和100以内的数惊奇地发现原来同一个数字放在不同的位置，所表示的大小是不一样的，因为它们的计数单位不同，知道了计数单位除了"个"还有"十"。可见，引进位值原则是从认识20以内与100以内的数开始运用的。

（2）学习"万以内数的认识"，是为掌握读数规则打基础的。我国采用"四位一级，按级读数"的读数规则。教学时教师要清楚地知道万以内的个、十、百、千这四个计数单位构成了"个级"。学生以后学习更大的计数单位可通过不同的级名四个、四个地扩展，如从个级的个、十、百、千可扩展到万级的万、十万、百万、千万，以及亿级的亿、十亿、百亿、千亿，等等。在这个知识体系中，可以按计数单位读数，也可以按级读数。对80 206 201 001，如果按计数单位读数，就要读成八百亿零二亿零六百万二十万零一千零一；如果按级读数，则先按四位一级分级，即802 0620 1001，就相当于读三个万以内的数，802亿、620万和1001个，此时就只要读成八百零二亿零六百二十万一千零一。显然，按级读数和写数不仅简便还不容易出错，这就是我国小学数学教材普遍都把"万以内数"作为一个学习阶段的主要原因，教学时要把重点放在让学生理解个、十、百、千这四个计数单位以及计数单位间的关系上，为学生学习十进制计数法以及按级读数和写数做准备。

（3）学习"万以上数的认识"。其重点是让学生建立大数的概念。从万以内数的认识到万以上亿以内、亿以上数的认识，学生对数的概念又进行了一次知识扩充。学生在读、写大数时常常出现错误，这往往与其对数的概念不清楚、对数的感受不丰富有关。基于这样的认识，教学时教师不仅要让学生理解并掌握数位顺序表以及计数单位之间的逻辑关系，具备一定的估计能力，更要让学生体会到按级读数、写数的简洁性，体会到求简是数学知识的价值追求。为此教学大数时要注意以下几点：

①充分利用教材提供的素材，让学生获得有关大数的丰富的感受。教学读写数时，教师应注意放手让学生探索，在学生理解并掌握了读写数的方法后，再通过布置一定的练习，让学生达到熟练的程度。为了让学生熟练掌握读数法则，有经验的教师还编写了顺口溜——"四位一级从个起，级名就是个、万、亿，按级读数高到低，数和级名连一起，中间有零读一个，零在级尾不必提"，以帮助学生正确快速地读出大数。

②重视数的知识体系，对于数位、数级、十进制等知识，应让学生在复习"万以内数"的基础上自己去发现、去体会，通过自己的独立思考理解并牢固掌握这些知识。

③注重培养学生收集、运用大数的习惯和能力。利用学生生活中的大数，教师让学生逐步认识到数的产生与发展都是实践的需要，认识数是为了用数来交流和解决生活中的实际问题。

"求一个数的几倍是多少"教案

5-2 课件

教学内容：人教版《数学》三年级上册第五单元例 3。

教材分析：本课是"数与代数"领域的解决问题课型。本课承载的一个重要价值就是引导学生用线段图分析数量关系解决实际问题，初步建立求一个数的几倍是多少的问题模型。同时，是学生正式学习线段图的起始课。

学情分析：在本节课学习之前，学生已经积累了一定的画图经验，他们在一、二年级的学习中，使用过大量实物图、示意图、色条图等来表征、分析简单的数量关系。本课是学生第一次接触线段图，从实物图逐渐抽象出线段图、初步学会画线段图分析问题，是教学中重点要帮助学生建构的。

教学目标：

（1）能借助线段图加深对"倍"概念的认识，会运用乘法解决一个数的几倍是多少的实际问题。

（2）培养观察、分析、合作交流、语言表达等能力，注重几何直观的作用，积累用图示学习数学的经验。

（3）在自主探索、合作交流解决问题的过程中，体验成功的喜悦。

教学重点：学会用乘法解决一个数的几倍是多少的实际问题。

教学难点：初步学会用线段图表示数量关系。

教学过程：

一、复习旧知，情境导入

师：同学们，我们在美丽的校园里生活、学习，不仅可以增长知识，还能参加丰富多彩的课外活动。瞧，同学们玩得可开心了（播放视频）。在活动中，藏着数学知识呢。看图你能提出什么数学问题？

预设：参加跳绳的有多少人？

师：能解决吗？为什么用乘法计算？

师：解决了同学们跳绳的问题，我们再去看看舞蹈社团排练的情况。

第一行站 2 个小朋友，第二行站的小朋友是第一行的 3 倍，你能把他们画出来吗？

预设 1：（画小人仔）

预设 2：（画○或其他简单图形）

数学中的画一画，可以用简单的图形或符号来表示小朋友。

师：学校为了让课外活动更加丰富，打算开设棋类社团。瞧，老师正在采购跳棋和象棋呢。

二、合作交流，探索新知

（一）收集信息，提出问题

出示例题的信息：跳棋的价钱是 8 元，象棋的价钱是跳棋的 4 倍。

问题：仔细观察，从题中你获得了哪些数学信息？又能提什么数学问题？

预设 1：象棋的价钱是多少元？

预设 2：买两种棋一共需要多少元？

师：你提的这个问题跟刚才这位同学提的问题有没有关系？要算出一共多少钱，就得先算出象棋的价钱（课件画出问题）。这节课，我们就先来解决问题（板书课题：解决问题）。

（二）分析与解答

师：将题目完整地读一遍。你们打算怎么解决这个问题？

预设：8×4=32（元）

师：这样做对不对，有没有道理呢？

1.语言表征

预设 1：8 的 4 倍就是 4 个 8，用乘法计算。

师：求 8 的 4 倍是多少，也就是求 4 个 8 是多少，你能把新问题转变

128

成旧知识，从而解决了新问题，真不错！（板书：8 的 4 倍是多少——4 个 8 是多少）

预设 2：4 个 8，所以用乘法。

师：你说的 4 个 8，题目中没有啊？

预设 3：8 的 4 倍就是 4 个 8 的意思。

师：哦，原来你是找到了题目中的关键信息，把新问题转变成旧知识，从而解决了新问题，真不错！（板书：8 的 4 倍是多少——4 个 8 是多少）

2.画图表征（学生画出三种图）

师：大家觉得可以用乘法计算，你们会把新问题转化成旧知识，从而解决问题，真厉害！老师有个建议，可以通过画图来弄清楚它们之间的关系，来帮助我们理解。大家试一试，画在课堂挑战卡上。

（学生有序反馈）

（1）示意图。

预设 1：（画钱）

师：你们能看懂画的是什么吗？这一行表示什么意思？谁的价钱？

生：画的是钱。这一行表示跳棋的价钱。

师：象棋是跳棋的 4 倍，这里有几个 8？

生：4 个 8。

预设 2：（画○）。

师：请说说你是怎么用图来分析的。

生：我用 8 个○表示 1 份，象棋有这样的 4 份。

师：象棋和跳棋比，所以你把跳棋看作 1 倍，象棋画了这样的 4 倍。你画出了题目的意思，那你的图能说明 8×4 的道理吗？

生：从图中我们可以看出象棋的价钱就是 4 个 8 元。

小结：你的图能说明 8×4 是有道理的，从图中我们可以看出求象棋的价钱就是求 4 个 8 是多少。这样画图很好，数学就要讲究简洁美。8 元用 8 个圆圈来表示，还有没有更简洁一些的呢？

（2）色条图。

预设 1：还有一幅作品，谁能看懂？

生：用一个◎就表示 8 元，8 的 4 倍就画 4 个◎。

师：你是这个意思吗？

师：除了可以用一个◎表示 8 元，其他图形可以吗？用一个色条来表示 8 元，你觉得怎么样？

生：简洁多了。

师：8 元用这样的一个色条来表示，那象棋的价钱是 8 元的 4 倍，该怎么表示呀?

生:画4个跟它一样的色条。

师:那你们一边数几倍,一边画。

生:1倍,2倍,3倍,4倍。

预设2:不用画里面的○,只用外面的○表示8元就可以了。

师:可以用一个色条来表示8元。你觉得怎么样?

生:简洁多了。

师:8元用这样的一个色条来表示,那象棋的价钱是8元的4倍,该怎么表示呀?

生:画4个跟它一样的色条。

师:那你们一边数几倍,一边画。

生:1倍,2倍,3倍,4倍。

(3)线段图。

师:用色条来表示,大家觉得比刚才简单了,想一想能不能再简单些。

预设1:把色条画细一些。

师:你们看看,这是什么?越来越细就变成了线段。

预设2:可以用线段。

师:你的想法真不错,让我们一起来看看它是怎么变成更简洁的线段的。把色条画窄一点,再窄一点就成了线段。

小结:用线段表示题中的数量关系的图形就叫线段图。(板书:线段图)

3.画线段

(1)教师示范线段图的完整画法。

师:我们从画8个○到一个色条,再到线段图,你觉得怎么样?

预设:现在很简洁。

师:这么简洁的线段图是怎么画出来的?

师:现在老师和大家一起把线段图画出来。先画什么?

生:先画一条线段表示跳棋的价钱8元。

师:这是多少元?那我们用一个大括号写上8元,接下来画什么?

生:象棋的价钱。

师:我们先写"象棋",象棋的价钱是跳棋的4倍,该怎么画?

生:画4条一样长的线段。

师:为了方便比较,画的线段从左端对齐开始,你们一边数,老师一边画,看老师画够4倍了吗?

生：1倍，2倍，3倍，4倍。

师：4倍就画这样连续的4段。这条线段表示谁的价钱？

生：象棋的价钱。

师：这正是我们要解决的问题，我们用一个大括号加问号来表示。

小结：跳棋的价钱用一条线段表示，象棋的价钱是跳棋的4倍，就从左边开始画出同样长的4段，最后用大括号表示要解决的问题。

（2）学生在挑战卡上画线段图。

师：看明白了吗？那大家想不想也来画一个线段图？请你画在挑战卡的中间格子里，想想先画什么，再画什么，需要注意些什么。

4. 图式结合

师：你能在线段图中看到题目的信息和问题吗？能找到算式中的8和4吗？它们在哪里？表示什么意思？

小结：线段图能清晰、简洁地表示题目的信息和问题，又能帮助我们知道8×4是对的。小线段，大用处，是解决问题的好帮手。（板书：好帮手）

（三）回顾与反思

解答正确吗？你会怎么检查？

预设：32÷8=4。

师：你是想比一比算出来的象棋价钱和跳棋是不是呈题目中的倍数关系。这真是个检查的好办法。现在可以答了吗？

回想解决这个问题的整个过程，我们做了哪些事？

先读题审题，找到已知条件和要解决的问题，然后用画图的方式分析怎么解决问题，发现求8的4倍是多少其实就是求4个8是多少，用乘法解决。最后检查结果对不对。（板书：阅读与理解，分析与解答，回顾与反思）这就是我们解决问题的三个重要步骤。

三、练习应用，巩固提升

1. 借助线段图建立模型。（教材第54页第5题）

师：今天我们用这样的方法解决了象棋的价钱，那你能用这样的方法来思考并完成这道题吗？

教师：为什么用乘法？

预设：7的3倍是多少，其实就是3个7是多少，用乘法来解决。

教师：求象棋的价钱和求七星瓢虫的只数，有什么相同地方？

预设：都是用乘法。

追问：为什么都用乘法？

预设：它们都是解决几的几倍是多少的问题，其实就是解决几个几的问题，所以用乘法。

师小结：求8的4倍是多少用乘法，求7的3倍是多少用乘法，所以求一个数的几倍是多少，用乘法。

（板书：求一个数的几倍是多少，用乘法）

2.认识线段图的多样性。

师：学校的棋类社团只有象棋和跳棋还不够，瞧，学校又去采购了。

（1）选一选，下面哪幅线段图不能表示题目的意思。

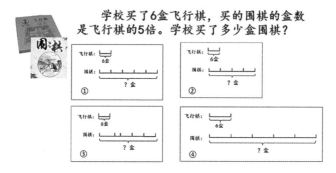

问题1：第二、三幅为什么错，错在哪里？

问题2：为什么第一和第四幅都对呢？它们有什么相同和不同的地方吗？

小结：这就是线段图的神奇之处，画1倍量时可长可短，几倍量就是根据数量关系来画的，5倍就画5段这样的线段。

（2）列式解答。

师：请你根据线段图求出围棋的盒数。

5×6=30（盒）

师：怎么检查？

30÷6=5

四、全课小结，延伸拓展

（1）学生谈本节课的学习收获。

（2）生活中还有很多求一个数的几倍是多少的问题，请你写一写并解答。

板书设计：

解决问题

——求一个数的几倍是多少

阅读与理解：

8的4倍是多少——4个8是多少——用乘法

分析与解答：

（画线段图）

8×4=32（元）

答：象棋的价钱是 32 元。

回顾与反思：

32÷8=4

教学反思：

学生第一次接触和学习线段图，如何引导学生从实物图逐渐抽象到线段图、让学生初步学会画线段图分析问题，是本节课重点要突破的。因此，教学中努力把画图意识、画图策略的培养贯穿全课。

首先，在"复习旧知，情境导入"环节，让学生先画两行小朋友，唤醒学生的画图意识，评价时不仅关注学生是否画出关系，更关注引导学生体会数学画图的简洁性，感受到用圆、三角形等熟悉的图形表示，比画一个个小人仔更方便。

其次，在"分析与解答"环节，让学生表示出"象棋的价钱是跳棋的 4 倍"。课堂上先放手让学生独立尝试，学生根据已有经验，会用圆、三角形等来表示跳棋 8 元以及象棋是 8 元的 4 倍，学生画的是示意图，而教学的重点和难点是引导学生从画示意图过渡到画线段图。因此，在这里进行了细腻的处理，先对学生画的示意图充分肯定，再启发学生：还能更简洁地表示信息和问题吗？把学生的思考方向引导到色条图上，再通过课件演示，把示意图变成色条图、线段图。这样的进阶，让学生逐步体会线段图的简洁性和形成过程。接着，师生在互动交流中共同画出线段图。这是重要的指导画图关键环节。

最后，在练习中提升学生识图、用图的意识。设计"哪幅线段图不能表示题目的意思"这样的题目，让学生在判断、比对、识别中进一步理解线段图。

这些环节循序渐进，让学生对线段图有了清晰的认识，并感受到画图是解决问题的好帮手。

第五节　小学数学"图形与几何"教案撰写案例

《标准》中和"图形与几何"领域相关的核心素养，主要有空间观念、几何直观、推理能力等。在观察、操作中"认识图形"，抽象出图形特征，发展学生的空间观念；以"图形的测量"为载体，渗透度量意识，体会测量的意义，认识度量单位及其实际意义，掌握测量的基本方法，并在具体问题中进行恰当的估测，从而发展学生的空间观念与推理能力；通过对几何图形的体会研究，发展学生的几何直观能力和空间观念，提高学生研究图形性质的兴趣；通过学习"确定图形位置"的方法，发展学生的空间观念和推理能力。本节通过"图形与几何"的部分教学设计，加强学生对"图形与几何"教学内容的理解，提高小学数学教师的教学水平，更好地实现《标准》的教学目标，完成教学任务。

教学的基本要求：

（1）了解"几何直观""空间观念"的内涵；

（2）明确在教学中发展学生的几何直观和空间观念；

（3）掌握"图形与几何"学习的教学策略。

"面积和面积单位"教案

教学内容：人教版《数学》三年级下册第五单元"面积和面积单位"。

教学目标：

（1）通过指一指、摸一摸、比一比等体验活动，理解面积的含义。

（2）在解决问题的过程中，感受建立面积单位的必要性，初步理解面积单位的建立规则。

（3）认识常用的面积单位：平方厘米、平方分米和平方米，并在活动中获得关于它们实际大小的空间观念，形成正确的表象。

（4）培养观察、操作、概括能力，体会数学来源于生活并服务于生活。

教学重点：从物体表面的大小和平面封闭图形的大小两个方面理解面积概念。理解统一面积单位的必要性。

教学难点：从物体表面的大小和平面封闭图形的大小两个方面理解面积概念。

教学过程：

精彩片段一：关注起点，在矛盾中激发求知欲。在教学"统一面积单位的必要性"这一环节时，抛出问题，呈现矛盾，巧设悬念，以现实问题为基础，层层深入，激发学生强烈的求知欲望。

师：现在我们已经了解了面积，知道了物体表面的大小就是面积。那如果涂色比赛重新开始，这次图片的选择由你自己做主，你们有信心作出正确的选择，赢得比赛的胜利吗？

生：有信心！

师：（出示图片，学生指上面/下面）你能说说你为什么选择这个图形吗？

◢ 笔记栏

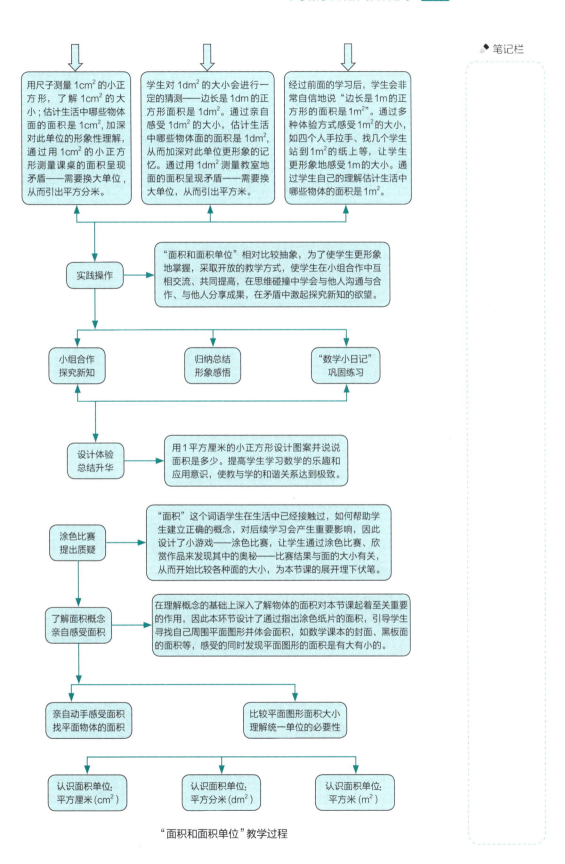

用尺子测量 1cm² 的小正方形，了解 1cm² 的大小；估计生活中哪些物体面的面积是 1cm²，加深对此单位的形象性理解，通过用 1cm² 的小正方形测量课桌的面积呈现矛盾——需要换大单位，从而引出平方分米。

学生对 1dm² 的大小会进行一定的猜测——边长是 1dm 的正方形面积是 1dm²。通过亲自感受 1dm² 的大小，估计生活中哪些物体面的面积是 1dm²，从而加深对此单位更形象的记忆。通过用 1dm² 测量教室地面的面积呈现矛盾——需要换大单位，从而引出平方米。

经过前面的学习后，学生会非常自信地说"边长是 1m 的正方形的面积是 1m²"。通过多种体验方式感受 1m² 的大小，如四个人手拉手、找几个学生站到 1m² 的纸上等，让学生更形象地感受 1m 的大小。通过学生自己的理解估计生活中哪些物体的面积是 1m²。

实践操作

"面积和面积单位"相对比较抽象，为了使学生更形象地掌握，采取开放的教学方式，使学生在小组合作中互相交流、共同提高，在思维碰撞中学会与他人沟通与合作、与他人分享成果，在矛盾中激起探究新知的欲望。

小组合作探究新知

归纳总结形象感悟

"数学小日记"巩固练习

设计体验总结升华

用 1 平方厘米的小正方形设计图案并说说面积是多少。提高学生学习数学的乐趣和应用意识，使教与学的和谐关系达到极致。

涂色比赛提出质疑

"面积"这个词语学生在生活中已经接触过，如何帮助学生建立正确的概念，对后续学习会产生重要影响，因此设计了小游戏——涂色比赛，让学生通过涂色比赛、欣赏作品来发现其中的奥秘——比赛结果与面的大小有关，从而开始比较各种面的大小，为本节课的展开埋下伏笔。

了解面积概念亲自感受面积

在理解概念的基础上深入了解物体的面积对本节课起着至关重要的作用，因此本环节设计了通过指出涂色纸片的面积，引导学生寻找自己周围平面图形并体会面积，如数学课本的封面、黑板面的面积等，感受的同时发现平面图形的面积是有大有小的。

亲自动手感受面积找平面物体的面积

比较平面图形面积大小理解统一单位的必要性

认识面积单位：平方厘米 (cm²)

认识面积单位：平方分米 (dm²)

认识面积单位：平方米 (m²)

"面积和面积单位"教学过程

生：因为这个图形小。

师：你们也是这样想的吗？我们所说的图形小，指的是图形的什么小呢？

生：面积小。

师：真不错！那谁能说说你是怎么知道正方形的面积比长方形的面积小的？

生：我是把这两个图形重叠放在一起……（教师演示过程，学生观察）

师：哦，这种方法真不错，我们一下子就看出正方形比长方形的面积小了。这种把两个图形重叠放在一起的方法叫作重叠法，在数学中经常用到。还有别的方法吗？

（话音刚落，学生便跃跃欲试，喜悦的心情溢于言表）

生：老师，我不用重叠法，我一眼就能看出来。

（此时心里暗暗窃喜，不出所料，学生的表现和我料想的一样精彩）

师：这组太简单了，大家一眼就看出来了，看来要提高难度，再来一组，怎样？有信心吗？

生：有。（教师出示第二组图片：长方形和正方形。学生有的指上面，有的指下面）

师：你能说说你为什么选择长方形吗？

生1：我感觉长方形的面积小一些。

师：你能说说你为什么选择正方形吗？

生2：我感觉正方形的面积小一些。

师：哦？意见出现了分歧，但我们的目标都是一样的，都是为了选择面积较小的，可到底哪一个的面积小一些呢？当两个物体的面积差距不明显的时候我们仅仅用观察法是不够的，再来试试重叠法吧。（教师演示重叠过程，还是无法判断）这可怎么办呢？（学生思索）

师：接下来，小组合作，利用信封里的学具（小圆形纸片和小正方形纸片），选择自己喜欢的方法来验证一下，看哪一个小组最先得出结论。好，讨论开始。

（学生小组合作探讨，教师巡视指导）

师：大家都有结果了吗？（生：有了）那我们是把成功的喜悦独自享受，还是和大伙儿一起分享呢？（生：和大伙儿一起分享）那哪个小组先来展示一下你们的成果？学生到投影仪前进行展示并讲解。（找两组同学进行展示，一个展示小圆形纸片拼摆，一个展示小正方形纸片拼摆）

师：真有想法，你们的结论和他们的一样吗？（生：一样）真不错，看来合作的力量可真不能忽视，通过小组合作我们一下子就找到了方法。

我们一起回顾一下刚才的过程。（课件演示）

师：咦？老师有点不明白了，同样大的正方形，为什么一会儿是 9 个，一会儿是 36 个呢？

生：因为小圆片比小正方形大。

师：哦，原来是这样啊，那如果我下次选择另一个大小的图形进行拼摆，还会是 9 个或者 36 个吗？

生：当然不是了。

师：那如果我每次选择的图形大小都不一样，会出现怎样的结果呢？

生：每次的结果都不一样。

师：这样就大大阻碍了我们的沟通，为了便于交流，也为了准确测量或计算面积，我们就要统一单位。（教师板书：统一单位）

设计意图　安排两张不能直接比较大小的纸片，抓住"究竟谁的面积小"这一矛盾，向学生提出：让我们来验证一下好吗？这样把学生置于矛盾的中心，激起学生探究的欲望，给学生一个较为宽阔的探索空间，激活学生的思维。通过一系列的小组合作，摆拼图形出现矛盾，层层深入，激发学生强烈的求知欲望，引导学生寻求解决矛盾的方法，从而得出统一单位的必要性。

精彩片段二：顺势引导，推理探究，把握新知。在教学"认识、感受 1 平方厘米的面的大小后，根据自己的表象估计生活中或身体的哪些部位的面的面积是 1 平方厘米"这一环节时，首先让学生用手摸一摸，感受一下 1 平方厘米的大小。

生：太小了。

师：哦，太小了，你能从自己的身上找一找哪些面的面积大约是 1 平方厘米吗？

生：大拇指指甲盖、一颗门牙、田字格本的一个小格、电脑键盘的一个键面。

师：请你们看大屏幕，你知道这个字母的面积吗？

生：（思考）12 平方厘米。

师：你怎么知道它的面积是 12 平方厘米？

生：因为一个小方格的面积是 1 平方厘米，这个英语字母一共有 12 个小方格，所以它的面积是 12 平方厘米。

师：说得真好！这个图形上有几个 1 平方厘米，其面积就是几平方厘米。

设计意图　通过估计英语字母的面积，了解测量物体面的面积可以采用 1 平方厘米的小正方形摆一摆的方法，为学生能更形象地估计物

笔记栏

体面积的大小做铺垫。

师：那你能估一估老师手里这个小优盘的这个面（手指优盘）的面积大约是多少吗？

生：（思考）3平方厘米或4平方厘米。

师：（展示背面已贴好的小方格让学生再次估计）现在再估一下是多少平方厘米。

生：7平方厘米。

师：那如果用1平方厘米的小正方形测量桌面的面积，你有什么感受？

生：太麻烦了。这个面积单位太小了，不方便。

师：那有没有更好的方法呢？

生：有，换一个大一点的纸片或换一个大一点的单位。

设计意图 在这个过程中，学生发现这样去测量桌面是比较麻烦的，需要用一样东西更方便地进行测量。在麻烦、复杂的问题面前，学生自然而然想到需要一种比较大的面积单位去测量，学生的需求产生了，这时出现平方分米这个面积单位就水到渠成了。

精彩片段三：感知体验，深入表象获取本质。在学生已经认识平方厘米和平方分米两个常用面积单位后进行相应总结，让学生总结归纳：测量非常小的物体的面积时选用平方厘米作单位（如橡皮面、优盘面、手指甲盖面等），测量稍微大些的物体的面积时选用平方分米作单位（如课本封面、桌椅面等）。在这个基础上抛出问题：如果我要测量教室地面的面积，能用这么大的纸片量吗？学生反应非常强烈，很自信地说当然不行，太麻烦了。学生的这个反应完全在教师的掌握之中，把握时机紧跟提问：那怎么办啊？怎么样能不麻烦地量出地面的面积呢？

生1：换一个更大的面积单位。

生2：换一个比平方分米还大的单位。

问题层层递进，学生在学习长度单位的基础上很容易想到平方米，这样平方米的引入就显得很自然，学习平方米也是自然而然的事情了。1平方米到底有多大？为了让学生更形象地记忆，准备一张1平方米的卡纸进行展示，让学生触摸、体验和估计，加深理解。

师：老师手中有一张面积是1平方米的正方形纸。想知道有多大吗？（教师展示）

生：（震撼）好大啊！

师：（边贴边说）再和1平方分米、1平方厘米比较一下，大不大？

生1：太大了。

生 2：大很多。

在此环节中请学生到讲台亲自触摸感受 1 平方米的大小，学生都非常震撼，嘴里不断念叨着："好大呀。"由此达到了此环节设计的目的。

师：那这么大的一张纸如果摆在地面上，你们站上去，能站多少个人呢？

问题一抛出，学生你争我抢，有的说 10 个，有的说 15 个、20 个、25 个……

设计意图 先将问题抛给学生，让学生进行充分猜测后再用实践证明，更能激发学生的兴趣，从而调动学生的积极性。

通过多种方式体验感受 1 平方米的大小后，让学生估计自己生活中哪些物体的面积是 1 平方米。加深对平方米的理解，从而建立空间观念。

师：找一找，生活中哪些物体的面积大约是 1 平方米。

生 1：大电视机的面积大约是 1 平方米。

生 2：我家饭桌的面积大约有 1 平方米。

生 3：四张课桌拼起来的面积大约是 1 平方米。

生 4：我家四块地板砖的面积大约是 1 平方米。

设计意图 新课程重视学生学习过程中的体验。体验是学生感知知识、获取知识、验证知识的方法和途径。把复杂、枯燥的数学知识形象化，把严肃的课堂生活化，让学生在自己熟悉的知识、生活领域中去学习、去发现、去总结、去反思，再去体验。

教学反思：

本节课的教学环节主要采取的是提供学具，引导学生操作、合作探究、亲自体验的形式。从出现的各种矛盾中激起学生对每个知识点的需求，使学生在整节课中始终处在自己主动学习的状态之中。

1. 对比反差，在反思中释疑

对于"比较长方形和正方形的大小"这个环节，一开始是这样设计的：让学生借助信封中的小正方形纸片和小圆形纸片进行拼摆（每个小组信封中的学具数量都是足够的），让学生通过小组合作、交流展示的方法，知道长方形用了 24 个小正方形纸片，而正方形用了 36 个小正方形纸片，从而得出正方形的面积更大一些。

2. 因学定教，在矛盾中解难

认识常用的面积单位——平方厘米、平方分米和平方米，并在活动中获得关于它们实际大小的空间观念，形成正确的表象是本节课的重点，也是难点。采取矛盾中巧设悬念的方法，以现实问题为基点，层层深入，激发学生强烈的求知欲望。

"圆的认识"教案

教学内容:人教版《数学》六年级上册第55、56页及相关内容。

教材分析:"圆的认识"是在学生认识了长方形、正方形、三角形等多种平面图形,并直观认识圆的基础上进行学习的。圆是小学数学"图形与几何"领域里最后教学的一个平面图形。认识圆是从研究直线图形到研究曲线图形的开始,也为后续学习圆的周长、面积和圆柱、圆锥打下基础。教材通过呈现自然界和社会生活中的各种圆,让学生感受圆,感知数学就在身边;通过让学生在纸上画圆和了解圆的各部分名称等活动,体现"做中学"的理念。

学情分析:学生在学习"圆的认识"以前,已经认识了长方形、正方形、三角形等多种平面图形,也具备了一定的生活经验,对圆有了初步的感性认识,但对圆的特点的全面理性认识有一定的难度,用圆规画圆需要多次练习才能正确掌握。教学中注重加强与实际生活的联系,放手让学生在动手操作中获得知识的体验,探究圆的特征、半径和直径的关系等,增强学生学习兴趣,积累学生数学学习经验。

教学目标:

(1)结合生活实际,通过观察、操作等活动认识圆的各部分名称,学会用圆规画圆,理解并掌握其特征。

(2)在经历操作、观察、测量、思考、交流等探索活动后,提升动手实践能力,发展数学眼光、数学思维、数学语言、空间观念。

(3)感受数学与生活的紧密联系,感受圆形的美和丰富的内涵。

教学重点:理解并掌握圆的基本特征,会用圆规画圆。

教学难点:圆的特征的认识。

教学准备:课件、自制的绳规、圆规、直尺、圆形物体等。

教学过程:

一、情境感知圆,试做试说圆

(一)从生活中引入圆

出示生活中的圆形物体图片,让学生找圆。

(二)尝试创造圆

(1)让学生借助手上的圆形物品,创造一个圆。

(2)展示并讲述自己是怎么创造出一个圆的。

(3)尝试用自己的话说一说,什么样的图形是圆?圆和以前学过的平面图形有什么不同?

设计意图 通过自然界和社会生活中的圆形物体,感受圆与自然界和社会生活的紧密联系,感受圆的美和在生活中的广泛应用。通过创造圆的活动，让学生在创造活动中感受平面上的圆形的直观形象，在尝试表达中感受用数学语言介绍圆的不易，感受用圆形实物辅助画圆的局限性，引发学生进一步探究圆的特征的欲望。

二、画圆，探究圆的特征

（一）画圆

（1）设疑：借助实物画圆不太标准，大小也受实物本身大小的影响。有什么好办法吗？

（2）试用圆规画圆并思考下列问题：

①试一试，用圆规在纸上画几个大小不同的圆。

②想一想，圆规为什么能画圆，为什么能画出大小不同的圆？

③说一说，你用圆规画圆时，是怎么做的？有没有遇到困难？要特别注意什么问题？

（3）请学生上台展示画圆的过程并尝试回答上述问题。

（二）探究圆的特征

1.结合学生展示汇报的过程，引导学生认识圆心、半径、直径

明确圆规针尖所在的点叫作圆心，圆心在圆的中心，一般用字母 O 表示，圆心决定圆的位置。圆规两腿张开的距离，是画出的圆的半径，连接圆心和圆上任意一点的线段叫作半径，一般用字母 r 表示，半径决定圆的大小。通过圆心且两端都在圆上的线段叫作直径，一般用字母 d 表示。

用圆规画一个半径为 2 厘米的圆和一个半径为 3 厘米的圆，并剪下来，标出它的圆心，折一折、画一画、量一量，并观察和思考下面的问题：

（1）一个圆有几条直径、几条半径？

（2）同一个圆的直径、半径的长度有什么关系？大小不同的圆呢？

（3）圆是一个什么图形？

2.结合学生探究，择机画图及板书

圆心（ O ）：决定圆的位置

半径（ r ）：决定圆的大小

直径（ d ）：同圆或等圆中，$d=2r$

（三）钉绳画圆，深化认识

体育老师上体育课要画一个半径为 1 米的大圆，但是没有这么大的圆规，谁有办法？

学生实践：用长绳和钉子画圆并思考在用绳子画圆时要注意什么。

学生展示汇报钉绳画圆的过程。

追问：为什么要把钉子钉牢（定点）？为什么要把绳子拉直（定长）？长绳和钉子相当于圆规的什么？

笔记栏

设计意图 学生通过借助圆形物体画圆、用圆规画圆、用钉绳画圆的体验，感受圆的特征和画圆方法的多样性；通过折一折、画一画、量一量、说一说，探究圆的各部分名称和半径、直径的数学、长度关系，从而全面认识圆。在"做中学"的过程中发展学生的动手操作能力、分析推理能力、空间想象能力等。

三、知识应用，巩固提升

（1）看图填空（练习十三第 2 题）。

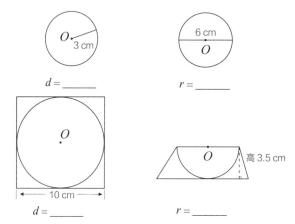

$d =$ _____

$r =$ _____

$d =$ _____

$r =$ _____

（2）画一个直径为 5 厘米的圆，圆规两脚间的距离是（　　）。

（3）车轮为什么要做成圆形？

（4）小东要把硬纸圆安装到平板车上作为车轮，要怎么安装才能让平板车走起来最平稳，为什么？同桌合作，用硬纸圆试一试、说一说。

四、回顾总结，快乐分享

（1）想一想，我们是怎么研究圆的？你学到了什么研究方法？

（2）你收获了哪些知识？有什么体会和建议？

板书设计：

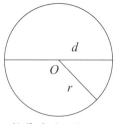

圆的认识

圆心（O）：决定圆的位置

半径（r）：决定圆的大小

直径（d）：同圆或等圆中，$d=2r$

圆是轴对称图形

教学反思：略。

"认识长方体和正方体"教案

教学内容：人教版《数学》五年级下册第 18~20 页。

教学目标：

（1）借助具体的实物和模型，通过观察、比较、操作等活动，了解长方体和正方体的特点，并有序地数出长方体的面和棱的数量。

（2）经历摸一摸、数一数、想一想的过程，提高观察、想象、推理等能力，发展初步的空间观念。

（3）能运用所学知识解决一些简单的实际问题，体会到身边处处有数学，体验学习数学的乐趣。

教学重点：通过对长方体实物的看、摸、数、想，了解长方体面、棱、顶点的数量和特点。

教学难点：有序地数出长方体棱的数量。

教学过程：

一、复习旧知

1.回忆以前学过的图形

先让学生回忆一下以前都学过哪些平面图形，课件出示长方形、正方形、三角形、平行四边形和梯形。

2.回忆研究平面图形的方法

提问：你们还记得我们都是从哪些方面来研究这些平面图形的吗？

引出：对于平面图形我们一般从边和角这两方面来研究。（课件出示）

3.出示立体图形

用课件出示实物图，问：跟前面的图形有区别吗？

用课件出示冰箱，问：这是什么图形？

用课件出示长方体。

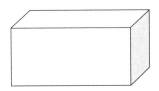

用课件出示魔方，问：这是什么图形？

用课件出示正方体。

（板书课题：**认识长方体和正方体**）

◆ 笔记栏

设计意图 复习环节，主要是唤醒学生学习图形的经验，不管是对平面图形的研究还是对立体图形的感性认识，都能为后面的学习奠定基础。

二、合作探索

1.引导学生思考如何研究长方体的特征及如何揭示面、棱、顶点的概念

（1）整体观察长方体。

让学生从学具盒中找出一个长方体，仔细观察。

（2）教师结合模型和课件揭示面、棱、顶点的概念。

先结合长方体模型，说明哪些是长方体的面。

再结合课件，演示说明两个面相交的线叫作棱。（板书：棱）

三条棱相交的点叫作顶点。（板书：顶点）

这里强调棱和顶点是怎么形成的。

（3）学生再次找一找面、棱、顶点。

请同桌互相指一指、说一说长方体的面、棱和顶点在哪里。

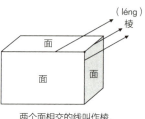

两个面相交的线叫作棱，
三条棱相交的点叫作顶点。

设计意图 这一环节主要是让学生整体观察感知长方体的各部分，通过结合模型以及课件让学生明确长方体的面、棱、顶点的概念，以便为后面的探究打好基础。

2.小组合作研究长方体的面、棱、顶点的特征

（1）探讨研究的内容。

提问：刚才我们初步了解了长方体的各部分，如果我们还想进一步认识长方体，你能提出哪些关于面、棱、顶点的数学问题？

学生可能会提出有关几个面、几条棱、几个顶点的问题，也可能会提出哪几个面、哪几条棱相等的问题。

小结：同学们不仅提出了有关长方体的面、棱、顶点的数量问题，还提出了面与面、棱与棱之间关系的问题，对这些问题的研究有助于我们学习长方体的特点。

设计意图 这一环节通过让学生提有关面、棱、顶点的问题，引出要达成的目标，让学生明白研究之前先弄清楚研究的内容很重要。

（2）学生操作，交流长方体的面、棱、顶点的特征。

学生小组合作。（教师可以走进小组给予及时的指导）

交流：

①面的特征。

以小组为单位，借助长方体研究面、棱、顶点的特征，并填写下表。

内容	我的发现
面	
棱	
顶点	

让学生说说发现的面的特征。(两个学生,一个解释,一个展示)

这里要解决的问题是:第一,怎么数的?第二,什么是相对的面?第三,为什么相对的面完全相同?(量、画、平移)

提问:你能给大家指一指这6个面在哪里吗?

小结:上下、左右、前后都是相对的,所以把它们叫作相对的面。

提问:相对的面为什么相同呢?

学生可能会用量一量、剪一剪、比一比的方法,也可能会用推理的方法证明。

小结:同学们刚才通过量一量、剪一剪、比一比或推理的方法证明了相对的面的形状、大小都是一样的,所以我们就说相对的面完全相同。

②棱的特征。

学生先完整地说完自己组的发现。

提问:你们是怎么数出有12条棱的?

根据学生的回答,小结:左右方向有4条棱,我们把它们叫作相对的棱;上下方向有4条棱,也是相对的棱;前后方向有4条棱,也是相对的棱。总共有3组相对的棱,每组4条,所以长方体总共有12条棱。

长方体总共有12条棱。

提问:怎么证明相对的棱是相等的呢?

学生可能会用量一量或用推理的方法证明。

课件演示长方体棱的特征。

小结:同学们通过量一量的方法证明了相对的棱是相等的,还利用了以前学过的知识进行推理,真不错!

③顶点的特征。

学生交流顶点有8个,并数出来。

教师提问:每个顶点都是怎么形成的?

小结:每个顶点都可以引出3条不同方向的棱。

设计意图 这一环节是本节课最重要的环节,通过学生的操作、交流,发现长方体的面、棱、顶点的特征。正所谓:看到过,过眼云烟;体验过,才感受深刻。学生通过自己的操作探索,得出的结论才会根深蒂固。

（3）梳理板书长方体的特征。

教师和学生一起梳理、回顾长方体的特征，教师进行板书。

（4）引出有两个面是正方形的长方体。

过渡：现在我们已经掌握了长方体的特征，要判断一个立体图形是不是长方体，只要看它具不具备这些特征。只要具备了这些特征，那它一定是长方体。那么请大家观察一下，这是不是长方体。（出示一个有两个面是正方形的长方体学具）

让学生表达观点。教师指出正方形是特殊的长方形，所以这也是长方体。

提问：其他的四个面相同吗？还有哪几条棱相等呢？

小结：其他的四个面是完全相同的，还有8条棱是相等的。

设计意图 这一环节主要是让学生通过正方形是特殊的长方形这一知识点，体会有两个相对的面是正方形的也是长方体，这也为后面学习正方体是特殊的长方体做好了铺垫。通过观察、推理的方法得到这个特殊的长方体的面、棱的特征。

3.从一个方向观察长方体的面

师：认识了这个特殊的长方体，我们从不同的方向来观察一下，能看到几个面呢？（教师手拿长方体，找不同方向的学生回答）

提问：长方体有六个面，怎么只看到这么几个呀？

教师出示课件：从一个方向观察长方体，最多能看到几个面？（演示：最多只能看到三个面，其他的面被挡住了）

设计意图 这一环节主要是让学生从不同的角度进行观察，可能看到一个面，也可能看到两个面、三个面，从而得出结论"最多可看到三个面"。

4.学习长、宽、高

提问：同学们仔细看看，记住这个长方体，想一想至少保留几条棱才能想象出它原来的形状和大小？

学生说自己的想法。课件出示一组长、宽、高。

提问：如果只保留这样的3条棱，你能想象出这个长方体的大小吗？想出来了吗？一起来看看跟你想象的一样吗？

告知：相交于一个顶点的三条棱，分别叫作长方体的长、宽、高。

让学生指一指这个长方体的长、宽、高。

教师再变换两次长方体，让学生指出长、宽、高。

设计意图 让学生通过想象知道长方体中从一个顶点引出的这三条棱分别

叫作长方体的长、宽、高，不仅发展了学生的空间想象能力，而且为长、宽、高的学习做好铺垫。

5.学习正方体的特点，体会正方体是特殊的长方体

（课件演示）长、宽、高相等时，长方体就变成了什么？

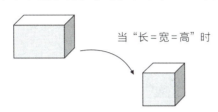

当"长=宽=高"时

提问：刚才我们研究了长方体的特征，请同学们利用手中的正方体学具观察一下它的面、棱、顶点的特征。

介绍棱：在正方体中，相交于一个顶点的这3条棱不叫作长、宽、高，而叫作棱。

明确：正方体的特征和长方体的特征是一样的，正方体特殊的一点就是不但相对的面完全相同，而且六个面完全相同；不但相对的棱相等，而且12条棱全部相等。所以我们说正方体是特殊的长方体。

提问：如果我用一个集合圈表示长方体，你准备用怎么表示正方体？

说明：长方体包含正方体，正方体属于长方体。

设计意图　这一环节通过"长、宽、高相等时，长方体就变成了什么？"这一问题，引出正方体，再通过学生观察手中的正方体推导出它的特征。

三、巩固练习

1.说一说，算一算

先让学生说一说图中长方体和正方体的长、宽、高，再让学生算一算每个面的面积。

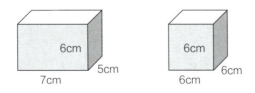

设计意图　这一环节主要巩固长方体、正方体的面、棱的特征。

2.选一选，说一说

哪几个面可以围成一个长方体？

先让学生选择可以围成一个长方体的图形，然后交流讨论为什么可以，而④号和⑧号为什么不可以。

3. 想一想，说一说

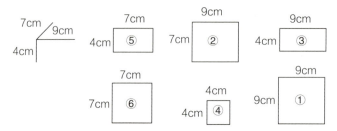

先让学生想象一下这个长方体的样子，说一说它的长、宽、高各是多少，再想一想上下、左右、前后分别是什么样的图形。

设计意图 这一环节主要让学生通过想象，复习长方体长、宽、高的特征，发展学生的空间想象能力。

四、小结

通过本节课的学习，你有哪些收获呢？学生交流，教师总结。

设计意图 通过小结让学生对这节课的学习内容进行梳理，不仅要注重知识的梳理，更要关注学习方法的梳理。

五、作业布置

动手制作一个长方体和正方体。

设计意图 通过动手操作让学生再次巩固长方体、正方体的特征。在制作的过程中学生会不自觉地去考虑面的特征，从而达到巩固的作用。

教学反思：

本节课是认识图形的课，学生已经初步认识长方体和正方体，而这节课中主要对长方体和正方体的特征进行学习，为后面学习长方体和正方体的棱长总和、表面积、体积等做好铺垫、打好基础。

本节课最重要的一个环节就是让学生自主探索长方体的特征并交流。对于面、棱、顶点的特征，要让学生知道数量，还要知道怎样有序地数或算出来；对于相对的面完全相同、相对的棱相等，要让学生讲清楚如何证明。课上给予了学生足够的探索时间，但是学生的能力还是有所欠缺，或许是因为之前的教学对于学生这方面能力的培养还不够，所以学生在探索面、棱的特征时，不知道怎么去证明，很多学生都是凭借感觉，缺乏有效的证明方法。另外，对于长方体的3组棱，学生都能有序地数出来，但是还不能通过算的方法得到，所以课上引导学生通过对相对的棱的理解，达到"每组4条，共有3组棱，所以一共是12条棱"这一层次。本节课最遗憾的是没有让学生通过组装来理解长方体，因为之前没有意识到拼插的重要性，临近讲课时再准备材料，时间已经远远不够了。如果有拼插长方体的环节，学生对棱的理解会更加透彻。

第六节 小学数学"统计与概率"教案撰写案例

"统计与概率"的内容主线，主要包括三个方面：第一是数据分类；第二是数据收集、整理与表达；第三是随机现象发生的可能性。在"统计与概率"中帮助学生逐渐建立起数据意识是最重要的，它的内容与现实生活联系密切。因此，要在教学中致力于捕捉生活背景与学习材料之间的内在联系，用生活中的经验和实例培养学生的统计意识；让学生学会选择合适的统计量，增强数据分析方法；使学生会用统计的思想做实验，运用数据进行推断，善于分析，逐步形成统计观念和随机思想。本节通过"统计与概率"的教学案例，促进小学数学教师的教学研究，提高教师对"统计与概率"的教学水平，实现《标准》提出的教学目标，完成教学任务。

教学的基本要求：

（1）明确小学数学"统计与概率"的目标要求以及教育价值；

（2）逐步建立起数据分析的观念并了解随机现象；

（3）了解"统计与概率"教学的过程与方法，并进行教学设计。

"数据收集和整理"教案

教学内容：人教版《数学》二年级下册第一单元。

教学目标：

（1）在现实情境中，体验用不同的方法进行分类统计，完成相应的统计表。感受分类的多样性，体会分类统计的意义，发展初步的统计概念。

（2）能够根据所学知识，解决实际问题，培养解决问题的能力。

（3）借助生动形象的情境，激发兴趣，培养实践能力和合作学习精神。

教学重点：体会分类统计的意义，会用不同的方法进行分类统计，完成相应的统计表。

教学难点：会用不同的方法进行分类统计。

教学准备：每人一份统计表、电脑课件、实物投影仪。

教学过程：

一、创设情境，导入新课

1.师生谈话，激发学生的兴趣

（1）教师引导学生谈一谈：大家喜欢大海吗？你们都喜欢到海边做些什么呢？

（2）教师小结引入：刚才有的同学说"喜欢到海边浴场游泳"，现在我们就一起到海边浴场去看看好吗？（课件出示情境图）

2.观察情境图

（1）请同学们欣赏美丽的海边浴场，仔细观察，说说你都看到了什么。

（2）学生通过观察会发现：

远处有很多漂亮的船。

船有大的，有小的；有红色的，有粉色的，还有蓝色的；有轮船，有快艇。

海边有好多人在游泳。

游泳的人有男的，有女的；有大人，有小孩。

……

3.导入新课

（1）谈话过渡：你知道海水浴场的工作人员都需要做些什么吗？

（2）通过交流，让学生了解海边浴场的工作人员需要做的工作。

①准备好出售给游客的游泳衣、游泳帽，出租给游客的游泳圈。

②超市要准备充足的饮料、食品等。

③清扫海边浴场。

（3）教师小结引入新课：这么美的海边，离不开海边浴场管理人员的辛勤劳动。海边浴场的管理人员每天必须对浴场的情况进行及时汇总，针对不同情况进行分析，为后面的经营管理做好准备工作，为游客提供优质的服务。这就要用到有关的"统计知识"。（板书课题：数据收集和整理）

设计意图 充分利用"海边浴场"——学生喜爱的素材，通过师生谈话交流、创设情境，激发学生参与活动的积极性和主动性，鼓励学生踊跃发言，说出自己对大海的喜爱，很自然地引入课题。加上优美的海边情境图，使课堂一开始便深深地吸引学生，激发学生的学习热情。

笔记栏

二、合作学习，探究新知

（一）统计正在游泳的人数：初步感受分类统计方法

1.谈话引入

现在海边浴场的工作人员想知道正在游泳的人数，同学们知道有多少人正在游泳吗？

（学生估测，意见可能不一致）

2.引发思考

怎样才能准确知道有多少人呢？你能帮助海边浴场的工作人员准确地统计出来吗？

引导学生交流自己的看法：

（1）数一数就知道了。

（2）一个一个地数，有时容易出错，不容易数清楚。

我们还可以怎样进行统计呢？

学生交流后教师总结：我们可以把游泳的人进行分类，一类一类地数，再合起来，这样就不容易出错。

怎样进行分类统计呢？

学生独立思考、小组交流后，集体交流：

①可以按照男人和女人进行分类；

②可以按照戴泳帽的和不戴泳帽的进行分类；

③可以按照戴游泳圈的和不戴游泳圈的进行分类；

④可以按照大人和小孩进行分类。

……

教师根据学生的交流出示相应的统计表。

类别	男人	女人	合计

类别	戴泳帽的	不戴泳帽的	合计

类别	戴游泳圈的	不戴游泳圈的	合计

3.师生谈话，使学生了解分类统计的意义和必要性。

同学们找到了这么多种不同的分类方法来进行统计。那你能说说你的分类方法的好处是什么吗？对海边浴场今后的管理有什么帮助吗？

学生交流。

4.小组活动，进行分类统计

（1）各个小组选择喜欢的分类标准进行统计，将结果填在表中。（小组活动，教师巡视）

（2）汇报交流：小组在班级展示交流统计结果。（注意引导学生交流展示不同的统计方法和统计的结果）

设计意图 通过让学生帮助海边浴场的工作人员统计正在游泳的人数，引导学生主动地探究分类统计的方法，使学生明确分类统计标准的多样性，从中体会问题解决策略的多样化，明确统计的必要性。同时，在活动中让学生谈谈不同的分类统计方法对浴场今后的管理有什么帮助，使学生进一步了解分类统计在生活中的用处，从而加深对分类统计意义的理解。

（二）对三种统计表进行比较归纳

1.教师出示三种不同的统计表

（1）引导思考：请同学们仔细观察这三个统计表，你能发现什么？

（2）交流发现：

①男人和女人一共是21人，男人比女人多1人。

②戴泳帽的和不戴泳帽的一共也是21人，戴泳帽的比不戴泳帽的少5人。

③三个表格的统计方法不一样，但合计都是21人。

④不论用什么方法统计，结果都是一样的。

……

2.得出结论

无论按怎样的分类标准进行统计，结果都是一样的，正在游泳的人数一定是21人，是不会变的。

设计意图 通过对三种统计表的分析、比较，引导学生进一步理解分类标准的多样性，使学生明白虽然分类标准不同，但统计的结果都是一样的。

（三）统计海面上船的数量：进一步体验分类统计

1.设疑引趣

请大家帮助海边浴场的工作人员统计出海面上船的数量好吗？

152

学生独立思考后交流不同的分类标准：

①按照船的大小来分类，分成大、中、小三类；

②按照船的颜色来分类，分成红色的、粉色的、蓝色的三类；

③按照船的用途来分类，分成轮船、快艇两类。

……

2.分类统计，填制统计表

请同学们按照自己确定的分类标准统计出海面上船的数量，并把统计表填写好。

3.交流展示，联系生活

请同学们在班级交流中展示自己的统计结果，并谈谈这种统计方法在生活中的作用。

设计意图 让学生按不同的分类标准统计出海面上船的数量，经历统计的全过程，充分感受分类统计方法的多样性。通过引导学生交流各种分类统计方法在生活中的作用，使学生进一步了解分类统计在生活中的意义和必要性，发展初步的统计观念。同时，在对按不同分类标准进行统计的结果比较中，再次体验到：不论使用怎样的分类方法进行统计，结果都是一样的。

三、巩固练习，拓展提高

1.出示自主练习第1题

（1）学生交流按什么样的标准进行分类统计。

（2）学生独立完成统计表。

（3）交流展示统计结果。

（4）引导学生观察思考：请同学们观察你填写的两个统计表，结果一样吗？如果不一样的话，说明了什么？应该怎么办？

通过交流，学生明确：如果结果不一样的话，说明我们的统计存在不正确的地方，应该逐项仔细检查。

教师小结：我们在统计的过程中要认真地数，细心地进行检查。

2.解决身边的数学问题

（1）谈话引入：在生活中有许多地方要用到统计。如果要统计我们班共有多少人，能运用我们今天学到的知识吗？

（2）让学生自己进行统计，填写统计表。

（3）在班级交流自己的统计方法与统计结果，并说说这种分类统计的好处，然后互相进行评价。

设计意图 充分调动学生的积极性，让学生运用分类统计知识对班级人数进行统计，进一步体会、运用分类统计方法，学生既巩固了新知，又拓展了思维，培养了学生灵活运用知识解决问题的能力。

四、课堂评价

说说这节课中你有什么收获，你自己及你们小组表现得怎样？

设计意图 让学生学会公正地评价自己与他人，能够及时发现自己的优缺点。

教后反思：

数学来源于生活，又服务于生活。分类统计在生活中应用广泛，在教学中，我们必须让学生明确学习统计的意义与必要性，掌握分类统计的方法。教材创设了学生喜爱的"海边浴场"的情境，在以往的教学中，教师都能充分利用这一情境，激发学生兴趣，引导学生探究"正在游泳的有多少人"的统计方法。学生最初用数一数的方法进行统计，继而在教师的引导下，合作探究出多种不同的分类统计方法。课程看上去进行得比较顺利。可是，课后我们进行了调查与测试，95%的学生不知道为什么要进行分类统计，学生心中始终有一个疑问：这么简单的问题，数一数就行了，为什么要进行分类统计，多麻烦。

多数学生在教师给出题目后仍然使用一个一个数的方法进行统计，很少有人自觉地使用分类统计的方法进行统计。为此，教师在教学设计中除注重引导学生主动探究分类统计的方法外，在问题的探究和练习的设计中，还要注重让学生了解分类统计的意义与必要性。例如，让学生说说自己的分类方法有什么好处，对海边浴场今后的管理有什么帮助。在学生用自己学到的知识统计出班级人数后，让学生说说自己是怎样进行分类统计的，这种分类统计方法有什么好处，让学生从中体会到分类统计在生活中的重要性，加深对分类统计的了解，从而在今后解决问题时能够自觉地进行运用。

"复式统计表"教案

教学内容：人教版《数学》三年级下册第三单元。

教材分析：复式统计表是把两个（或多个）统计项目的数据合并在一张表上，是后续学习复式条形统计图、复式折线统计图的基础。教材以调查学生最喜爱的运动项目导入，设置了

5-3 课件

提示语和男女生单式统计表（空表）和引导学生了解统计信息的问题，进而引导学生对比观察，了解两个表的共同点，体会编制复式统计表的必要性；再通过提示语和问题，引导学生思考能不能合并，如何合并，提供了合并好的复式统计表，并提出了三个需要解决的问题。教学中要注意选择贴近学生生活的内容，让学生经历复式统计表的产生过程，进一步体会统计的方法和意义，感受复式统计表的必要性和优越性，同时，要注重培养

学生解读数据、分析数据的能力。

学情分析：学生对收集数据、记录数据的方法已有初步体会，会将数据填入单式统计表，能根据统计表中的数据进行简单的分析。但学生对要合并成复式统计表的原因的理解、合并方法的掌握、复式统计表的格式的解读等有一定的困难。

教学目标：

（1）在具体的统计运动项目中认识复式统计表，初步了解复式统计表的结构，能根据收集和整理的数据填写统计表，能根据表中数据进行简单的分析。

（2）经历数据收集、单式统计表填写与合并成复式统计表、数据解读的过程，了解复式统计表的产生过程和优越性，培养统计与分析观念。

（3）感受数学与生活的紧密联系，积累统计经验，发展统计意识，培养统计兴趣和应用意识。

教学重点：对复式统计表结构的认识。

教学难点：合并成复式统计表的过程和了解复式统计表的优越性。

教学准备：课件、统计表格、学生学习卡。

教学过程：

一、引出问题，感受意义

（1）谈话引入，请学生谈谈自己喜欢的运动项目有哪些，最喜欢的运动项目是什么。

（2）引导学生理解提示语：统计一下本班同学最喜欢的运动项目。区分"喜欢"和"最喜欢"。

（3）猜一猜，我们班男女同学最喜欢的运动是哪一项？

（4）用什么办法可得出男女同学最喜欢的运动项目？

（板书：统计）

设计意图 通过情境图和联系自己喜欢的活动的对话，感受数学与生活的紧密联系，激发学习兴趣；通过阅读理解"最喜欢"的含义，为实际统计奠定基础，感受统计的严谨性、科学性；通过引发猜想和验证猜想，感受"统计"在解决实际问题中的价值，引出本节课的教学内容。

二、实践统计，探究结构

（一）实施统计，分享体验

（1）大家都同意用统计的办法来验证我们的猜测，那接下来的统计工作，我们应该怎么开展呢？谁来给大家出主意？

（2）引导学生回顾思考，有序安排，合理选择统计的方法。

（3）学生选择统计方案并按方案实施统计。

①明确统计程序、统计记录方式，拟出单式统计表。

②男生负责统计女生情况，女生负责统计男生情况。

（4）分享数据收集、整理、验证的过程。

（5）仔细观察并思考：从这两张统计表的数据中，你获得了哪些信息？

（二）比较分析，把握结构

（1）引导学生观察这两张表有什么共同点。

两张表的结构相同，统计的项目相同，但统计的对象不同，数据也不同。

（2）提出一些需要对比数据的问题让学生观察、思考和回答。

①女生最喜欢跳绳的人数与男生比，是多还是少？

②男生最喜欢足球的人数比女生多多少？

③男生最喜欢游泳的人数与女生最喜欢跳绳的人数比，谁多？多几人？

设计意图 让学生经历统计运动项目和填写单式统计表的过程，调动学生已有的知识经验。让学生通过观察分析单式统计表，知道两张统计表的相同点和不同点，感受单式统计表在统计项目相同的多个对象时存在的局限性，为将单式统计表合并成复式统计表奠定基础。

（3）既然同学们感到两张统计表在制作和分析数据时不方便，能不能只用一张统计表把男女生最喜欢的运动项目人数情况都统计出来呢？

（4）小组讨论：怎样把两张表的内容并在一起编成一张表？

（5）小组展示介绍合并的设想和做法。

（三）探究结构，整体认知

（1）根据学生的介绍，依次修改标题、表格结构、表头等关键要素，生成新的统计表。

运动项目	足球	篮球	游泳	乒乓球	跳绳	踢毽子
男生人数						
女生人数						

（2）引导学生对比单式表和复式表的标题、表格结构。

说一说，表格上有什么？复式统计表与合并前的单式统计表哪里相同，哪里不同？有没有看不明白的地方？

标题：要包含男女生最喜欢的运动项目。改为：××班男女生最喜欢的运动项目人数情况。

表格结构：活动（包括六项）、人数（分项目、对应性别）、性别（分男女）。

表格的第一行指的是什么？第二、第三行呢？

（四）解读信息，体验优点

（1）复式统计表空表编制好了，你能把相关的数据填进去吗？独立填一填。

（2）呈现学生作业，对比矫正。

（3）引导学生观察统计表，解读数据，解决问题。

①从统计表中你知道了什么？

②男生喜欢哪种运动项目的人数最多？女生呢？

③参加调查的一共有多少人？

④根据调查的结果，你对学校体育设施的配置有哪些建议？

（4）复式统计表和单式统计表比较，除了制表更省时，在分析数据时，你感觉哪种更便于比较、更有优越性？（板书：信息全面，便于比较）

（5）小结：回顾一下，刚才我们为了准确知道本班男女生最喜欢运动项目的人数，经历了哪些步骤？我们是怎么把单式统计表合并成复式统计表的？设计复式统计表时要特别注意什么问题？

设计意图 让学生经历统计活动的整个过程，初步学会把有联系的几个统计表合编成一个复式统计表，在认识、填写、分析复式统计表的过程中，进一步感悟统计方法，发展统计观念，并通过小组合作学习，培养合作交流、探索创造的能力。

三、应用检测，反馈矫正

（一）第 35 页"做一做"第 1 题

下面是某市 2013 年、2017 年和 2021 年空气质量各级别天数情况。

2013 年

空气质量级别	天数
优	66
良	150
轻度污染	79
中度污染	42
重度污染	20
严重污染	8

2017 年

空气质量级别	天数
优	96
良	160
轻度污染	65
中度污染	27
重度污染	12
严重污染	5

2021 年

空气质量级别	天数
优	124
良	184
轻度污染	40
中度污染	12
重度污染	5
严重污染	0

（1）呈现问题并设问。

①统计的是什么？

②有几个项目？

③三年的统计项目是不是相同的？

④怎样把三个表的统计数据合成一个表？试一试，填写复式统计表。

空气质量级别	2013 年	2017 年	2021 年
优			
良			
轻度污染			
中度污染			
重度污染			
严重污染			

（2）比较一下该市这三年的空气质量情况，你有什么发现？

（3）如果你是该市的市民，你有什么话想说？如果你是该市的市长，你又想做什么？

设计意图 让学生经历复式统计表填写和分析的过程，进一步理解复式统计表的设计和运用；通过问题引导学生深入数据，进行分析，尝试根据数据进行判断，提出建议、决策等。

（二）第 35 页"做一做"第 2 题

调查本班同学最喜欢的图书种类。（每人限选一类）

图书种类	文学类	科学类	历史类
男生人数			
女生人数			

（1）谁有什么好办法现场收集数据？

（2）根据学生方案开展现场统计活动。

（3）填写统计表并回答下面的问题：

①男生喜欢（　　）类图书的最多。

②女生喜欢（　　）类图书的最多。

③看了统计结果，你有什么话想说？

④根据统计表，你能提出什么数学问题？

（三）练习七第 1 题

下面是三（1）班同学一年级和三年级时的国家学生体质健康标准测试成绩等级情况。

三（1）班同学一年级时的
成绩等级情况

学号	成绩等级	学号	成绩等级
1	优	16	及格
2	及格	17	良
3	良	18	及格
4	及格	19	及格
5	优	20	及格
6	及格	21	良
7	及格	22	及格
8	良	23	及格
9	及格	24	良
10	及格	25	及格
11	良	26	不及格
12	及格	27	良
13	优	28	及格
14	及格	29	及格
15	良	30	优

三（1）班同学三年级时的
成绩等级情况

学号	成绩等级	学号	成绩等级
1	优	16	良
2	及格	17	良
3	良	18	及格
4	及格	19	良
5	优	20	及格
6	良	21	优
7	及格	22	及格
8	优	23	良
9	良	24	良
10	及格	25	及格
11	良	26	及格
12	及格	27	优
13	优	28	良
14	良	29	及格
15	良	30	优

（1）将上面的数据整理在下表中。

成绩等级	优	良	及格	不及格
一年级时的人数				
三年级时的人数				

（2）你有什么好方法又快又准确地统计每一种等级的人数？

（3）你有什么办法确定统计结果是正确的？

（4）比较三（1）班同学一年级和三年级时的成绩等级情况，你有什么发现？

（5）你能根据统计信息提出什么问题或建议？

设计意图 让学生体会到统计在生产、生活中的广泛应用，培养学生统计兴趣，发展统计意识、数据分析和应用意识。

四、回顾总结，分享经验

回想一下课堂学习的过程，什么情况下可以用复式统计表？在制作复式统计表时，要注意哪些问题？你还有什么收获和体会？

板书设计：

复式统计表

男生最喜欢的运动项目人数情况

运动项目	足球	篮球	游泳	乒乓球	跳绳	踢毽子
人数						

女生最喜欢的运动项目人数情况

运动项目	足球	篮球	游泳	乒乓球	跳绳	踢毽子
人数						

男女生最喜欢的运动项目人数情况

运动项目	足球	篮球	游泳	乒乓球	跳绳	踢毽子
男生人数						
女生人数						

教学反思：略。

第七节 小学数学"综合与实践"教案撰写案例

数学源于现实，应用于现实，这是数学的教学原则。因此，小学数学教学应从学生的实际出发，把数学教学与现实社会生活紧密联系起来，使数学问题生活化、生活问题数学化，切实让学生感受到数学来源于生活，并服务于生活。数学综合实践活动的教学目的是培养学生的创新精神和实践能力。因此，在活动中应着眼于让学生深入实践，自己收集资料，进行分析和研究。小学生在参与综合实践活动的过程中所能获得的成果大多都比较微小，但是教师主要看学生是否参与了实践活动的全过程，更加注重过程的评价。总之，在开展综合实践活动课的过程中，一定要以《标准》为依托，为学生终身发展奠定基础。本节通过"综合与实践"的教学案例，促进综合实践课的教学研究，实现《标准》的教学目标，完成教学任务。

教学的基本要求：

（1）理解实践应用课的开展对学生的全面发展有重要作用；

（2）掌握"综合与实践"的教学内容、要求及方法；

（3）初步具有合理利用综合实践活动资源的能力。

"有序搭配"教案

教学内容：人教版《数学》三年级下册第八单元第95页。

教学目标：

（1）通过观察、操作等活动使学生初步掌握有序搭配的方法和策略。

（2）通过独立思考、小组交流等学习方式体会解决问题的多样性，形成初步的符号感。

（3）培养观察、分析、推理及有序、全面地思考问题的能力。

教学重点：找出简单事物的搭配方法。

教学难点：培养学生有序地思考问题、解决问题的能力。

教学过程：

一、创设情境，引入新知

师：这是少儿频道聪明活泼的主持人小红。今天小红要和爸爸去上节目，早晨起床后，妈妈精心地为她准备了好几件衣服，我们看看都有什么？（课件出示）

师：这里有几件上衣？几条裙子？看着这些衣服，小红可犯愁了："这么多的衣服我该怎么穿呢？"你能给她提点建议吗？

师：大家提出了这么多的建议，其实每一种穿法就是一种搭配方法，如果一件上衣搭配一条裙子是一种穿法的话，那这些衣服一共有多少种不同的穿法？谁来猜一猜？

师：这只是大家的猜测，究竟有多少种不同的穿法，这就是我们这节课要研究的搭配问题。（板书：搭配问题）

设计意图　让学生体会有序搭配的必要性，使学生自主生成对搭配的有序性和重复遗漏现象的认识，为后面的搭配活动做好铺垫。

二、自主搭配，强化有序

师：刚才只是进行了猜测，下面我们就来亲自动手配一配，看看到底有多少种不同的穿法。

1.小组合作，展示典型

教师收取典型的方法并进行展示，有6种有序的、6种无序的不同搭配情况。让学生说一说有哪些搭配方法。

2.对比思考，强化有序

师：仔细观察，你更喜欢哪一种搭配法？

师：为什么不喜欢这种？（生：乱、不清楚、没有顺序）像这样一会儿黄衣服，一会儿红衣服没有顺序，配着配着就容易重复或遗漏。

师：为什么都喜欢这种？（生：有顺序）怎样的顺序？

师：先用黄色上衣分别搭配3条裙子，再用粉色上衣搭配3条裙子，谁能像老师这样说一说？

小结：看来大家都喜欢像这样按照一定的顺序来搭配，有序思考也是学习数学的一种很重要的方法。如果你跟它交了朋友，搭配问题就会变得很简单。（板书：有序思考）

师：刚才，我们用上衣搭配裙子，像这样按一定顺序，那么还可以怎样搭配？

3. 交流总结，回顾整理

师：回头看，刚才我们在搭配的过程中，可以先选上衣，然后搭配裙子：1件上衣有3种搭配方法，2件上衣有几个3种？（板书：2个3）还可以先选裙子再搭配上衣，1条裙子有2种搭配方法，3条裙子有几个2种？（板书：3个2）谁能用一道算式表示出来？（3×2=6）

三、简化方法，渗透符号

师：通过有序搭配，我们帮助小红搭配出了6套衣服，解决了小红的穿衣问题。我们再来瞧瞧小红妈妈在准备什么呢？妈妈准备在早餐的搭配上下功夫，合理的早餐是一种饮品搭配一种主食。你看，妈妈准备了几种饮品？几种主食？

师：如果不摆图片，你有没有办法把饮品和主食的搭配情况表示出来？

学生活动后，全班交流。

1. 文字表示

师：你一共列举了多少种方法？如果把这8种情况分一分，你想几个一组？（画出两条分割线）大家能看懂吗？为什么把这4个分为一组？（生：第一组前面都是牛奶，圈出牛奶；第二组前面都是果汁，圈出果汁）

师：你观察得真仔细，他刚才记录的时候，特别注意了什么？（生：有序思考、有序记录）像这个同学这样，把所有的搭配情况一一列举出来，在数学上就叫作列举法。（板书：列举法）

2. 画图连线

师：刚才我还发现有同学画图，请大家仔细观察他是怎样画的？你能一边画一边说有哪几种情况吗？（生：先用牛奶与4种主食搭配，有4种方法，再用果汁与4种主食搭配）还有谁也是画图的，但画法不一样？（教师展示其他有特点的画法）

3. 符号连线

师：受到大家的启发，老师也来做一做，你能看懂吗？（出示课件：符号）

△表示什么？○表示什么？用符号代替具体事物会更加简单，猜猜看，接下来我会怎么做？（生：连线）先选谁搭配4种主食？再选谁？

师：你们为什么都选择连线呢？

小结：其实连线法是一种非常简单的数学方法，让我们再到黑板上连一连。

4.对比选优

对比列举法和连线法，你更喜欢哪一种？为什么？

四、数形结合，化繁为简

1.全部连线，体会繁杂

师：通过画一画、连一连，小红的早餐问题也很快解决了。看，小红和爸爸一起来到了哪儿？（出示课件）栏目组也给他们分配了一个任务：要求5位小朋友每个人都要分别跟3个小动物合一张影。请问：有多少种不同的搭配方法？谁能在2分钟内用你喜欢的方法表示出所有的搭配情况？

（个人完成后全班交流）

师：完成了，谁用的是连线的方法？我们看一看，有多少种？（学生出示作品）

师：现在再看这幅连线图，你有什么感觉？（生：乱、不清楚）

师：他是按顺序连的啊，为什么还会这么乱？（生：线太多了）怎么办？

师：当数据稍微大一点的时候，如果把每一组全部连起来不仅很乱，还很麻烦，有没有什么办法能解决这个问题？（学生交流）

2.只连一组，数形结合

师：老师有一个想法，你们看行不行？如果只连一组，能不能帮助我们找到搭配的结果？为什么？（生：一组是1个5，三组是3个5）怎样用算式表示？（3×5=15（种））

师：其实，大家在不知不觉中就将数与形巧妙地结合在一起了，像这样用算式概括出图形的方法就叫作数形结合。

设计意图 把教材中的例题、课后练习题串成一个故事情节，让学生帮小朋友搭配衣服、搭配早餐。在搭配中，让学生领悟按一定顺序进行搭配可以不重复、不遗漏地找到所有的搭配方法。

五、巩固练习，解决问题

小明有3顶帽子、3条围巾，有几种不同的搭配方法？

六、回顾整理，引领提升

教师边说边用课件整理出本节课学习的知识和方法，并引领学生能用今天学到的方法去解决更多的问题。

教学反思：

1.读懂教材、读懂学生是有效教学的前提

新一轮课程改革以来，关于有效课堂的经验提炼，我们谈论得最多的就是读懂教材、读懂学生。教师根据儿童的认知规律和不同学生的学习基础，解读并把握学生学习特定数学知识的起点与发展空间，针对学生可能出现的困难、困惑，选择可行的解决路径，作出教学处理。

二年级的学生对搭配问题已有不同层次的接触，如用1、2两个数字卡片来排列两位数，学生在一年级就掌握了。而对1、2、3三个数字最多能排列成几个两位数这个问题，学生大多知道能组成多个不同的两位数，但只有小部分学生能做到不重复、不遗漏地排列。学情分析让我摸清了学生学习本节课内容的真实起点和学习难点。针对这种情况，本节课的教学注重培养学生全面、有序地思考问题的能力，让学生经历简单排列规律的探索过程，从中探究新知、发现规律，培养其数学能力。

2.良好的情境创设是有效教学的助推器

情境的创设可以激发学生的学习兴趣，使学生体会数学与生活的联系，更重要的是，情境能激活相关的经验，使新知与学生已有的相关经验建立联系，从而促进学生对新知的理解。本节课创设了一个与学生生活紧密联系的学习情境，让学生围绕"帮助小红进行穿衣搭配、早餐搭配以及与小动物拍照的组合问题"，开展主动学习、探究，实现课堂教学生活化、生活知识数学化、探究过程趣味化。

3.注重知识和数学思想方法的融合是有效教学的根基

一个简单的搭配问题，蕴含着列举法、画图法、连线法、有序思考、数形结合等数学思想方法。因此，教师要让学生在活动中获得感性体验，不能是"穿靴戴帽"式的讲解，而要"春雨润物"般地渗透。本节课中，教师在规律探索中，设计了丰富的数学活动，层层递进，不断深入，数学本质逐步凸显，让学生在参与中体验，在活动中发展，有效地实现了"运用有序的思想方法解决三个事物以及更多事物的搭配问题"的知识建构。

"1亿有多大"教案

教学内容：人教版《数学》四年级上册第一单元第33页及相关内容。

教材分析："亿"是一个相当大的计数单位，教材以图文结合的方式呈现了"1亿有多大"的主题活动。活动分为三部分：一是猜想。让学生凭借已有知识和生活经验，猜想1亿有多大，激发学生探究欲望。二是探究。以连环画的形式呈现以引导学生探究，提示研究的方法和步骤，即确定研究方案、进行实验、验证猜想。三是讨论交流。开展小组交流，在交流中丰富对1亿有多大的感受。

学情分析：学生之前已经初步学习了"亿"，知道了1亿是10个1000万，也具备了一定的猜想、动手实践、推理、运算能力；学生可能在日常生活中接触过一些用"亿"来表示的有关人口、资源、经济等的较大数量，但因为学生在日常生活中对"亿"接触不多，学生对1亿有多大仍缺乏感性体验，对 1 亿的数感还较浅。

教学目标：

（1）通过探究活动，借助具体事物，感受 1 亿的大小，发展数感。

（2）经历猜想、实验、推理、对照的过程，从不同角度，感受 1 亿有多大，了解探究数学问题的一般过程和方法。

（3）经历与他人合作的过程，积极探究问题，发展数学眼光、数学思维、数学表达能力，激发探究数学问题的兴趣。

教学重点： 建立对 1 亿的直观感受，了解探究数学问题的一般过程和方法。

教学难点： 方案设计、验证猜想的过程和方法感悟。

教学准备： 课件、合作学习单。

教学过程：

一、回顾旧知，引发兴趣

1. 谈话引入

上节课我们认识了 1 亿，联系身边的事物，猜想一下，1 亿有多大？

集体分享猜想。

（板出课题：1 亿有多大？）

2. 设疑问难

怎么知道你的猜想是否正确？有没有好的方法？

请同学们阅读课本第 33 页的内容，把自己学到的知识和方法跟同桌说一说。

3. 确定研究方案

四人小组合作讨论，修改完善小组课前研究方案。

4. 分享研究设想方案

设计意图 通过问题，引发学生猜想和探究 1 亿有多大的兴趣；通过阅读与交流，发展学生的学习力、交流力；通过组织小组讨论和修改完善研究方案，培养学生合作学习意识和严谨的科学态度，为实验探究奠定基础。

二、实验指导，实践验证

1. 出示并解读实验要求

按照小组制订的研究方案进行实验。

在学习单上记录推算的过程、遇到的问题以及解决方法、实验结果和实验感悟。

实验完成后以小组的形式进行汇报。

实验时间为 10 分钟。

2.小组实验及填写实验记录，教师巡视指导，收集典型

设计意图 以实验要求明确探究学习的任务和程序，以小组组织实验，让学生经历实施方案的过程，如实规范记录实验结果，感受问题研究的过程和方法。

三、展示汇报，交流讨论

出示展示汇报要求：

（1）研究的主题是什么，是怎么实验的？

（2）是怎么进行推算的，实验推算的结果是什么？

（3）实验和推算过程中有没有遇到什么问题？是怎么解决的？

小组展示汇报，择机引导质疑问难，归纳方法。

预设学生展示内容：

（1）1亿张A4纸摞起来有多高？

（2）1亿粒米有多重？

（3）1亿步大约有多长？

（4）1亿颗黄豆有多重？

（5）1亿支铅笔有多重？

注意追问：先测量的是什么？为什么选择这样测量？理解方案的科学性、操作的可行性及便利性。对于主题相同而实验结果不相同的情况，引导学生思考影响实验结果的原因。

设计意图 以展示汇报的要求引导学生围绕关键点思考和汇报，通过多个小组不同研究主题及同一主题不同结果的展示分享和质疑讨论，互相借鉴，感受不同事物中1亿的具体数量，发展学生的数感和量感。结合学生的实验方案和推理过程，发展学生问题研究的科学态度、数据意识、推理意识、创新意识，引导学生感悟研究方法。

四、对照感受

1.对照实验1说感受

（1）学校教学楼高约20米，1亿张纸摞起来相当于多少栋这样的大楼？

（2）世界最高峰珠穆朗玛峰海拔约8848米，与摞起来的1亿张纸相比，哪个高？

2.对照实验2说感受

（1）1亿粒米约重2000千克，如果一袋装10千克，能装多少袋？

（2）如果一个成年人一天的口粮是500克大米，那么1亿粒米大约是多少人一天的口粮？

3.对照实验3说感受

（1）地球的赤道周长大约为40000千米，人走1亿步大约可以绕地球赤道几圈？

（2）如果1个人每天步行2000米，走完1亿步大约要几年？

设计意图　通过具体的生活事件，让学生感受到数学与生活的密切联系，进一步发展学生的数感，结合事件中的数据和学生的感受，择机渗透学科德育。

五、回顾总结，拓展延伸

通过同学们的实验，没想到薄薄的1张纸、小小的1粒米、短短的1步，当它们积累到1亿时，竟有这么高、这么重、这么远，太不可思议了。

其实，生活中还有很多关于1亿的信息，让我们一起看一看。

每人节约1滴水，1亿滴水约是3333升，能供一个人喝6年。

1亿个小朋友手拉手大约长140000千米，可以绕地球赤道3.5圈。

看到这些信息，你有什么感受？

六、小结

回顾研究过程，我们是怎样一步步得到实验结果的？

边对话边归纳：提出猜想、制订方案、实验操作、推算结果、对照感受。数学真有趣，你还想研究什么？自己或与同伴合作提出研究问题，设计研究方案，开展实验研究。

板书设计：

1亿有多大

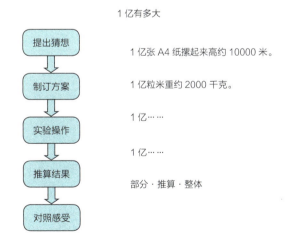

提出猜想

制订方案

实验操作

推算结果

对照感受

1亿张A4纸摞起来高约10000米。

1亿粒米重约2000千克。

1亿……

1亿……

部分·推算·整体

教后反思：

"1亿有多大？"研究方案

班级：_____   组名：_____

小组成员	
研究主题	1亿_____有_____
我的猜想	
观察对象	

研究方案（文字、图、思维导图……）	

研究设想：

注意事项：

准备工作	准备工具	负责人

验证推算过程：

遇到的问题及解决方法：

实验结果：

研究感悟：

思考与练习：

1. 设计"小数初步认识"的导入片段，谈谈你的想法。

2. 设计一个"两位数乘两位数"的教案。

3. 设计一个"综合与实践"的教案，谈谈你的教学理念。

4. 设计一个"平均数"的教案，谈谈你的教学理念。

第六章

小学数学课堂教学主要环节常用设计方法实训指导

学习目标

1. 了解新授课教学主要环节的设计目的。
2. 掌握各环节常用设计方法。
3. 能运用理论分析案例和设计教学环节。

第一节 课堂教学导入环节的设计及案例

导入是课堂教学过程的第一个环节。导入，顾名思义"引导进入"，即教师采取一定的方法引导学生进入新课学习状态。

一、导入环节设计的目的

（一）集中学生的注意力

注意力是指一个人专注于某件事或某个物体的心理状态，学生只有先产生注意，才能进行观察、记忆、想象和思考。小学生的注意特点是有意注意逐渐发展，无意注意仍起主要作用，注意力不稳定。导入就是要在新课开始时，引发学生的无意注意，然后将无意注意引向有意注意。精美的彩色图片、生动的演示、亲切有趣的话语，都能引发小学生的无意注意。教师启发性的提问、明确的活动要求等可以将学生的无意注意引向有意注意。

（二）激发学生的求知欲

求知欲是指主动探求未知的欲望，强烈的求知欲可以使学生精神振奋，思维活跃。好的导入应该提供丰富的感性材料和符合学生认知的情境，使得学生从中产生疑惑、发现问题、发现矛盾，当尝试运用原有经验又无法获得满意结果时，就会产生求知欲望。

（三）激活学生已有的活动经验

活动经验是学生头脑中与知识技能、思想方法相联系的活动印记，是头脑中"数学大厦"最为活跃的部分。新知识的获取需要已有经验的参与。对于小学生来说，也许不能完整记忆某个知识点，却能较快地回忆与这个知识点相关的活动经验。如有些学生不能回答出整数大小的比较方法，却能正确比较两个具体整数的大小并说出"一位一位地比"这一活动的经验。导入设计中仅仅提问相关的旧知识点会挫伤学生的学习兴趣，而激活旧经验不仅能调动学生的思维，还能保护学生的学习自信心。

（四）促进学生参与

好的导入设计从新课伊始就应该关注学生的参与度，导入阶段促进学生的参与就是要让学生明确接下来该做什么，而且对要做的事情有所期待，这样其思想和行动才能配合教师的教学。一些看似简单的提问如"是什么？""有什么不同？""你想到了什么……"可以引导学生在回答中明确任务，加上教师清晰的表述和板书就能使学生自然而然地进入参与状态。

二、导入环节设计的方法

（一）直观导入

直观导入是教师展示图片、模型、实物等直观教具，或指导学生动手操作学具并设置一定要求的导入方法。概念的形成教学导入常使用这一方法。使用时提供的教具、学具要色彩明亮、非本质特征多样化，以引起学生的无意注意。要求学生观察共同特征、比较不同、分类，使学生无意注意转向有意注意，发现本质特征。对学生动手操作的设计要注意和手工、绘画教学相区别，降低操作难度，突出数学本质。如"轴对称图形"的直观导入中，学生对折纸后，对比根据给定的条件剪出漂亮的线条和随意手撕两种方式，后者更益于观察轴对称图形的本质特征。

（二）情境导入

情境导入是教师根据教学内容创设一种具体的可感知的场景或氛围，常见的有生活情境、游戏情境、故事情境、音乐情境等，情境可以引起学生的情感共鸣，使学习成为其生命当中的一种美好体验。数学课的情境导入应该蕴藏问题或矛盾，使学生带着情感发现问题、处理矛盾。好的情境首先是学生能够理解的，采用的环境背景是学生熟悉的，使用的图片要配以关键字词，使用的语言要清晰简洁、合乎逻辑，便于学生捕捉信息。其次，对于学生难以独立探索的问题，应该包含一定的提示信息，给予学生思考路径或思考的突破点。

以下是人教版《数学》一年级下册第七单元"找规律"情境导入环节片段。

师：六一儿童节快到了，一群小朋友为了庆祝六一，在漂亮的数学乐园举行了联欢会，你们想不想参加呀？

生：想。

师：要参加联欢会，先要闯关猜一猜，猜对了就可以参加了。大家准备好了吗？

生：准备好了。

师：这是为联欢会上表演节目的小朋友准备的糖果（拿出其中一袋，逐个出示小糖果：红、绿、黄、黄、红、黄、绿……）。猜猜下一颗可能是什么颜色。

生1：我猜可能是绿色的。

生2：我猜可能是黄色的。

生3：我猜可能是红色的。

师：哇，有那么多种可能呀！再来猜这一袋里的小糖果的颜色（逐个出示：红、绿、红、绿、红、绿……）。下一颗糖是什么颜色？

生1：是红色的。

生2：它先是红的，再是绿的，然后又是红的，再又是绿的……这样重复，所以下一颗是红的。

师：这一次同学们猜得又快又准。像这样一红一绿一组组重复出现，就叫有规律。有规律的事物不仅便于记忆，还能给我们带来美的享受。这节课我们就来学习找规律。（板书课题）

（三）迁移导入

学习的迁移指一种学习中习得的经验对另一种学习的影响，两种学习内容存在共同因素是迁移的必要前提。迁移导入是教师激活学生原有经验，引导学生发现新旧知识之间的共同因素的导入方式。概念同化和体现并列关系的规则教学常采用这种导入方法。学生在调动旧知识经验的时候已经开始思考了，然后通过对比和联想，到达更为开阔的知识领域，迁移导入一方面降低了新知识学习的难度，另一方面促进了学生的参与。要使得学生产生迁移，教师要找准新旧知识的共同因素、内在联系，通过提问的形式先让学生明确新旧学习内容的相同点和不同点，再从中发现它们之间相通的原理，引导学生用原理去解决新问题。

（四）任务导入

任务导入是教师组织学生完成数学活动任务，对任务结果进行研究，归纳概括出规律，从而导入新课的方法。小学数学活动任务主要有计算和画图。教师需根据新课内容设置对应的计算或画图任务。任务的目的是呈现结果规律，因此，算式和图形要有一定的量，并且要适当选用简单的数据降低计算量，使得每一个学生都有事可做，在学生完成任务后，将他们的结果通过清晰的板书呈现，再提问或组织小组讨论其中的规律。基于自己活动结果的研究，学生的思维是活跃的，参与度高。

以上导入设计方法可以独立使用也可以联合使用，如情境问题中包含任务、在完成任务中运用直观操作等。

第二节　课堂教学新授环节的设计及案例

新授环节是一节课的重点。这一环节，学生在教师的指导下习得数学知识，把客观外在的数学知识内化成自己头脑中主观的数学认知。

一、新授环节的设计目的

（一）提升知识的意义建构水平

每个学生头脑中的认知结构是不一样的，认知结构有正误优劣之分，优良的认知结构知识间的联系紧密而稳定，知识点之间形成四通八达的网络结构。要形成这样的认知结构，新授环节的设计应引导有意义的学习：一方面，教师提供的学习材料和组织的学习活动过程必须具有逻辑意义，并且学生在心理上能够理解；另一方面，关注学生原有的认知结构中是否有同化新知识的必要知识经验基础，并且激发学习的积极主动性。

（二）促进"三会"行为养成

数学课程的最终目标是提升学生的数学素养，为了刻画数学核心素养在学生身上的集中行为表现，《标准》作了"三会"描述：会用数学的眼光观察现实世界、会用数学的思维思考现实世界、会用数学的语言表达现实世界。"三会"的表述具有高度的概括性，具体到一节课的新授环节就是：运用数学抽象、直观想象、逻辑推理、数学运算、数学建模和数据分析来建立概念或规则。新授环节，要创造条件让学生尝试用数学看、想、说（写、绘图），还要进行必要的示范指导。

二、新授环节的设计方法

（一）承接导入环节设计整体性学习任务

在导入环节中，学生已经产生了求知欲，相关活动经验被激活，到了新授环节，应趁热打铁提出后续的整体性学习任务：发现特征（规律）和解决问题。"整体性"是指贯穿整个新授环节的任务，学生完成这一学习任务，本节课的知识点就呈现出来了。整体性任务要引导学生用数学的眼光观察世界，把导入环节中的实际问题转化为数学问题，把直观对象抽象为数、式子和图形、具体数、数量关系、空间特征、变化趋势等。

（二）基于数学基本思想的运用设计教学流程

有了学习任务后，后面的教学流程要还原知识的产生过程，从而使学生理解知识、内化知识。数学基本思想（抽象、推理、模型）的运用是数学知识产生必不可少的思维过程，新授环节的教学流程由一个个步骤构成，建立教学流程的逻辑顺序需要考虑本节课的知识点生成先后运用了哪一类数学基本思想。运用了抽象思想可遵循以下流程进行：积累感性经验—概括—引入符号（名称）—列举实例。运用了合情推理可遵循以下流程进行：积累感性经验—鼓励猜想—验证修正猜想—解释运用。运用了演绎推理可遵循以下流程进行：尝试推理—交流互动—提升示范。建立模型离不开抽象和推理，运用模型则属于演绎推理，建立模型的教学流程应增加"模型表达"步骤。如推导出长方形面积公式这一模型后可以设计表达步骤，引导学生用文字、字母和图形三种方式表达。

以下是人教版《数学》三年级上册第八单元"分数的初步认识"新授环节片段。

6-1课件

（一）结合实物，理解二分之一的含义

1.初步认识二分之一

利用折圆形让学生理解二分之一的含义，明确关键词"平均分"和"它的"。

师：一个月饼就好像数学图形中的（圆形），怎样把这个圆平均分成2份呢？谁有办法？（学生上台折）

师：掌声感谢这个同学，通过对折，我们清晰地看到了，这个圆被平均分成了2份。（教师示范画图），2份中的其中的1份就是它的二分之一。这个分数谁来读一读。

生1：二分之一。

师：全班齐读。（二分之一）那这一半呢？可以怎么表示？

生：二分之一。

师：这样看来，把一个月饼平均分成2份，每份都是它的二分之一。（课件出示）现在回顾一下，刚才我们是怎样得到二分之一的。

引导学生说出把一个月饼平均分成2份，每份都是它的二分之一。

师：这里的"它"指的是谁？

2.写二分之一

教师示范，学生手指书空。

设计意图 通过动手示范折二分之一，再通过指、说等形式让学生对二分之一形成正确的认识，体会二分之一的具体含义。

（二）折二分之一

要求：拿出 1 号信封里的图形（三角形、长方形、正方形、半圆形）折一折，并把它的二分之一涂上颜色。（学生动手操作，教师巡视指导，并收集学生的作品）

展示一：同形同数。

展示长方形的三种折法并让学生完整说出"把一个长方形平均分成 2 份，每份是它的二分之一"。

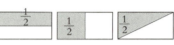

涂色部分的形状不同，为什么都可以用二分之一表示？

思考：涂色部分的形状不同，为什么都可以用二分之一表示？

师小结：涂色部分的形状虽然不同，但是都把这个长方形平均分成 2 份，其中 1 份就是它的二分之一。

展示二：异形同数（不同图形的二分之一）。

展示不同图形（正方形、半圆形、三角形）的二分之一，并让学生表述完整，而且明确是谁的二分之一。

形状、大小不同，为什么都可以用二分之一表示？

思考：对比观察，这些图形形状、大小不一样，但为什么都可以用二分之一表示呢？

师小结：不同形状的图形纸，只要平均分得的份数相同，其中的一份都能用相同的分数来表示。

设计意图 凸显分数概念的本质属性。

（1）让学生体会一个图形不管怎么对折，只要是平均分成 2 份，其中的一份就是它的二分之一。

（2）让学生体会不管怎样对折，是什么图形，只要是平均分成 2 份，其中的一份就是它的二分之一。

（三）判断分数

请判断图中哪个图形的阴影部分可以用下面的分数表示。

二分之一　　　　　三分之一　　　　　四分之一　　　　　五分之一

设计意图 强化平均分和分数的关系，猜想、感知三分之一、四分之一、五分之一的含义，引出更多的分数。

174

（四）描述概念

师：像这样的数都是分数。一起读读。

（五）分数各部分名称

师：分数各部分还有自己的名称，一起来认识。这条短横线叫（分数线）（学生齐读），表示（　　）。短横线下面这部分叫（分母），表示（　　）；上面这部分叫（分子），表示（　　）。

（六）折几分之一

拿出 2 号信封里的图形（圆形）折一折，并表示出你想表示的几分之一。

（学生操作，教师收集学生作品，学生汇报自己折了几分之一）

    ……

把学生折的作品展示在黑板上，让学生观察。

问：对比观察用同一个圆形折出的分数，涂色部分的大小有什么变化？

设计意图 学生用自己的方法表示不同的分数。在教师的指导下，学生初步感知把一个圆形平均分的份数越多，每一份图形就越小，分数就越小。

师总结：把一个圆平均分成几份，其中的一份就能用几分之一来表示，而且分的份数越多，其中的一份就越小。

（三）依据学生的知识经验基础设计活动方式

由于小学生正处于由具体形象思维向抽象逻辑思维过渡时期，抽象、推理总是结合具体事件、实物、数字、图像、图形进行的。注意力不持久、活泼好动是小学生的天性，引导小学生主动学习就要充分调动他们的各种感官配合大脑思考。因此，小学数学新授环节的教学流程是由活动构成的，流程中的每一个步骤都要设计一个活动，这些活动的方式可以是听、说、看、写、算、画、操作、实验、游戏，应以学生相关的知识经验为基础，找准学习本节课知识点必备的旧知识，了解学生是否具备相关旧经验，再确定活动方式，设计好指导语、提示语、小结语。

第三节 课堂教学巩固反馈环节的设计及案例

学生经过新授环节，习得新知识技能，要想长久保持，需要巩固并获得教师的反馈以了解自己的学习情况，新授课的巩固和反馈是通过设计练习实现的。练习是学生运用已有的数学知识和技能解答问题，形成初步的知识结构和正确的技能。

一、课堂教学巩固反馈环节练习设计的目的

（一）巩固新知识技能

新授课的练习不同于练习课中的练习，主要目的是及时帮助学生记忆知识点，加深理解，简单应用。设计的练习要注重基础性，其难度不能超出本节课的教学目标。知识点较多的新授课，练习可以穿插在授课过程中，针对某个知识点进行单项局部练习，所有新授结束后针对知识间的联系和区别进行基础练习。

（二）提升学习信心

如果教师给出的练习，学生能迅速作答，而且用了新学的知识，这无疑会使学生增强自信心，但是同样难度和相同类型的练习反复出现，学生就会觉得厌烦、丧失兴趣，因此，教师在保证练习基础性的同时要注重练习的层次性和多样性。基础练习的层次性由低级到高级顺序是：记忆性练习—模仿性练习—理解性练习—简单应用性练习。练习的多样性体现在"一题多变"，即一道基本题目变化出多道变式练习；也体现在题型多样化，如填空、选择、判断、匹配、解答等；还可以体现在完成形式的多样化，如动手操作、笔答、口述（点名回答、竞答、小组回答、全班回答）等。学生对于解答各式各样的练习会觉得有挑战性，一旦回答正确自信心就会更强。

（三）反馈学习效果

学生做完练习最关心的就是最终答案是否正确，但是答案正确，解答过程不一定正确或完整，或者学生未能采用所要求的多种解答方法或最优方法。当学生对练习的解答过程的记忆还清晰的时候，教师要及时反馈，根据练习内容和解答情况决定先公布过程还是直接公布答案，对或错是必要的评价，还可以通过反问、追问、设问充分暴露学生的思考过程，达到纠正错误和强化正确思路的目的。

二、课堂教学巩固反馈环节练习设计的方法

（一）利用和模仿教材练习

每一节课教材都附有相应的练习，可以先判断这些练习针对的知识点和难易程度，再安排做题的顺序和时间。可以改变这些练习的背景、数值条件，预先设计好相仿的练习。如果学生课堂完成教材练习的情况不理想，可以让学生多做相仿的练习。

（二）以例题为基础设计变式练习

例题是一节课知识内容具体化、程序化的表现，具有典型性和代表性。学生解答例题后，如何充分发挥例题的引领作用？可以将例题作为基本题目，以此设计相应的变式练习，变式练习可以通过将条件和所求互换、变换题目的题型、变换已知条件的表述方式、变换图形的方向大小等方式来设置，但利用的知识点不变。

以下是人教版《数学》三年级上册第五单元"倍的认识"教学巩固反馈环节片段。

6-2课件

师：同学们，刚才探究了白萝卜、红萝卜、胡萝卜的数量。胡萝卜有2根，所以把白萝卜和红萝卜都按2根一份圈一圈。红萝卜有3个2根，我们就说红萝卜的根数是胡萝卜的3倍；白萝卜有5个2根，我们就说白萝卜的根数是胡萝卜的5倍。大家真棒，能用圈一圈、画一画的方法找到"倍"。你们喜欢玩游戏吗？好，我们一起玩变一变找倍数的游戏。

1.改变比较量

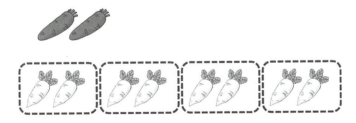

师：现在白萝卜的根数是胡萝卜的几倍？

生：4倍。

师：为什么？

生：因为有4个2根。

师：说得好。如果增加一些白萝卜，有7个2，15个2，100个2，10000个2呢？你有什么发现？

生：有几个几就是几倍。

小结：原来几倍跟以前学的几个几是有关系的。

2.改变标准量

师：再变（增加2根胡萝卜，变为4根），现在是几倍？

生：2倍。

师：为什么？

生：2个4。

师（配合课件）：2个4，那就4根一份圈一圈。刚才2根2根地圈，为什么现在又4根4根地圈了？

生：因为胡萝卜变成4根了。

师：说得真好。我听懂了，跟胡萝卜比，胡萝卜有2根就2根2根地圈，有4根就4根4根地圈，那8根和10根呢？

师：接着变（去掉4根白萝卜），这时是几倍？

生1：0倍。

师：你是怎么计算的？你们同意吗？

生2：1倍。

师：你有什么发现？

生：它们相等。

师：哦，原来以前我们学过的"相等""同样多"就是今天所学的1倍。

小结：同学们在白萝卜和胡萝卜的变化中，发现了"倍"跟我们以前学过的知识的联系，太了不起了！那白萝卜可以跟红萝卜比吗？

师：一起来看看，它们之间有怎样的倍数关系。（课件出示）

生：1倍多4根。

师：1倍多4根，又不够2倍，说得真好。看来倍数之间不光有整倍数关系，还可以有几倍多一些的关系，对吧？你们能不能想个办法，增加或减少其中一种萝卜的数量，让它们呈整倍数关系？（课件配合演示）

生1：白萝卜去掉4根，白萝卜的根数就是红萝卜的1倍。

生 2：红萝卜加 4 根，白萝卜的根数就是红萝卜的 1 倍。

生 3：红萝卜去掉 4 根，白萝卜的根数就是红萝卜的 5 倍。

生 4：白萝卜加 2 根，白萝卜的根数就是红萝卜的 2 倍。

生 5：红萝卜去掉 1 根，白萝卜的根数就是红萝卜的 2 倍。

小结：看来办法总比困难多。你们已经有找两个数量之间倍数关系的经验了。

（三）联系生活实践设计简单应用性练习

练习要让学生体会到学有所用，可以把数学练习设计成生活中的事件、矛盾冲突、疑惑、任务等。新授课的应用性练习应该相对简单，针对本节课知识点加以应用，降低对其他知识点的综合应用要求。

第四节　课堂教学总结环节的设计及案例

一节课的最后几分钟，是课堂总结时间，所谓善始善终，好的总结和好的开头一样重要。

一、课堂教学总结设计的目的

（一）梳理本节课内容知识的生成过程

对于新学的内容，学生往往注重知识是什么而忽略知识获得的过程。知识的生成包含了重要的数学思想方法和活动经验，它们与知识一样是一节课的学习目标。总结的时候，脉络清晰地展示知识是如何一步一步生成的，可以让学生重温思维提升的关键时刻，加深对知识的理解。

（二）厘清本节课内容的知识结构

有些课出现几个新知识点，它们之间的关系学生难以自己认清，需要教师点拨。教师可利用课堂结束时间，或板书、或讲解、或提问，厘清新知识之间的因果、包含、并列、总分、分总等关系，优化学生头脑中的认知结构。

（三）引导后续学习

课堂时间有限，新知识的理解是逐步深入的，应用是逐步推广的，需要后续学习，教师可以利用总结提出新问题引发学生思考，使学生意犹未尽，将课堂的学习自然而然地延伸到课后。如"加法交换律"的总结"可以把加法改成减法和乘法

笔记栏

179

吗？"引领学生课后思考学习，为后续课堂教学埋下伏笔。

（四）提升学生的学习效果

教师可以让学生自己总结，学生的表达是否正确、是否完整、是否流利、是否合乎逻辑，可以反映出学生对知识的理解和记忆程度，教师可由此初步检测出学生的学习情况，在此基础上进一步总结，提升本节课的学习效果。

二、课堂教学总结设计的方法

（一）概括复述法

概括复述法就是先概括本节课的内容，再复述一遍。概括不仅针对形成的知识点，还针对过程，即概括出本节课思考的关键过程和重要结论。可以让学生先尝试概括，一般来说，学生能较好地阐述知识点，例如：学习了加法交换律，交换两个加数位置，和不变。学生不会主动概括，教师应给予提示，完善补充。例如：交换两个加数位置后两个算式表示的实际意思相同，任意写一个加法算式，交换加数位置后相加计算结果相同。对于关键字词应留白让学生接着说或用重音高音强调。最后带领全班学生完整地复述。有些知识点内容较多，可以在原有复述的基础上改编成小学生喜爱的儿歌、顺口溜、口诀等帮助学生记忆，提高其学习兴趣。

（二）首尾呼应法

首尾呼应法是上课导入阶段提出了新问题或引发了悬念，学生学习新知识后，在总结阶段引导学生用新知识回答，产生"揭开谜底，豁然开朗"的效果。此方法宜在导入阶段引导学生发现问题产生疑惑，但不作进一步的解释，而是告知学生"学了这节课自然明白"。让学生独立解答，注意引导学生说出用了什么新知识。

（三）图示表格法

图示表格法是用图示或表格呈现本节课知识之间的关系或呈现本节课知识和以往相关知识的区别与联系。用图表整理知识可以突出本节课内容的重点，有利于学生对比判断。教师应预先设计好图表，根据学生的实际情况，在总结时先给出部分图表内容，其余的让学生填写，然后让学生读一读、看一看、想一想，还可以擦除部分内容让学生填写。这样，学生在填写的过程中就记忆和巩固了所学知识。

（四）引申拓宽法

引申拓宽法是针对本节课知识理解的深度和应用的广度给予学生一定的提示，给学生指出进一步探究的方向，为后续学习做铺垫。这一方法适用于学生已达到本节课知识的基本要求还学有余力的情况，在以上三种总结方法的基础上运用。学生能否回应，不作统一要求，鼓励学生课后和同伴讨论、查找资料、寻求他人帮助等。

只要引起了学生的兴趣，学生乐意探究，就达到目的了。

◆ 笔记栏

以下是人教版《数学》四年级下册第 65 页"三角形的内角和"总结环节片段。

师：今天你学到了哪些知识？是怎样获取这些知识的？

总结：这节课我们通过猜想—验证—得出结论的研究方法知道了三角形的内角和是 180 度，同学们还积累了量一量、拼一拼、折一折的活动经验，再次运用"转化"的数学思想解决新问题，太了不起了！请你们运用这节课学到的解决问题的方法，课后尝试自主或小组合作解决下面的问题，期待你们在思维的碰撞中闪现智慧的火花。

课后思考：你能求出这个平行四边形的内角和是多少度吗？

思考与练习：

1.课堂导入的方法有哪些？

2.新授、巩固反馈、总结环节各自需要注意的教学问题有哪些？

第七章

小学数学教学说课实训指导

 学习目标

1. 理解数学语言的重要性，能用规范的数学语言表达数学信息。
2. 会撰写小学数学说课稿，并能说课和评价。

第一节 说课概述

一、什么是说课

说课是在备课的基础上，面对同行或专家领导，在规定的时间内，针对具体课题，采用以讲述为主的方式，系统地分析教材和学生等，并阐述自己的教学设想和理论依据，然后由同行评析，达到共同提高的目的。通俗地说，说课就是要说清某一课题教什么，怎么教，以及为什么这样教。它是教师的一项基本功。

随着越来越多的用人单位将说课作为教师招聘面试的一种形式，说课已逐渐成为师范生求职时的一项必备技能。说课其实也是一种集体备课的形式，是为了提高课堂教学效率，教师之间进行的思想的碰撞、智慧的交流。说课活动是融教育学、心理学、教学论等教育理论于"一体"，集普通话、粉笔字、简笔画、教具学具、信息技术等多项教学基本功于"一身"，兼备课、试教、上课、评价等多种教学步骤于"一环"，提高教师教研积极性，促进教师成长的一种有效方式。

通过说课，教师能高效地把握教材，预设学习中的各种教学事件，反馈教学中的得失，选择适宜的教学方法，提高课堂教学效率，促进教学研究、互相交流、共同提高。说课主要有以下的作用。

1. 可以促进教学质量的提高

由于说课既要说教什么，又要说为什么这样教，因此，教师必须全面深入地分析教学活动的目标、内容、材料、方式方法和效果等因素的内在联系，并根据一定的教学理论进一步考虑教学活动诸因素的关系，明确教学重点、难点，厘清教学思

路，从而克服教学中重点不突出、难点无法突破、训练不到位等问题，提高课堂教学效率。

2. 可以提高教师的理论水平

说课是与"评说"紧密结合在一起的，说课不仅要说明怎么教，还要说明为什么要这样教，这就要求教师认真学习教育教学理论，认真思考如何解决理论与实践相脱节的问题，这样就可以帮助教师从理论上认识教学规律。评者要给予点拨、指导评价。说评结合，共同总结教学经验，使教学经验由实践上升到理论，促进教师理论水平的提高。

3. 可以促进教师的专业成长

说课可以使教师深入思考，而不只是简单地思考怎样教，促使教师思考这样教的理论依据是什么，使教师不断地学习教育教学理论，提高自己的理论水平，从而从根本上提高教师的备课质量。同时，说课要求教师将自己的教学思路和设计意图表达出来，在无形中提高了教师的组织能力和语言表达能力，提高教师的整体素质。

4. 可以促进教研活动的开展

说课是教学改革中涌现的新生事物，是进行教学研究、交流与探讨的一种方式，是集体备课的进一步发展。说课中，让说课教师谈谈自己教学的意图，讲述自己处理教材的目的和方法，让听课教师更加明白应该怎样去做，为什么要这样做，从而使教研主题更明确，重点更突出，提高教研活动的实效性。

二、说课的类型

说课的类型很多，根据不同的标准，有不同的分法。

（一）按时间和功能分

按时间和功能分，说课通常分为课前说课、课后说课。课前说课主要说教学设计预案，是一种预设性说课活动；课后说课主要讲效果、说成败、谈得失与感受，是一种反思性说课活动。

（二）按性质分

1. 研究性说课

研究性说课，一般以教研组、年级组或团队为单位，常常以集体备课的形式进行，首先由一位教师事先准备并写好讲稿，待其说课后大家评议修改，变个人智慧为集体智慧，形成一套最佳的教学方案。

2. 示范性说课

示范性说课的目的是帮助教师认识说课规律，掌握说课的方法、步骤。一般选择素质好的优秀教师，其先向听课教师示范性说课，然后按照说课内容上课，最后

笔记栏

组织教师或教研人员对该教师的说课和课堂教学作出客观的评析。听课教师可以通过"说课—上课—评课"一系列活动增长见识，开阔视野，提高运用理论指导教学实践的能力。

3. 评比性说课

这种说课，是把说课作为教师业务评比的内容或项目，要求参赛教师按指定的教材，在规定时间内自己写出说课稿，然后上台演讲，有时说课后还要上课，最后由评委评出比赛名次。

三、说课的内容

（一）说教材

说课首先要说明自己对教材的理解。说教材的目的有两个：一是确定学习内容的范围与深度，明确教什么；二是揭示学习内容中各项知识与技能的相互关系，为教学顺序的安排奠定基础，知道如何教。

说教材包括以下几个方面。

（1）说教材的地位、作用。要说明课标对所教内容的要求，脱离课标的说课就是无本之木、无源之水，会给人一种虚无缥缈的感觉。还要说明所教内容在节、单元，乃至整本教材中的地位、作用和意义，说明教材编写的思路与结构特点。

（2）说教学目标的确定。首先说目标的完整性，教学目标应该包括知识与技能、过程与方法、情感态度三个方面的目标；其次说目标的可行性，即教学目标要符合课标的要求，切合不同层次学生的实际；最后说目标的可操作性，即目标要求具体、明确，能直接用来指导、评价和检查该课的教学工作。

（3）说教材的重点、难点。教学重点除知识重点外，还包括能力和情感的重点。教学难点，是那些比较抽象、离生活较远或过程比较复杂，使学生难以理解和掌握的知识。还要具体分析教学难点和教学重点之间的关系。

（二）说学生

说学生就是分析教学对象。因为学生是学习的主体，所以教师说课必须说清楚学生情况。这部分内容可以单列，也可以穿插在说教材部分中。

说学生包括：

（1）说学生的知识经验。说明学生学习新知识前所具有的基础知识和生活经验，这种知识、经验对学习新知识会产生什么样的影响。

（2）说学生的技能和态度。就是分析学生掌握学习内容所必须具备的学习技巧，以及是否具备学习新知识所必须掌握的技能和持有的态度。

（3）说学生的特点风格。说明学生的年龄特点，以及由身体和智力上的个别差异所形成的学习方式与风格。

（三）说教法与手段

说教法与手段就是说明选用什么样的教学方法和采取什么样的教学手段，以及采用这些教学方法和手段的理论依据是什么。

（1）说教法组合及其依据。

说教法的组合，一是要考虑能否取得最佳效果，二是要考虑师生的劳动付出是否体现了最优化原则。一般一节课以一两种教学方法为主，穿插渗透其他教法。

说教法组合的依据，要从教学目标、教材编排形式、学生的知识基础与年龄特征、教师的自身特点以及学校设备条件等方面说明。因为教学过程是教与学统一的过程，这个过程必须是教法和学法同步的过程，因此教师在说课时还要说明怎样教会学生学习的方法。

（2）说教学手段及其依据。

教学手段是指教学工具（含传统教具、课件、多媒体、计算机网络等）的选择及其使用方法，要尽可能使用现代化的教学手段。

教具的选择一是忌多，使用过频使课堂教学变成教具或课件的展览；二是忌教学手段过于简单，不能反映学科特点；三是忌教学手段流于形式。还要说明是怎样依据教学目标、教材内容、学生的年龄特征、学校设备条件、教具的功能等来选择教学手段的。

（四）说教学程序

说教学程序就是介绍教学过程设计，这是说课的重点部分。因为只有通过这一过程的分析才能看到说课者独具匠心的教学安排，它反映了教师的教学思想、教学个性与风格。也只有通过对教学过程设计的阐述，才能看到教学安排是否合理、科学和富有艺术性。通常要说清楚下面几个问题。

（1）教学思路的设计及其依据。教学思路主要包括各教学环节的顺序安排及师生双边活动的安排。教学思路要层次分明，富有启发性，能体现教师的主导作用和学生的主体作用。还要说明教学思路设计的理论依据。

（2）教学重点、难点的处理。教师高超的教学技艺体现在突出重点、突破难点上，这是教师在教学活动中投入的精力最大、付出劳动最多的方面，也是教师教学深度和教学水平的标志。因此教师在说课时，必须重点说明突出教学重点，突破教学难点的基本策略。也就是要从知识结构、教学要素的优化、习题的选择、思维训练、教学方法和教学媒体的选用、反馈信息的处理和强化等方面说明突出重点的步骤、方法和形式。

（3）各教学环节的时间分配。要联系实际教材内容、学生实际和教学方法等说出各个教学环节时间安排的依据。特别要说明一节课里的最佳时间（20~25分钟）和黄金时间（15分钟）是怎样充分利用的。

（五）说板书设计

说板书设计，主要介绍这节课的板书类型是纲目式、表解式，还是图解式等，什么时候板书，板书的具体内容是什么，板书的展现形式是什么，为什么要这样设计或者这么设计的优点与作用等。

板书设计要注意知识的科学性、系统性与简洁性，文字要准确、简洁，重点突出，便于学生理解与记忆。

说板书设计可联系教学内容、教学方法、教师本身特点等。

（六）说教学反思

说教学反思是课后说课的必要环节。教师以研究者的心态或视角，审视自己教学实践的过程。一方面可以说明在教学设计和课堂实践中哪些地方做得比较好，有什么亮点与特色；另一方面可以说明教学设计中存在的问题或困惑、课堂上难以把握或没有达到预期效果之处，以及产生问题的原因分析和对应的改进措施等。

四、走出误区，从本质上理解"说课"

（一）误区一：说课就是复述教案

说课稿与教案有一定的联系，但又有明显的区别，不应混为一谈。

教案是教师备课这个复杂思维过程的总结，多是教学具体过程的罗列，是教师备课结果的记录，是教师进行课堂教学的操作性方案。它重在设定教师在教学中的具体内容和行为，即体现了教什么、怎么教。

说课稿侧重于有针对性地对理论指导进行阐述，它虽也包括教案中的精华部分（说课稿的编写多以教案为蓝本，将教案作为参考的第一手材料），但更重要的是要体现出执教者的教学思想、教学意图和理论依据，即思维内核。

简单地说，教案只说"怎样教"，而说课稿不但要精确地说出"教"与"学"的内容，更重要的是从理论和实践的结合的角度具体阐述"我为什么要这样教"。教案是平面的、单向的，而说课稿是立体的、多维的。说课稿是教案的深化、扩展与完善。

（二）误区二：说课就是再现上课过程

有些教师在说课过程中一直讲解知识难点、分析教材、演示教具、介绍板书等，完全采用给学生上课的方式进行说课。其实，如果他们准备的内容和课程安排面对的是学生，这可能会是一节成功的示范课。但说课绝不是上课，两者在对象、要求、评价标准以及场合上具有实质性的区别，不能等同对待。

说课是说教师的教学思路，说教学方案是如何设计出来的、设计的优胜之处在哪里、设计的依据是什么、预定要达到怎样的教学目标，这好比一项工程的可行性报告，而不是施工工程的本身。由此可见，说课是介于备课和上课之间的一种教学研究活动，是对备课的一种深化和检验，能使备课理性化，是对上课的一种更严密的科学准备。

（三）误区三：说教学方法太过笼统，说学习方法有失规范

"教学设计和学法指导"是说课过程中不可缺少的一个环节，有些教师在这一环节中一言以蔽之："我运用了启发式、直观式等教学法，学生运用了自主探究法、合作讨论法等。"至于如何启发学生，怎样操作，却不加以说明。甚至有的教师把"学法指导"误解为解答学生疑问、学生习惯养成、简单的技能训练等。

（四）误区四：形式单一

有的教师在说课过程中不使用任何辅助材料和手段；有的教师在说课过程中，既无说课文字稿，也不运用任何辅助手段；有的教师明明说自己动手设计了多媒体课件来辅助教学，但在说课过程中始终没有出现课件，让听者不禁怀疑其真实性。

所以，说课教师在说课过程中可以运用一定的辅助手段，如多媒体课件、实物投影仪、说课文字稿等，在有限的时间里向同行和评委们把课说清楚、说好。

五、说课稿体例

说课稿主要包括以下几个部分。

（1）课题名称。

（2）对课标的分析。

（3）对教学内容的分析、处理。

（4）对学生情况的分析（分析学生已有的知识储备和能力、已有知识和新讲知识的差距和解决方法、以往教这部分内容时出现的问题和解决方法）。

（5）教学重点和难点。

（6）教学方法的选择（陈述理由，体现教学思想、学习特征等）。

（7）教学资源。

（8）教学过程的简单陈述（体现学法，阐述重点、难点如何突破，教学资源如何运用）。

（9）板书设计（体现课堂教学的思路与线索）。

（10）教学反思。

六、说课要求

说课要求包括以下几个方面。

（1）依据说课稿体例撰写完整的说课稿，在说课前交给评委。

（2）配合说课过程，进行PPT演示。

（3）说课前要对教师本人、说课教材版本、课题作简单介绍。

（4）说课中要简述教学过程，重点说明如何突出教学重点和突破教学难点，以及如何突出学科特色。

（5）说课一般在 10~15 分钟之内完成。

第二节　小学数学说课实训

要进行说课和评价专项训练，就要学习说课的基本理论和课程标准，做好教材分析、学情分析、撰写说课稿等工作，"写"是基础，"说"是重点，"评"是促进提高。

说课训练可参考以下专题展开。

（1）概念类：分与合、万以内数的认识、质数与合数、因数与倍数、分数的初步认识、小数的初步认识、认识三角形、认识长方形和正方形、认识周长、认识千克、认识吨、认识人民币、面积及面积单位、体积及体积单位、时分秒的认识、24时计时法。

（2）计算类：凑十法、进位加法、退位减法、两位数乘两位数、三位数除以两位数、异分母分数的加减法、分数的乘（除）法、小数的乘（除）法、混合运算、运算律。

（3）图形与几何类：角的初步认识、观察物体、认识方向、三角形的特征、平行四边形的面积、长方形的面积、圆的面积、长方体的体积、确定位置、平移、旋转、轴对称图形、圆柱与圆锥。

（4）统计与概率类：统计表、条形统计图、扇形统计图、折线统计图、调查某天的气温变化情况并绘制成折线统计图、统计与可能性。

第三节　小学数学"数与代数"说课案例

"除法"说课稿

一、说教材

（一）说教材的地位和作用

本课是人教版《数学》二年级下册第二单元"表内除法（一）"中的内容，属于"数与运算"领域中数的运算教学内容。表内除法是学生学习除法的开始，在此之前，学生已学习了平均分的含义，能进行平均分。本课在情境图的下面呈现了平均分的竹笋的实物图，并对平均分的结果进行了文字描述，很好地激活了学生已有的平均分的活动经验，帮助学生理解除法概念，学习除号和除法算式的读法，是学生后续探索求商的方法和用除法解决问题的重要基础。

（二）说教学目标

（1）结合具体情境与经验，抽象出除法算式，知道把一个数平均分成几份，求一份是多少用除法计算，认识除号，会写、会读除法算式。（培养"会用数学的眼光观察现实世界"的核心素养）

（2）经历用除法算式表示平均分的具体过程，通过看一看、说一说、分一分等数学活动初步理解除法的含义，发展动手操作、归纳概括的能力，渗透比较、模型等数学思想。（培养"会用数学的语言表达现实世界"的核心素养）

（3）体会数学符号的概括性和简洁性，促进独立思考解决问题能力的提升，感受数学来源于生活，并能将其应用到实际生活中，养成认真观察、独立思考的良好学习习惯。（培养"会用数学的思维思考现实世界"的核心素养）

（三）说教学重难点

教学重点：从平均分（等分）的方法中抽象出除法算式，体会除法的含义。

教学难点：理解用除法算式表示平均分（等分）的具体过程。

二、说学生

学生已经认识了加法、减法、乘法这三种运算的含义和三种运算算式的各部分名称，会通过动作与语言结合，表示出"平均分""每份""几份"等概念，已经知道了平均分的方法不同，用图表示分的过程也不同（一个是连一连，另一个是圈一圈），但从结果看其本质都是平均分。教师可充分调动学生的已有知识和活动经验，引导学生通过多种表征方式的相互转化理解除法的概念。

三、说教法和学法

低年级学生对数学知识的理解不是抽象的，而是生动具体的。本课学法以动手操作、合作交流、总结归纳为主，通过用学具平均分一分、摆一摆，在图中连一连，再说一说等方法，明确除法的含义。教师主要采用启发引导法、演示操作法、练习法等。

四、说教学程序

本课通过以下四个环节展开教学。

第一环节：创设情境，唤醒旧知。

《标准》在第一学段学业要求中提到："能在熟悉的生活情境中运用数和数的运算，合理表达简单的数量关系，解决简单的问题。"所以，本课开课通过出示"熊猫分竹笋"的趣味情境，提出"把12个竹笋平均放在4个盘子里，每盘放几个？"的问题，开课就调动起学生的学习兴趣。除法的含义是建立在"平均分"的基础上的。本环节旨在调动学生的已有知识和活动经验，使其主动参与课堂的学习。

第二环节：探究新知，合作交流。

本环节的教学分为三个层次进行。

层次1：分一分、说一说，进一步理解平均分的含义。

请学生阅读本节课要解决的问题，同桌合作，根据题目的要求进行平均分的操作活动，并说一说分的过程。这一层次，激活学生已有的活动经验，通过动作表征和语言表征，加深对平均分的认识，为理解除法的含义做好铺垫。

层次2：从平均分（等分）的方法中抽象出除法算式，发展符号意识。

教师提出问题："你能把'12个竹笋平均放在4个盘子里，每盘放3个'这件事用一个算式表示出来吗？"学生独立尝试后小组交流自创算式的含义，教师展示出几种不同表达形式的算式，由此提出疑问："这些算式有什么相同的地方？又有什么不同的地方？"学生发现算式中的数字相同，数字之间的符号表达形式不同但含义相同，都是想用这个符号表示平均分。这个环节是让学生经历算式的再创造过程，学会从具体情境中抽象出一个算式来表示平均分的过程和结果，加深学生对符号作用的感受，从而发展符号意识。

层次3：介绍除号和除法算式的读法，明确除法的含义。

教师提出问题："表示平均分的算式写得各不相同，怎样统一？"引出"除号"来源的史料视频。学生了解除号的相关知识后，教师示范书写除号并说明"平均分可以用除法来表示"，然后教学除法算式的读法及其表示的含义。此环节的设计意图是，激发学生对统一平均分表示方法的需求，让学生进一步了解符号表征的方式，从而加强对除法算式含义的理解。

第三环节：多层练习，拓展提升强化认知。

练习分两个层次，第一个层次是巩固提升。给出课后"做一做"的第1题：分一分，填一填。让学生用圈一圈的方式，得到平均分的结果和除法算式的结果，使后面分析数量关系更加方便；使学生理解多少个里面包含几个几，为后面解决问题的教学和倍的内容的教学做铺垫。

第二个层次强化对除法含义的理解。第2题要求学生说出各除法算式中被除数、除数和商的概念，进一步理解除法含义，为后面学习乘除法关系打好基础。

第四环节：全课总结，延伸思考

教师提出：今天大家有什么收获？还有什么不明白的地方或什么问题吗？学生畅所欲言，自由作答或提出困惑。此环节通过设置开放的交流环境，使学生通过回顾总结不仅巩固了本课所学，还培养了敢于质疑的学习习惯，激发了他们对未知领域的大胆探索。

五、说板书设计

本课板书简洁明了，突出直观图与除法算式的对应，注重除号的规范书写示范，帮助学生理解平均分可以用除法来表示，直观呈现除法算式所表示的含义，利于学生回顾总结。

第四节　小学数学"图形与几何"说课案例

"认识梯形"说课稿

一、说教材

（一）说教材的地位和作用

本课是人教版《数学》四年级上册第五单元"平行四边形和梯形"中的内容，属于"图形与几何"领域中认识图形的教学内容。在此之前，学生已学习了平行与垂直的相关概念、平行四边形的特征。教材通过提供丰富的生活原型，从这些生活原型中抽象出梯形的几何直观图，从直观到抽象，抓住图形的特征来建构概念。在理解梯形的定义后认识梯形的各部分名称，同时在直观感知的基础上理解等腰梯形和直角梯形的定义，形成对梯形的完整认识，这是后续学习梯形、三角形等多边形面积的重要基础。

（二）说教学目标

（1）认识梯形的各部分名称，能概括出梯形以及等腰梯形和直角梯形的特征，并能说出长方形、正方形、平行四边形、梯形之间的共性与区别。（培养"会用数学的语言表达现实世界"的核心素养）

（2）通过找一找、比一比、量一量等活动，提升学生的分类、比较、归纳等能力，渗透建模思想，发展学生的空间观念并使其建立梯形初步的几何直观。（培养"会用数学的思维思考现实世界"的核心素养）

（3）经历数学学习的过程，初步养成独立思考、合作探究等良好的学习习惯，学会在生活中发现梯形，感受梯形在生活中的广泛应用，体会数学的作用，激发学习数学的兴趣。（培养"会用数学的眼光观察现实世界"的核心素养）

（三）说教学重难点

教学重点：掌握梯形的特征。

教学难点：理解长方形、正方形、平行四边形、梯形之间的关系。

二、说学生

学生已经初步认识了一些简单的立体图形和平面图形，认识了长方形、正方形、平行四边形的有关特征，经历了借助格子图研究长方形与正方形两组对边和四个角的特点，以及平行四边形学习中从生活原型中抽象出几何直观图，并借助三角尺验证图形的两组对边是否分别平行且相等的探索过程，学生的数学活动经验丰富。虽然"认识梯形"的内容第一次正式在教材中出现，但学生在生活中是见过梯形的。因此，本课通过生活原型引入梯形，放手让学生借助活动经验自主探究梯形的特征，概括出梯形的定义，教师抓住学生思维水平进阶的关键点设计探究活动。

三、说教法和学法

本课从学生已有的生活经验出发，学生采用以观察学习法、探究学习法为主的学法，教师采用以直观演示法、交流讨论法为主的教法，启发学生通过观察比较的方式"纵向"探究平行四边形与梯形之间的异同点，在合作交流中共同概括总结出梯形的定义；"横向"探究则是通过设计找、比、量等活动让学生在直观感知的基础上理解等腰梯形和直角梯形的定义，形成对梯形的完整认识。

四、说教学程序

本课通过以下四个环节展开教学。

第一环节：联系生活，初步感知。

"人类生活在真实的世界里，数学的对象当然也要从真实中来。"开课通过出示梯子、台灯罩、鞍马等生活中的实例，帮助学生认识梯形。本环节的教学直接明了地揭示课题，旨在唤醒学生对梯形的元认知，使学生感受梯形在生活中的广泛应用，培养学生"会用数学的眼光观察现实世界"的核心素养。

第二环节：师生互动，探究新知。

本环节的教学分为两个层次进行。

层次1：抓住特征，经历数学化的过程建构概念。

通过课件将这些实物的梯形抽象成几何直观图，让学生用三角尺研究这些图形的边有什么特点。学生借助数学活动经验，通过用尺子量一量测长度判断对边是否分别相等，用三角尺推一推判断对边是否分别平行等操作，发现这些图形只有一组对边是平行的，但长度不相等，另一组对边不平行。小组合作探究得出结论后，教师放手让学生说一说什么样的图形是梯形。本环节让学生学会抓住梯形的特征概括出图形的定义，渗透建模思想，培养学生"会用数学的语言表达现实世界"的核心素养，让学生经历数学化过程。

层次2：直观感知，深化由一般到特殊的认识概念。

学生认识了梯形的各部分名称后，教师给出等腰梯形和直角梯形的直观图，让学生通过找一找、比一比、量一量等活动，发现这两种梯形的特点，再揭示、概括定义。之后，引导学生将这两种梯形与一般的梯形作比较，体会它们的特殊之处。本环节由一般到特殊让学生认识等腰梯形和直角梯形，提升学生的分类、比较、归纳等能力，培养学生"会用数学的语言表达现实世界"的核心素养，发展其空间观念并使其建立初步的几何直观。

第三环节：多层练习，变式提升巩固概念。

练习分三个层次，第一个层次是巩固提升。给出课后"做一做"的第1题，让学生判断哪些图形是梯形，画出每个梯形的高，分别指出它们的上底、下底和腰。此处的设计旨在通过梯形的定义去辨析图形，从而巩固梯形的概念，强化表象，并进一步巩固画高的方法，通过变式，凸显梯形的本质特征。

第二个层次是综合分析。给出课后"做一做"的第2题，先让学生回忆已经认识了哪些四边形，然后引导他们比较各种四边形的特征，从对边是否平行、等角度来研究各种四边形之间的关系。此环节通过回顾已学过的四边形，使学生理解长方形、正方形、平行四边形、梯形之间的关系。

第三个层次是游戏活动。给出练习十一的第8题，让学生分组操作，边玩边摆，判断两种图形交叉摆放后重叠部分的图形。此处活动设计，目的是让学生学会在动态变化中，抓住特征来判断图形，深化对所学图形特征的认识，加深对图形特征的理解与掌握。

以上练习环节重在培养学生"会用数学的思维思考现实世界"的核心素养。

第四环节：评价总结，升华目标。

学生自由谈论对梯形的认识及本课的收获，还可以说说学习的感受，在互相补充完善的交流过程中，利用生生互评、师生互评的方式再次回顾本课教学的重点、难点。此环节，不仅梳理了本课的学习重点，还进一步规范了学生的用语表达，促进了学生数学语言的发展，使学生建立学好数学的信心，养成良好的学习习惯。

五、说板书设计

本课板书简洁明了，注重梯形各部分名称及等腰梯形和直角梯形等直观图的呈现，教学内容完整、教学重点明确，利于学生进行回顾总结。

第五节　小学数学"统计与概率"说课案例

"学习用调查法收集数据"说课稿

一、说教材

（一）说教材的地位和作用

本课是人教版《数学》二年级下册第一单元"数据收集和整理"中的内容，属于"统计与概率"领域中数据分类的教学内容。在此之前，教材已经安排了"分类与整理"单元，使学生会在分类的基础上用非正式的统计表整理与呈现数据。本单元是学生正式接触统计的起始。教材依托学生熟悉的情境，以收集数据、记录数据和呈现数据为主，让学生从中学习调查的方法并初步了解统计表，同时对数据进行简单的分析，从而经历统计的全过程，为后续认识条形统计图及学习统计中的数据分类打好基础。

（二）说教学目标

（1）学会用调查法来收集数据，认识简单的统计表，会用给定的统计表呈现和整理数据，能根据统计表回答一些简单的问题。（培养"会用数学的思维思考现实世界"的核心素养）

（2）经历数据的收集、整理、分析及判断等过程，对数据进行简单的分析，体会运用数据进行表达与交流的作用，感受数据中蕴含的信息。（培养"会用数学的语言表达现实世界"的核心素养）

（3）通过对现实生活中有关事例的调查，感知事物的共性与差异，形成初步的数据意识，培养初步的数据分析观念，体现统计的价值，激发学生学习数学的兴趣。（培养"会用数学的眼光观察现实世界"的核心素养）

（三）说教学重难点

教学重点：学会收集、呈现数据的方法，能根据统计表回答一些简单的问题。

教学难点：对数据进行简单的分析，体会运用数据进行表达与交流的

◆ 笔记栏

作用，感受数据中蕴含的信息。

二、说学生

学生之前已经学习了比较、分类等与统计相关的初步知识，会对物体、图形进行分类，初步了解分类与分类标准的关系，在分类过程中认识事物的共性与区别，会在分类的基础上用非正式的统计表整理与呈现数据。分类是学生本课学习统计的重要基础。本课鼓励学生运用文字、图画或表格等方式记录并描述分类的结果，体会如何用数学语言表达现实世界。

三、说教法和学法

本课从解决实际问题出发，学生主要采用动手操作法、合作探究法，教师主要采用情境法、讲授法、演示法，引导学生学会用调查法来收集数据，认识简单的统计表，对数据进行简单的分析，能根据统计表回答一些简单的问题，体会运用数据进行表达与交流的作用。

四、说教学程序

本课通过以下四个环节展开教学。

第一环节：创设情境，理解题意。

《标准》中提出："注重发挥情境设计与问题提出对学生主动参与教学活动的促进作用，使学生在活动中逐步发展核心素养。"本课通过设计班牌底色这一情境，提出"四种颜色，选哪种颜色合适？应该怎样调查？"的问题。学生通过自由发表看法进一步加深对题目含义的理解。本环节通过设置现实问题，让学生自由发表意见，激发学习兴趣，通过解决问题体会统计的必要性和价值，培养学生"会用数学的眼光观察现实世界"的核心素养。

第二环节：探究新知，合作交流。

本环节重点是制订出解决问题的方案，引导学生拟好调查计划。下面将从四个层次展开教学。

层次 1：确定调查对象及调查内容。

通过阅读题目，引导学生明确调查的内容——四种颜色的班牌底色。随后抛出大家争议的焦点问题：学校有那么多学生，怎样确定调查对象？学生认为可调查全校学生，或选择某个班的学生作代表进行调查。通过充分讨论，学生根据实际情况选择某个班作为调查对象进行研究。此环节，利用问题冲突激发学生的求知欲望，尊重学生的个性发展，让他们各抒己见，体现了多样化和开放性，同时让学生了解到在总体数目很大的情况下，可以抽取总体中的部分个体进行调查，较好渗透统计中的基本概念——抽样。

层次 2：确定调查方式，展开模拟调查。

教师再提出"如何收集班级数据"这个问题，学生可自由提议，确定以举手的方式进行调查后，教师强调说明："班里的同学都要参加调查，并且每人只能选择一种颜色。"随后让学生代表组织全班按预定计划展开模拟调查，体验收集数据的过程。此环节人人参与，让学生亲身经历收集数据的过程，激发学生的学习兴趣，同时还让学生充分意识到统计调查的严谨性。

层次 3：呈现记录结果，认识简单的统计表。

学生自由记录调查结果，教师选取较有代表性的记录方式进行讲评交流，学生通过比较分析，选出在表格中注明调查内容、调查数据的记录方式，进一步加深对简单统计表的认识。此环节，通过对比学生记录结果的方式，突出统计表的构成及其优势，记录数据清晰、简洁、一目了然。

层次 4：回顾结果，分析解决问题。

教师出示课本例题 1 最后的问题，让学生根据本班调查情况自主完成第 1、第 2 题。之后，让学生自行打开教材，根据课本上统计表的数据再次作答。重点引导学生讨论："这个班牌选择哪种颜色最合适？为什么两个班填写的答案不一致？"此环节旨在通过解决问题，让学生感受统计的使用价值，突出体现了由于调查总体不同，结果可能会不同，从而渗透总体的概念。

第三环节：练习巩固，提升技能。

练习分为两个，第一个练习是调查本班学生最喜欢哪个季节，让学生通过调查法收集数据，并用统计表呈现数据，然后解决问题。第二个练习是调查本班学生最喜爱吃哪种水果，教师组织大家确定统计表的内容后再展开调查统计、解决问题。此处的设计贴近学生的生活，旨在巩固学生用调查分析法收集数据，用统计表整理和呈现数据的知识，培养学生"会用数学的思维思考现实世界"的核心素养。

第四环节：评价总结，升华目标

学生自由谈论学习用调查法收集数据的感受，以及对统计表的了解等，利用生生互评、师生互评的方式再次回顾本课教学重、难点。此环节，不仅梳理了本课的学习重点，还进一步规范了学生的用语表达，促进了学生数学语言的学习，使学生建立学好数学的信心，养成良好的学习习惯。

五、说板书设计

本课板书简洁明了，突出重点，便于学生回顾知识点，归纳出学习方法。教学重点明确，体现了完整的统计过程，利于学生进行回顾反思。

第六节 小学数学"综合与实践"说课案例

"确定起跑线"说课稿

一、说教材

（一）说教材的地位和作用

本课是人教版《数学》六年级上册第五单元"圆"之后独立呈现的内容，属于"综合与实践"领域中的教学内容。在此之前，学生已经掌握了圆的概念和周长等知识。这节课通过研究田径赛场的环形跑道的活动，让学生利用图形的认识、测量、数据调查、计算、推理等多方面的数学知识与技能来解决问题，综合性较强。本课较好地帮助学生积累了丰富的数学活动经验，为后续提升学生解决问题的能力打下坚实基础。

（二）说教学目标

（1）了解田径赛场及环形跑道的基本结构，通过转化把环形跑道分割成学过的图形的周长问题，学会综合运用圆的周长等知识来计算确定400m跑的起跑线。（培养"会用数学的眼光观察现实世界"的核心素养）

（2）结合具体实际问题，经历观察、计算、分析、推理等教学活动过程，通过讨论交流，总结出起跑线位置设置的数学模型，发展综合运用数学知识解决实际问题的能力。（培养"会用数学的语言表达现实世界"的核心素养）

（3）在主动参与数学活动的过程中，让学生体会数学知识在生活中的广泛应用，感受数学模型与生活的联系，激发学生学习数学的兴趣，增强数学学习的积极性。（培养"会用数学的思维思考现实世界"的核心素养）

（三）说教学重难点

教学重点：了解田径赛场及环形跑道的基本结构，通过转化把环形跑道分割成学过的图形的周长问题，学会综合运用圆的周长等知识来计算并确定400m跑的起跑线。

教学难点：综合运用圆的知识解答生活中遇到的实际问题，探究起跑线位置设置的数学模型，感受数学模型与生活的联系。

二、说学生

学生已经认识了小学阶段所有的平面图形并了解了其基本特征，会利用直尺和圆规，在教师指导下设计一些与圆有关的图案。掌握了圆的周长计算公式，并能解决一些与圆相关的实际问题。教师应充分调动学生原有的知识和活动经验，让学生发现和提出问题，尝试合作探究、分析和解答问题。

三、说教法和学法

本课从解决实际问题出发，通过"课外查找资料＋课内讨论交流"的方式，教师采用情境教学法、直观演示法、启发式教学法、活动教学法等引导学生运用观察、比较、分析、归纳等学习方式，突出教学重点，将环形跑道转化分割成学过的图形的周长问题，学会综合运用圆的周长等知识来计算确定 400m 跑的起跑线。

四、说教学程序

《标准》中指出："综合与实践是小学数学学习的重要领域。学生将在实际情境和真实问题中，运用数学和其他学科的知识与方法，经历发现问题、提出问题、分析问题的过程，感悟数学知识之间、数学与其他学科知识之间、数学与科学技术和社会生活之间的联系……"本课将按照这样的研究步骤展开以下三个环节的教学。

第一环节：创设情境，发现问题、提出问题。

让学生交流课前查找的关于田径赛场的相关知识，教师出示多种400m 跑的比赛图片，提出问题：为什么 400m 跑时，每条跑道的起跑线位置不同？引发学生思考：每条起跑线相差多远？相邻跑道之间的距离之差都相同吗？本环节通过设置现实问题，融入学生课外查找田径赛场的相关知识，让他们进一步了解环形跑道以扩充知识，更好地激发学生学习兴趣，培养学生"会用数学的眼光观察现实世界"的核心素养。

第二环节：合作交流，分析问题、解决问题。

本环节的重点是制订出解决问题的方案，引导学生根据实际情况，灵活调整解决问题的方法。下面从三个层次展开教学。

层次 1：分析问题，设计方案。

结合学生课外查找的资料和课件展示的跑道的直观示意图，教师提问："结合赛道图，同学们觉得各跑道的起跑线应该相差多少米才算公平？你们打算怎样解决这个问题？"学生独立思考后，小组讨论解决问题的方案：第一步，了解跑道是由哪些部分构成的，测量相关数据。第二步，自行计算，解决问题。第三步，找出规律，简便计算。此环节，有助于学生建构新的数学认知结构，同时促进学生积累分析问题、解决问题的基本活动经验。

层次 2：解决问题，充分探究。

400m 跑各跑道的起跑线应该相差多少米才算公平？教师先出示两张相邻跑道的示意图供大家学习观察。小组讨论发现，最内侧跑道的长度正好是一个长方形和两个半圆组成的组合图形的周长，半圆形的直径是长方形的宽。为方便计算，教师提出问题："要求出往外一圈的跑道长度，还需要知道什么？"引导学生通过直观图观察发现，因为各跑道直道部分的长度一样，只要计算弯道部分的长度差即可求出。为体现体育比赛的公平性，减少误差，π 取 3.14159。教师允许学生根据实际测量数据使用计算器解决问题。此环节，学生可以利用组合图形的有关知识分别计算出每条跑道的长度，学会综合运用圆的周长等知识来计算确定 400m 跑的起跑线。

层次 3：找出规律，简便计算。

学生分组计算，教师巡视选取有代表性的学生作品进行展示，提出问题："比较以上作品，你有什么发现？"引导学生观察后发现规律：400m 跑步比赛，每一道起跑线比前一道起跑线向前移动的距离是"跑道宽×2π"。此环节旨在让学生用自主收集的数据进行计算，积累化繁为简的经验，让学生经历建立数学模型的全过程，积累数学建模的基本活动经验。

第三环节：回顾梳理，学以致用。

让学生回顾本课"400m 跑各跑道的起跑线应该相差多少米才算公平"所采用的解决方案，共同总结活动过程：实地查看、收集信息、引发思考、分析问题。同时，激发学生继续深入思考和探究：如果进行 200m 跑，又如何确定起跑线？此环节，教师依托综合与实践领域的主题活动，让学生经历用数学眼光观察现实世界，用数学思维思考现实世界，用数学语言表达现实世界的过程，体会数学的科学价值，最后通过拓展性的问题，发展学生的应用意识和创新意识。

五、说板书设计

本课板书简洁明了，突出 400m 跑起跑线差距优化后的简便计算，突出数学建模思想。

思考与练习：

1.简述说课的基本环节。

2.从小学数学课程中任选一节课进行说课设计。

第八章

小学数学教学反思撰写实训指导

 学习目标

1.理解教学反思的内涵。
2.掌握小学数学教学反思的撰写内容。
3.学会撰写小学数学教学反思。

第一节　教学反思概述

一、教学反思的内涵

教师的教学反思是教师教学认知活动的重要组成部分，它贯穿于教学活动的始终。教学反思是指教师为了实现有效教学，对已经发生或正在发生的教学活动，以及对这些教学活动的理论、假设进行积极、持续、周密、深入、自我调节性的思考，在思考过程中发现、清晰表征所遇到的教学问题，并积极寻求多种方法来解决问题的过程。

在上述定义中，"积极、持续的思考"是指教师愿意对教学活动及其背后的观念、假设进行思考，并能持之以恒。"周密、深入的思考"是指教师多角度、多层面地分析、评价教学活动及其背后的观念、假设，进而作出合理的判断、选择。"自我调节性的思考"是指教师能运用"周密、深入的思考"的结果，对教学活动进行监控、调节，进而提高教学效果，促进与学生的共同发展。

教师的教学反思既是一个能动的、审慎的认知加工过程，也是一个与情感和认知都密切相关并相互作用的过程。在此过程中，不仅有智力加工，还需要情感、态度等动力系统的支持。

二、教师教学反思的特点

教学反思不同于一般的教学思维，它有其自身的独特性。杜威在《我们怎样思

维》一书中提到，反省思维与一般思维具有明显的不同，反省思维包括：①引起思维的怀疑、踌躇、困惑等；②寻找、搜索和探究活动，求得解决疑难、处理困惑的实际办法。即反省思维具有问题性和探究性的特征。教学反思作为一种特殊的反省思维，具有如下特征。

（一）问题性

反思来自自我意识的觉醒，而自我意识的觉醒产生于在旧有理念导向下的实践的困惑和迷茫，反思产生于"问题"或"无知境界"。在这里，问题的内涵应该扩大化，凡是能引起自我信念的疑难或心理上的不适都应该看作问题，无论它是多么轻微和平凡的困惑与挑战。

（二）研究性

反思需要意识的积极参与，需要智力和情感的投入。反思不等同于自发的、无意识的回顾和总结，它需要教师针对教学实践中出现的问题，从多方面分析问题，多角度寻求解决问题的策略，它是一项"长期工程"，具有明显的研究特征。

（三）辩证性

教学反思不同于一般教学思维的一个显著特点是它的辩证性。在这里，"辩证性"包括如下内涵：理解知识的相对性而非绝对性的本质。反省思维的重要特征就在于它让教师能够接受互不相容的知识系统，了解到要发现绝对真理是不可能的，以及能够察觉到自己的假设与思考方式会影响自己所获得的知识，不同的系统对于真理有不同的建构方式。

接受并承认矛盾是现实的一部分。当不可避免地面临冲突、对立的观点时，开始察觉到矛盾的出现，而若这种矛盾无法通过摒弃其中一个观点来解决，他们也不能采取防卫性的抗拒或压抑，其就能够接受这种矛盾存在的必然性。

整合矛盾和冲突。具有反省思维的教师一旦接受现实的矛盾本质，就开始考虑如何去组织、整合这些矛盾的、对立的知识，他们能够将不同形式系统间的矛盾、对立的信息整合为更具有包容性，而且内部协调一致的、更广阔的系统。

（四）发展性

教学反思的发展性是指教师的教学反思具有过程性，在反思过程中，不同的教师可能经历或达到不同的发展阶段。教学反思的第一阶段是自发性的下意识的反思，在该阶段，教师并没有完全的智力（意识）投入，依靠的是教师的直接经验。在第二阶段，教师的反思逐步达到理性化水平，教师有意识地参照一定的教育理论和自我的教学经验，但不固守自己的经验，能将经验与理论、实践的真实情况进行比较从而进行判断。在第三阶段，教师经历了前两个阶段，能比较清晰、准确地将发现的问题表征出来，从而多方面、多角度地寻求解决对策，进而监控、调节自己的教学活动。

三、教学反思的作用

反思意识和能力是一种理性智慧，通过教学反思，教师能对自己的教育教学观念进行客观的、理性的认识、判断、评价，进行有效的调节并最终形成个人化的、独特的、带有新质特点的教育教学观念。通过反思意识和能力的发展，教师的自主能力逐渐得到增强。进行深入的教学反思有以下作用。

（一）进行教学反思，有利于教师形成良好的职业道德

教师形成反思意识、养成反思习惯本身就是对教育事业、对学生、对自己的责任感的增强，它有助于教师形成爱岗敬业、虚心好学、自我否定、追求完美等优良职业品质。一般来说，缺乏道德感和责任感的教师，除非因教学上的失误或迫于外界压力，否则不会自觉反思自己的教学行为。而提倡教学反思，能使教师在教前、教中、教后自觉地、严谨地审视自己的教学行为，改进自己的教学实践，从而提高教学质量。因此，倡导教学反思，是增强教师道德感和责任感的有效途径之一。

（二）进行教学反思，有利于提高教师的教学专业水平

要适应21世纪教育教学发展的需要，教师就要努力把自己从经验型教师转变为研究型、学者型教师。教学反思的过程就是一个研究、提炼、升华的过程，它使教学从感性认识上升到理性认识，可以得出新的教学规律，并在教学实践中检验和发展教学理论，从而提高自身素质。进行教学反思，可以帮助教师挖掘或梳理出经验中蕴含的原理，使经验升华为理论，这样教师就会不仅知其然还知其所以然。同时，对课堂教学的反思可以帮助教师逐步形成自己的教学风格，形成独具个性的专业理念。

一个教师，从走上讲台的第一天起，就开始了反思的教学旅程。如果他只是一味地备课、上课、批改，而不能静下心来进行反思，就只能故步自封，或者进步极慢。教师反思既可以是自身独立的反思，也可以是借助他人力量的反思。在课堂磨炼的过程中，借助他人的力量进行反思，反思的面更广，也更有深度。

总之，自我反思有助于改造和提升教师的教学经验，"经验＋反思＝成长"。没有经过反思的经验是狭隘的经验，意识性不够，系统性不强，它可能只能形成肤浅的认识，并容易导致教师进入自我封闭的状态，从而不仅无助于甚至还可能阻碍教师的专业成长。只有经过反思，使原始的经验不断地处于被审视、被修正、被强化、被否定等思维加工中，去粗取精，去伪存真，经验才会得到提炼、得到升华，从而成为一种开放性的系统和理性的力量，成为促进教师专业成长的有力杠杆。

（三）进行教学反思，有利于提升课堂教学的有效性

从教师自身角度看，每位教师都有备好课、上好课的愿望。然而，无论教师备课多么充分，都有可能出现不完美的地方，甚至出现某种失误。通过教学反思，教师能够从中发现自己的不足，以便扬长避短，加深对教学的理解，纠正教学中出现的偏差，提高知识传授的正确度。

一节课是短暂的，但教师的教学生涯是漫长的。若干年之后，教师很难记起当年的教学情况，只有勤于笔耕，及时捕捉信息，并把它记录下来，宝贵经验才会永久保存。通过教学反思，教师能为自己的后续教学提供经验和教训，以利于自身课堂教学有效性的提升。

（四）进行教学反思，有利于推动师生关系的和谐发展

人性是教育的立身之本，是教育的起点，也是教育的终点，贯穿于教育教学活动的全过程。教师批评学生时，可能会遭到学生的顶撞，若处理不当，可能会伤及学生的自尊心，影响师生之间的人际关系。更为严重的是，不当的指责会毁灭学生远大的理想、美好的愿望。所以，通过教学反思，教师可以反思自己在课堂上的一言一行，理智地分析自己的教学方法，提高教学技能，促进学生的发展，改善师生关系。在教师的众多课堂语言中，评价语言更值得关注，经常反思自己的评价语言，有利于推动师生关系和谐发展。

（五）进行教学反思，有利于增强教师对教学的自信心

从教育教学的内在特性看，教师应是一个"敏感"的人，包括对变化的敏感、对事件的敏感、对问题的敏感。有时会出现这样的情况，从事教师职业时间久了，热情渐减，开始厌倦，不觉得有新的价值与意义，出现了"职业衰竭"现象。教学反思，以其"换个视角、换个心态"的方式，会使教师重新获得职业的敏感性，不断从点滴细微中感受职业的乐趣，增强工作的自信心。

四、教学反思常见的形式

（一）教学案例

可以从以下几个层次来理解。

教学案例是事件：教学案例是对教学过程中的一个实际情境的描述。它讲述的是一个故事，叙述的是这个教学故事产生、发展的历程，它是对教学现象的动态性的把握。

教学案例是含有问题的事件：事件只是案例的基本素材，并不是所有的教学事件都可以成为案例。能够成为案例的事件，必须包含问题或疑难情境，也可能包含解决问题的方法。正因为这一点，案例才成了一种独特的研究成果的表现形式。

教学案例是真实而又典型的事件：案例必须是有典型意义的，它必须能给读者带来一定的启示和体会。案例与故事之间的根本区别是：故事是可以杜撰的，而案例是不能杜撰和抄袭的。它所反映的是真实发生的事件，是教学事件的真实再现，是对"当前"课堂中真实发生的实践情景的描述。它不能用杜撰的事实来替代，也不能用从抽象的、概括化的理论中演绎的事实来替代。

综上几点，可以知道，教学案例是教师如实描述的教学实践中所发生的事件。它可以对一个单独事件进行记载，也可以对一系列相关事件进行连续性、追踪性记载，如课堂中突发事件的处理、实践课的精彩实录、教学情景设置、学生的自主学习方式、学生的合作学习方式、学生的探究学习方式等。

教学案例与实践密切相关。教学案例描述的是教学实践，是为了突出一个主题而截取的教学行为的片段，它以丰富的叙述形式，向人们展示了一些含有教师和学生的典型行为、思想、感情的故事。

教学案例就是一个具有教学情境的故事。教师在叙述这个故事的同时，还发表自己的看法与评论，所以，好的教学案例，就是一个生动、真实的故事加上精彩的点评。

（二）教学后记

实践证明，任何教师在教学活动中既有成功的体验，也有失败的教训，无论是经验还是教训，对教师来说都是财富，关键在于认真地总结，并进行分析研究。写教学后记就是写总结、分析、研究、提高的具体方法。

教学后记或称教后感，是教师对自己教学过程的回顾和思考。实际上就是教师上完一课后回头看自己的教学过程，及时分析总结这一课的得失，并简明扼要地写在教案的后面。教学后记是教学过程中的一个重要部分，也是教案有机整体的一个重要组成部分，是实实在在的教学研究行为。

教学后记通常涉及以下几点内容。

（1）课堂上发生的一些事件的记述与分析。如记教学过程中的亮点，所谓教学过程中的"亮点"，就是自己在教学中的成功做法。每节课都有不同的成功之处，如巧妙新颖的引入、形象贴切的比喻、教学难点的突破、直观教具的合理运用、画龙点睛的小结、留有悬念的结束语等，有些做法实际上是自己在教学上的"得意"之作，应将这些达到预先设想目的、引起教学共振效应的做法记录下来，供以后教学时参考使用。再如，记教学过程中的"败笔"。再完善的教学设计也有疏漏失误之处，应把这些课堂教学过程中的"败笔"，如不成功的演示实验、安排不妥的教学内容、处理不当的教学重点与难点、步骤烦琐的解题过程，甚至挫伤学生积极性的事件等记录下来并作深刻的分析与探究，既要找出客观原因，也要正视主观原因，使这些成为以后教学应吸取的教训，并在以后教学时纠正和改进。

（2）课堂教学环境的记述和分析。课堂教学环境可以分为软环境和硬环境。软环境指课堂上师生互动情况、学生的学习反应等；硬环境指教室内桌椅的摆放、教师上课站立的位置、教室布置等。在教学后记中，可以对这些情况进行记述，同时还要分析这些环境对课堂教学效果的影响。

（3）记述课堂教学的体会和感悟。教师可以从纵向和横向两个角度对自己的教学进行反思，一方面对照自己的过去与自身所具备的教学特点，一方面对照专家的理论与他人的教学，获取教学的体会与感悟。课堂教学体会和感悟的内容是很多的，从教学目标、教学内容、教学方法等方面都可以入手。

（4）记述他人的评价。对于同一节课，评课教师会从不同的角度提出不同的看法，在教学后记中应当将这些看法都原原本本地记下来，以便今后在教学中进行借鉴。

（5）记述教学中的生成性问题及解决过程。教师在教学过程中，经常会遇到一些预先没有准备而被学生突然问到的问题，或者由某一问题而引发的生成性问题，应将这些问题及其解决过程记述下来，进行分析。

（6）记述学生的行为。学生是教学活动的主体，在学生学习过程中总会有和教师教学思路不和谐的"音符"弹出，总会有智慧的"火花"闪现，教师对学生就某一问题发表的独特见解应予以鼓励，尽量给学生提供发表不同见解的机会，以考查学生思维的偏差或思维的创造性，这将有利于拓宽教师的教学思路和改进教学设计。

（7）对一节课的整体进行记述和分析。这是反思总体、把握课堂教学各方面的行为。

一节课后，教师可以思考教学中的以下问题。

- 本节课我讲授的时间有多少？
- 我讲话的音调怎样？
- 我的体态语言是否丰富？
- 我在教室里是怎样走动的？
- 我微笑教学了吗？
- 我训斥学生了吗？
- 我授课后感到快乐了吗？
- 导致我心情不佳的事件是什么？
- 我尊重学生了吗？
- 我感到最自豪的教学活动是什么？
- 学生听课时的反应如何？
- 学生学习状况如何？
- 学生的合作状况如何？
- 本节课的异类观点（学生姓名、观点）是什么？
- 是否发现了学生的闪光点？

- 我关注现实生活情况了吗？
- 本节课与其他学科的融合情况如何？
- 师生对话形式是什么？
- 师生交往互动状况如何？改进措施是什么？
- 哪些教学设计取得了预期效果？
- 非预期性事件处理方法是什么？
- 这节课从学生那里学到了什么？
- 在什么样的情形下，感到与学生的关系最密切？
- 哪些精彩片段值得仔细地咀嚼？
- 哪些突发事件让我措手不及？
- 什么时候、什么情景下我感到最焦虑或沮丧？
- 自己感觉这节课成功吗？
- 如果给我重试的机会，在哪些方面我将做得更好？

这些内容包括了教学中的方方面面，教师在课后反思中，甚至在教学活动进行过程中，有意识地进行思考，日积月累，对提高自身的专业能力方面会有很大的帮助。当然在具体操作中，教师可以根据当时教学的目标、内容等情况，有选择地进行反思，不一定每次都要面面俱到。

（三）课后备课

一直以来，教师都是在课前编写教案。下一节课应该怎么上、上什么、该注意什么问题等，在备课时都应该注意到，并且写到教案中。但是，仅仅做到这些是不够的。如果把通常说的备课看作课前的准备工作的话，这种准备工作一般是经验的乃至主观的，其实际效果只有通过上课实践才能检验。同时，教师教学水平的提高，需要一个在教学实践基础上不断积累经验，提高认识的过程，这就要求教师在上完课后抽出一定的时间再备课，即对课上所获得的反馈信息进行思考总结，克服缺点，弥补经验不足，通过再认识，明确改进的方向和方法，为以后的教学工作做准备。随着教学工作的进行，在单元教学与学期教学结束之后，教师也应该及时进行再备课，以检查、总结教学效果，分析学生的学习状况和身心发展情况，进一步揭示教学规律，制定下一个阶段提高教学质量的措施。

由此看来，有必要对备课这一环节作出性质不同的区分，即把课前的准备活动性质的备课统称为课前备课，那么，通常所说的学期前的总备课、各个学习单元前的备课，以及具体的每个课时前的备课，都属于课前备课；与课前备课相对应的，即通过教学的实践，对教学效果具有总结性、反馈性的备课称为课后备课，具体地说，就是在上过课之后，把上课过程中的得失都记录下来，用不同的色笔加注在原教案的缝隙空白处，对原教案进行补充、删减、校正、修改，从而提升教案的质量和价值的再一次备课过程。

教师课后备课的内容包含对课前备课的全面反思总结和对课堂教学全过程的全面反思总结两部分。

（四）磨课

所谓磨课，有狭义和广义之说。广义的磨课，是教师个体或集体通过阅读文本，解读教材，翻阅参考资料，上网查找相关教案，根据学生的年龄特点和认知水平而设计教学预案，通过教师个体的教学实践、反思等活动，反复规划重组教学资源，促进资源配置不断优化的教学过程。按照这样的理解，可以认为精心设计、反复推敲的教师个人备课和年级组集体备课属于磨课，教师的课堂实践、课后的反思属于磨课，撰写教学案例也属于磨课。狭义的磨课，是由学校或教研组组织的，集体推敲目标定位是否准确，教材切割、处理是否有问题，每个教学环节设计是否合理，教学策略采用是否正确等，从而提升教学行为，促进教师专业成长的校本教研活动。它以一定的教师群体为单位，以一定的教学内容为载体，围绕一个主题，如课堂教学的有效对话、教学策略运用的正确性、师生互动的有效性、课堂教学新课程理念的体现等，通过反复上课，不断改进，从而不断提高参与磨课活动的所有教师自身的教学业务水平。

一般情况下，磨课的基本模式是：第一、二次打磨的是设计、策略和理念，进一步明确、细化教学目标，确定教学过程的基本框架。第三、四次打磨的是细节与课堂的操作。后两次磨课时要更多地关注学情以及教师的反馈。为了"把课上好"这一单纯而朴素的目的，大家围坐在一起，让思维与观点在交融中碰撞、激活，每位教师的教学风格、优势得以充分互补，每位教师的智慧、激情得以充分迸发。

第二节　教学反思的撰写内容

一、对教材理解的反思

课堂教学有效与否，解读与处理教材是第一关。众所周知，新课程背景下，教材的意义在不断地被审视、被重构、被完善，新课程倡导的"超越教材"，是对过去"唯教材论"的一种挑战与创新，从广度和深度上赋予了教材更深厚的内涵。但超越教材的前提是基于教材、源于教材。只有对教材有了全面准确的理解，真正弄清楚教材的本意，尊重教材的价值取向，才能对教材进行有效的延伸和拓展，才能在"基于教材"的基础上"超越教材"，达到"活用教材"的境界。

（一）对小学数学教学目标的反思

教学目标是教学的起点和归宿，是教学活动的核心与灵魂，它统率着教学全过程，决定了课堂的教学效果。精准有效的教学目标就似一台高效准确的"导航仪"，引领教师始终把握教学的方向，有效达成教学任务。而没有目标或目标不甚明确的课堂教学，必然是盲目的、低效的甚至是没有意义的。

目前，小学数学教学目标的定位主要存在三个误区：目标表述泛化；学生主体缺失；核心素养意识薄弱。教学是人生的一段旅程，追求有效的教学，首先要思考的就是：我们要到哪里去？即要有目标意识。从有效的角度出发，这个问题把握得越准确，其行为的有效性就越强。

1. 找准学习起点，目标准确清晰

教学目标的制定应牢牢把握年段特点，根据《标准》提出的各学段要求制定准确的教学目标。纵观诸多目标，哪些是一个学段核心的目标，作为教师必须了解。这就需要分析、推理、归类和提炼，让重点目标得以凸显。

教学目标的制定除关注年段目标、课时目标外，还应力求具体清晰，具有可操作性。一个好的教学目标，就是要将一般性的目标具体化为可观察、可测量的行为目标，要说明在教学后学生能学会什么，学到什么程度，说明教师预期学生行为改变的结果，这样才有利于教师在教学时对目标进行把握与评定。

2. 三维有机结合，体现数学特点

课程目标可根据知识与技能、过程和方法、情感态度和价值观三个维度进行设计。在教学过程中需要整体考虑知识与技能、过程与方法、情感态度和价值观的综合，提倡启发式、讨论式教学。在评价过程中也要注意从知识与技能、过程与方法、情感态度和价值观等方面对学生进行全面考查，发展学生的数学核心素养。不难发现，三维教学目标贯穿教学始终。这是确定、把握课堂教学目标的最上位概念、最宏观依据。

数学教学目标的表述应重视过程与方法，即学生在教师指导下获得知识的基本程序或具体做法，其是知识与技能、情感态度与价值观形成的桥梁。因此，在表述时应体现"实践"特征，重在促使学生"亲力亲为"。

（二）对小学数学教学内容的反思

王荣生先生说："我以为教学内容更为重要、更为关键。一节课，如果教学内容有问题，那么教师的教学再精致、再精彩，课堂的气氛再热烈、再活跃，价值都极为有限。"就像火车运行，如果方向错了，动力越足离目标越远。因此，深入解读教材，挖掘文本的核心价值，选择恰当内容，就显得至关重要。

1. 研读教材，懂意图

研读教材、与编者对话是正确把握教材宗旨的重要方法。在选择与确定教学内

容时，教师不仅要从教材的理解出发，更要从编者的意图出发，结合教师用书，深入挖掘教材背后蕴含的隐性课程内容。编者的意图通常体现在教材的单元导语、课前提示、课后习题、"你知道吗"、课后阅读、"生活中的教学"等处。

2. 基于例题，重敲击

通常教材出现的例题都是教学的重点内容。通过例题，创设一个问题情境，引发学生的积极思考，鼓励学生大胆猜想，通过小组合作、独立思考、动手实践等方式解决问题，调动学生思考的积极性和主动性，提升数学思维和创新能力。因此，教师需要在讲解例题的基础上，充分挖掘解题的思路和方法，启发学生积极主动地思考并解决问题，及时点拨学生，培养学生的"四基"和"四能"，提升学生的数学核心素养。

3. 把握学情，巧取舍

学生是学习的主体。在进行教学内容的取舍时必须认真思考以下问题：

（1）学生是否已经具备了学习新知识所必需的知识和技能？

（2）通过预习，学生是否已经了解了相关内容，有多少人了解？了解多少？达到什么程度？

（3）哪些知识是学生未知的、难知的，是重点、难点，需要教师在课堂上点拨和引导？

（4）哪些内容会引发学生的兴趣和思维，成为课堂的兴趣和关注点？

在教学过程中，常常会出现教师"教了什么"与学生实际"学了什么"之间存在较大差距的现象，这固然有教学方法的原因，但更为重要的原因是教师选择的教学内容没有符合学生的实际需要，只是教师自身的"一厢情愿"。因此，在选择教学内容时，也要从学生视角出发，遴选出最契合学生发展需要的教学内容。

（三）对小学数学教学设计的反思

"凡事预则立，不预则废。"上课前必须做好教学设计，是许多教师共有的体会。一个好的教学设计，为有效的课堂教学实施奠定了基础。在确定了教学内容之后，怎么去展开教学，让学生亲历过程，是教师应该思考的问题。

1. 以学定教，顺势而导

教学设计应该充分考虑学生的学情，努力做到以学定教，顺势而导。一个成熟的教师在课堂上关注更多的是学生，而不是只关注自己的教学设计。好的教师能够根据学生的学习情况，随时调整自己的教学进程，而不是一味死守既定的教案。要尊重学生的需要，看到学生学习中的困惑，重视学生的发现，鼓励他们创新，灵活应变，采用不同的教学方法。

2. 板块结构，机动灵活

在进行教学设计时，不少教师喜欢采用直线式程序，就是把一节课的教学流程用一条线串起来，先做什么，再做什么，一环扣一环。这种直线式教学程序便于教师把握，完成一个环节，进入下一个环节。但是直线式程序也有不足，主要是限制了学生的活动，使学生不能越雷池一步，课堂教学会变得机械和刻板。应当看到，由教师来"驾驭课堂"是　种陈旧的教学观念，应该转变为指向学生学习的"板块式"教学程序，即把一节课的程序设计为几个大的板块，每一个板块内部，程序可以灵活变动。不仅板块内部的程序可以灵活变动，而且板块跟板块之间可以根据教学的需要做一些调整。这种板块式的结构，让教师的教和学生的学都有比较大的空间。

3. 精于预设，巧于生成

德国著名教育家第斯多惠说过："一个坏的教师奉送真理，一个好的教师则教人发现真理。"数学课堂教学注重生成性，已经成为教师的共识。有不少生成性的教学，创造出了许多未曾"预约"的精彩，给课堂带来了前所未有的绚丽色彩和迷人风景。要追求精彩的生成，教师在进行教学设计时必须充分预设，事先作出相应的教学安排，形成弹性化的教学方案。这种方案，不要过于详细和具体，要给学生留足自主自由思维的空间，这样才能抓住机遇，应对自如。

二、对教师教学的反思

（一）对教师教学理念的反思

作为一名数学教师，面对"数学教学"，"教"需要做到"知其然，知其所以然，并能说出所以然"。这要求教师精确、细微地把握数学课改新理念。教师应重新审视自己的教学理念，做到重实践，不断整合教学资源，追求课堂的多样化、有效化，促进学生数学核心素养的形成和发展。

（二）对数学教学方法的反思

在新课程改革的今天，每一位数学教师在教学新理念的学习中，在课堂教学过程中，应不断进行以自主、合作、探究为课堂学习方式的实践，实现对教学方法落实的突破。学会放手，给学生自主学习的机会，切实把握学生在自主学习中的"效度"，使学生的自主学习与教师的有效指导有机结合。

在小组合作学习中，明确学习目标。当下数学课堂中合作学习的展开低效甚至无效，更多的原因是学生并不明确学习的目标和任务。小组合作学习任务的确定要考虑到学生的兴趣与需要，要贴近学生实际，有一定难度，具有思考价值。在40分钟的课堂教学中，一次完整的小组合作学习至少需要15分钟的时间，因此不能只图表面上的"热闹"，为了合作而合作，否则会造成耗时、费工和低效的局面。学习任务的设计要紧紧围绕教学目标，依据"最近发展区"的原理，有一定的难度，但又在学生通过合作能够解决的能力范围之内。同时，要注意创设问题情境，适宜激发学生合作的动机和兴趣，使问题成为学生自己想努力解决的。在探究数学问题时，让学生亲身经历探究学习的过程，而不是教师代替学生探究学习，以致造成名为"探究"实为"告知"的"假探究"。真正的学习思维的培养和提高，就是在学生经历问题的发现、分析、解决，对话的多样、展开、深入过程中达成的。

三、对学生学习的反思

学生是学习和发展的主体。通过对学生学习的反思，教师可以更好地理解教学，可以摒弃自己的许多"霸权假定"，教师会把教学当作一项研究来对待，从而切实改进自己的教学。对学生学习的反思，教师可以从以下几方面入手。

（一）对课堂学习情绪的反思

心理学研究表明，快乐、愉快、自信等积极情绪会提高学生的活动能力，使学生大脑皮层处于兴奋状态，有利于学生的智力活动。在这种心理氛围下，学生思路开阔，思维敏捷深刻，想象丰富活跃，记忆力增强，精力旺盛，积极主动。同时能引起学生的学习兴趣，从而使其更好地接受新知识，并在新知识的基础上分析、综合、联想、推理，进行创造性学习。有效的数学课堂教学始终关注对学生积极情绪的培养。

（二）对数学学习方式的反思

所谓学习方式，是指学生在完成学习任务过程中的基本的行为和认知取向。从这一定义中可看出，学习方式主要是一种行为和认知取向，反映了学生倾向于以什么样的行为和认知方式去完成学习任务。因此学习方式不是指具体的学习策略和学习方法，而是高于策略和方法层面，影响并指导学生对具体策略和方法作出选择的有关学习行为的基本特征。《标准》提倡自主、合作、探究的学习方式，将这三种学习方式有机结合，在课堂中激发学生学习动机，使学生学会质疑问难，在课堂中积极思考，主动探究，提高学习效率。

（三）对数学学习过程的反思

以往的数学教学往往强调学生学习的结果，过于偏重结果性目标而忽视过程体验性目标，致使数学教育偏离了正确的方向。面对 21 世纪的机遇与挑战，《标准》强调数学学习应重视过程与方法，关心情感与态度。数学教育应使学生在以掌握数学知识为主线的过程中实现个体的充分发展。要让学生在学习数学知识的过程中，掌握学习的方法，形成丰富的情感，养成良好的态度。关注学生的学习过程就是关心和促进学生的成长与发展过程。

（四）对数学学习效果的反思

正如知名学者崔允漷博士所说："教学有没有效率，并不是指教师有没有教完内容或教得认真不认真，而是指学生有没有学到什么或学生学得好不好。如果学生不想学或者学习没有收获，即使教师教得很辛苦也是无效教学。同样，如果学生学得很辛苦，但没有得到应有的发展，也是无效或低效教学。"教师应建立发展性的数学课堂，提升数学教学的实效，确保每个学生都能学有所获。

第三节　教学反思的撰写步骤

基于以上的教学反思理论基础、教学反思的建构内容等，我们提出教学反思的六步法，这六步法是从教学言语切入、具有相对的程序完整性和自洽性，从思维型教学理论出发，以发展教师的创新心智和专业能力为目的而设计的。

教学反思六步法具体操作如下。

一、发现问题

第一步是发现问题，描述自己或他人的教学行为（包括教学效果的成功之处或遗憾之处）。

大部分教师在教学设计本或听课笔记中会作记录，不少教学设计本都附有"教学反思"或"教后记"栏目，在该栏目记录印象深刻的教学片段。而听课笔记则专门记录听课过程中该节课的教学设计与流程、印象深刻的教学行为和学生反应，以及教师对突发事件的处理能力等，是课后研讨反思时的基础。

教学反思第一步的总体原则是及时记录、内容指向具体明确。及时记录的原因是作为工作记忆的一部分，元认知的容量较小，持续时间较短，如果不能及时记录纳入工作记忆的教学反思内容，那么很快就会记不清当时有反思冲动的准确的教学点，不能够实现精确定位。通过录音或录像设备录制教学全过程，再看回放，重新捕捉反思的切入点也是一个不错的方法，但教师的日常工作时间不允许教师对每节课都做到精加工，所以随时记录反思的灵感，对于在短时间内收获有效的反思更具有可行性。当然，每个学期开展几次精细化的、以录音和录像资料为基础的、基于教学全程的教学反思，对于教师发展的促进作用是不言而喻的。

好的教学反思意味着要对即时捕捉的教学反思点进行精细性复述和精细化加工，这样教学反思的内容才得以进入长时记忆，并对未来的教学工作产生积极影响。

二、归结原因

第二步是归结原因，解释为何会有这样的教学行为（从教学意向和设计两个角度分析）。

在找到反思点并对其描述以后，就要进入第二步——解释为何会有这样的教学行为，为何会有亮点或遗憾之处。如果用一个心理学的词汇来概括这个部分，其实"归因"。如果第一步的反思点是模糊不清的，那么归因这一步势必也将大而化之，让反思的效果消失于无形。这也从另一个侧面说明，为何应该精准地找到并聚焦在反思点上。

在课堂上学生反应不过来的原因是什么，是教师备课不认真吗？数学课上发散思维效果好的原因是什么？为何要用"它是谁？"和"什么……？"这样的句式，是为了体现游戏化的数学教学吗？这样的教学问题在哪里？这样做是不是有了游戏的形式但浪费了大量的时间？这些问题都值得追问和求解。做了妥善的归因以后，往往解决问题的方案就浮出水面了。分析和归因这一步，是杜威所谓的"暗示"，是创造力心理学中的发散思维和汇聚思维的综合，教师要调动自己的知识资源和经验资料，可能要做比较多的调查分析。

所谓归因理论，是指探讨人们行为的原因与分析其因果关系的各种理论与方法的总称。伯纳德·韦纳推动归因理论应用于学校教育领域。伯纳德·韦纳认为，对成败的归因主要从三个维度进行。

（1）控制点：原因的控制点在个体的内部还是外部？

（2）稳定性：引起事件的原因是否具有跨时间和跨情境的一致性？

（3）可控性：个体能否控制这个原因？

伯纳德·韦纳认为，以上三个维度的评价对动机影响很大，会对个体的期望和价值评估产生影响。例如，稳定性维度与教师对未来的期望关系密切。如果教师把教学出现问题的原因归结为稳定的因素（例如能力低下），那么他们可能预期以后还会出现问题。如果他们把教学出现问题的原因归结为不稳定的因素（例如身体状态、运气等），那么他们就会期望在下一次能取得更好的教学效果。

三、解决方案

第三步要找到解决方案，分析有没有更好的意向和设计（详细了解优选的教学意向与设计）。

这种解决方案既可以是思想层面的，也可以是操作细节层面的。如果前面两步都很准确，那么这一步也会水到渠成。这一步是求解方案的过程，是一个更大范围搜寻解决方法、扩充并激活知识和储备经验，反复衡量对比的过程。更重要的是，这是一个将归因时所找到的内部的、可控的和不稳定的原因最大限度地予以改变的过程。如果教师自己心中已经储存了有待解决的问题和有待发扬的优点，那么无论是他听其他教师的课，或看自己上课的录像，还是看书、看电影、看电视剧，都可能会有同样问题萦绕在心间，若有一天突然顿悟，就会收获很多。有时听见其他教师反思的教育故事，教师会激活自己对相似经历的记忆，从而顺着这个线索开启一段有意识反思的过程，这种反思对教师的专业能力和幸福感提升都有很大的帮助。

四、科学依据

第四步是为解决方案找到科学依据，即论证这样的意向和设计为什么是好的（与科学的理论和实践相对照）。

在第三步找到了解决方案之后，应该就能写出一篇比较好的教学反思了。如果以解决问题为目的，找到解决方案也就意味着解决了问题。但是，如果追求超越"就事论事"的反思，并希望能"从一滴水中看见太阳的光辉"，能从单个反思中找到解决全局问题或某个领域问题的方案，那么分析第三步中意向和设计的亮点，也就是找到解决方案背后的科学依据和理论基础就显得格外重要。

当然，科学依据还可以扩充到教育学、心理学、教育心理学的有关原理和规律性的论述，还可以涉及学生核心素养或学科核心素养、国家的教育政策性文件、名师的论述、著名教育家的教育思想总结等。

五、纳入实践

第五步是纳入实践，将优选方案纳入自己的教学（纳入实际教学的具体操作中）。

完成第一至第四步，即找到了问题所在，剖析了来龙去脉，研制了解决之法，关联了理论纽带。不仅明确了一个教学的问题，还明确了解决办法和理论依据。然而问题来自实践，思维层面的检验经过前面归因、优选方案和理论依据等几个步骤后已经完成了。因此接下来要回到实践，用行动检验反思方案的科学性，所以在这个部分教师应想出能够指导纳入实际教育教学实践的具体操作方法。

六、优化调节

第六步是优化调节，即在教学实践中通过反思不断地调节（分析纳入实际教学后的状况）。

教师要教的内容都是有意义的，教师应把这些有意义的事情变得有意思。这就要求教师充满激情，把教学内容变得生动有趣，在广博的学识基础上，利用自己的丰富阅历、亲和力和潇洒自如的个性，与知识一起影响和促进学生的发展。

教学反思六步法的最后一步对以下问题进行分析：有效的方法纳入实践之后发生了什么效应？产生了怎样的影响？出现了什么状况？原因是什么？应该如何解决？为何这样解决？对这些问题分析之后，教学又循环回到教学反思六步法的第一步，但是在更高的层面上。

思考与练习：

1.简述教学反思的内容。

2.尝试撰写一篇教学反思。

第九章

小学数学教学听课、评课的艺术

学习目标

1.了解小学数学教学听课、评课的含义和方法。
2.掌握数学学习评价的内容、体系，会用正确的方法评价小学生的数学学习。
3.了解一节好的小学数学课的评价标准，掌握评价小学数学课堂教学的方法。

第一节 小学数学听课、评课

一、听课、评课概述

（一）听课、评课的含义

听课、评课就是有效评课的途径之一。听课、评课是参与者相互提供教学信息，共同收集和感受课堂信息，在充分拥有信息的基础上，围绕共同关心的问题进行对话和反思，以改进课堂教学、促进教师专业发展的一种教师研修活动。与现有的竞赛课活动相比，听课、评课主要适用于日常的教研和教师培训活动，学校是最适宜的场所，教师是其中的主体和主角。日常性、普遍性、一线教师主体参与，这既是听课、评课的主要特点，又是它的意义和价值所在。

（二）实施听课、评课的必要性

我国基础教育课程处于改革阶段，评课的理念与价值趋向也应该随之改变。今天的课堂已经不仅限于讲解知识了，还需要满足实施教学双方交互活动的需求，所以评课也应该从关注教师的教转为关注师生互动、关注学生的学。而传统的评课就是观课者对执教者和学生在课堂中的活动情况和由此活动引起的变化作出价值判断，它与备课、上课一样，是一种常见的教学活动。对授课者而言，可以得到帮助和指导，总结教学经验，形成自己独特的教学风格，提高教学水平。对评课者而言，可以提高评课能力和理念，提升教学能力和专业水平。

（三）听课、评课的关键点

听课、评课的目的在于促进发展，并不是一种普通的教研形式。促进发展的听课、评课的关键点应包括聚焦主题、关注细节、解析意义、建构创新、促进变化。

（1）聚焦主题。没有"主题"就没有"研究"，主题是课堂观察的灵魂。

（2）关注细节。没有"细节"就没有"观察"，细节是观察的第一特征。课堂是充满细节的，但并不是每一个细节都具有研究的价值与必要性。所捕捉的细节，应该是蕴含教育理念的。对于捕捉到的细节，教师应将其定格，并在课后客观地回放、重现。细节的回放是一个"放大"的过程。

（3）解析意义。"意义"是听课、评课要深刻追求的。"意义"需要诠释与反思，如果不能给课堂细节与教学行为以意义的诠释，那么，课堂观察是不到位的，是不能实质性地影响教师的。

（4）建构创新。听课、评课必须具有构建性，这种构建，可以是外助的，也可以是内省的，应该具有具象性，回到情境之中，如"如果学生这样说，那么我们可以这样来引导……""如果当时教师这样组织，那么……"。

（5）促进变化。"变化"是听课、评课的价值取向与终极目标，如果不能改变什么，那么听课、评课就没有任何实质性的价值。"听别人的课，想自己的课"，上课教师在同伴的帮助下，认识到藏在深处的问题，从而改变自己，同时观课者的实践智慧也能得到提升。

二、听课的内容

（一）听课前的准备

观课前的充分准备是听课、评课的重要保证。没准备的观课只能是"感性观察"和"经验式观察"，达不到观课的目的。

1. 主题

课堂观察，应沿着"主题—观察—现象—归因—对策"的基本程式研究课堂教学问题，对现象、原因、对策的探究要具有一定的深度，特别是能够围绕一些细节问题作比较深层次的探究，是一种有一定深度的研究活动。

在整个观课的过程中，所有的教师都应像上课教师一样关注学生的差异，并假想处理问题的方法，这种课堂观察是一种具有相当研究价值的观察。

课堂观察可以长期关注某个主题，也可以临时确立某一个主题；可以是单一主题的观察，也可以是多个主题的观察；可以是多人观察同一个主题（聚焦式观察），也可以根据个人的研究兴趣自由地观察某一个主题（个性化观察）。

小学数学课堂观察的主题必须精简，不能太多，教师确立若干个课堂观察的长期主题，是教师专业发展的重要路径。

2.任务

（1）观察者的任务（听、看、想、记）。

听：听教师讲什么，讲什么课，讲什么主题，讲什么内容。听教师怎么讲，教师怎样让学生学会知识、接受教育。

看：看课堂的整体教和学的氛围，看教师的教学行为，看学生的学习状态，看学生参与教学活动的情况。

想：想现象的本质，想处理的最佳方式，想亮点和主要问题。

记：记教师基本情况，记课堂实况，记当时的直觉、灵感和简评。

（2）组织者的任务。

课堂观察后，组织者对材料进行全面的分析和梳理，组织观察者和被观察者交流，形成结论和行为改进的具体建议。结论包括成功之处、个人特色和存在的问题。

被观察者说课或课后反思可以围绕各种主要教学行为的有效性展开。

①活动：小组合作学习、同伴讨论、动手制作、实验、看听视频录像等。

②讲解、对话：提问、解答等。

③学习指导：指导文本的阅读、指导图形的阅读、指导书面和口头表达等。

④教学资源的处理和利用。对教学整体设计和实施进行评析。

观察者简要报告观察结果，这个阶段应遵循四个原则：简明，有证据，有回应，避免重复。

3.观察量表

观察量表的基本构成一般包括以下三个基本板块。

（1）自变量控制观察。变量的控制在课堂教学中主要表现为教师针对主题问题主动预设的各种教学策略，包括具体的学习形式采用、学习方法指导、有意识的强化训练、有针对性的拓展延伸等，每一个具体的步骤都指向主题问题的解决。在课堂观察中，自变量控制观察主要是针对教师具体教学行为的观察、记录。

（2）因变量变化观察。因变量变化在课堂教学中主要表现为教师的教学策略实施过程中学生的反应和变化，表现为可观察的兴趣、情感、态度以及掌握基本知识、基本技能的程度。在课堂观察中，因变量变化观察主要是针对学生的，包括学习兴趣、行为以及学习效果的观察、记录。

（3）数据分析归因、描述。通过对记录数据的分析、归因，描述自变量与因变量之间的相关性是研究的最终结果，也是教学研究最基本的意义所在。相关性越大，越能够积极有效地指导教师调节教学行为，获得最佳教学效果；自变量与因变量之间也会出现预料之外的结论，两者没有相关性或相关性甚微，这样的结论将引导教师尝试以新的途径解决问题。

表 9.1 至表 9.4 为一些课堂教学观察量表。

表9.1 课堂观察记录与分析表

观察员姓名		观察员单位		观察时间段	一课时
观察对象	四年级	授课内容	平行四边形和梯形的认识		
观察点	教学过程客观描述	教学实施优缺点分析		教学行为调整建议	
一、课前情境创设（激发学生学习兴趣的问题情境创设）	课件出示校园情景图，学生观察哪里用到了四边形	创设学生熟悉并感兴趣的现实情境，复习旧知识，为扩展新知做好铺垫。激发学生兴趣，让学生想学、乐学			
二、知识概念的理解和深化（学生思维的启发和引导过程）	1. 每桌发放两张图片（平行四边形和梯形）。同桌一起观察图形，用直尺、三角板、量角器等学具比一比、量一量，讨论它们有什么特征。 2. 学生代表说自己的发现，概括定义，验证小结。课件出示平行四边形和梯形，让学生认识平行四边形的各部分。归纳概括定义。 3. 课件展示生活中常见的平行四边形和梯形。 4. 引导学生探讨四边形间的关系	1. 充分利用现代教学手段和现有教学用具，激发了学生的学习兴趣，让学生直观、形象地理解图形间的关系，构建属于自己的知识。 2. 数学源于生活，让学生联系身边的实物认识平行四边形和梯形，使学生感受到数学就在身边，生活中处处有数学，培养学生善于观察的良好习惯		让学生在观察、量一量、比一比、画一画、想一想中，得出平行四边形和梯形的特征	
三、知识概念掌握后的应用与展示（学生表达、展示的问题选择和活动组织）	1. 动手画一画，读平行四边形和梯形的定义。 2. 剪一剪，用长方形纸剪出一个平行四边形和一个梯形	加深学生对平行四边形和梯形的认识		学生在汇报和补充的过程中，逐步把知识点完善起来，达到有效学习	
四、对学生学习情况的把握与调整（根据学生学习反馈，对其进行引导，并调整教学）	1. 认真填表格。 2. 同桌互评、自评	通过总结、评价，帮助学生梳理知识脉络，反思自己的学习过程，领会学习方法，获得数学学习经验			

表9.2 课堂教学观察表（对教师）

（教学细节记录表）

笔记栏

时间： 记录者：

学校		年级		执教者	
学科		教学内容			
片段简述			我的感悟		
课堂亮点			存在问题及建议		
执教老师阅后签名					

注：此表填写完后，先交由执教者阅读，然后存档。

表 9.3　课堂教学观察表（对几名学生）

（教学细节记录表）

个案研究（跟踪观察 2~3 名学生）　　　　　　　　　　　　　　记录者：

学校		年级	观察学生人数 / 性别		时间		
课题				教者			
项目	评价内容			优	良	一般	需改进
解决问题方面	1. 是否愿意解决问题：有无主动性和自主性						
	2. 能否有效解决问题：个人在解决问题中的作用和独立性如何						
	3. 完成任务的情况：对核心问题和平行性练习的完成情况						
学习态度	1. 主动学习，参与讨论						
	2. 学习中能接受他人建议						
	3. 主动提出问题方面						
交流与合作	1. 乐于参与集体活动						
	2. 善于与他人合作，共同完成任务						
	3. 在合作团队中能主动承担组织管理任务						
特殊情况记录	（以下主要记录被观察对象的表现，也可记录其他学生的特殊情况）						

本表使用说明：观课者在听课过程中，除关注教师的教是否符合教学基本要求外，需特别随机选定几名学生作为观察对象，重点观察学生是如何学的。

表9.4 课堂教学观察表（对全班学生）

群体研究（观察全班学生学习状态）   记录者：

学校		年级		学科		时间	
课题				教者			
项目	评价内容			好		一般	不足
情绪状态	1. 学生的学习兴趣						
	2. 较长时间保持兴趣						
注意状态	1. 始终关注讨论的主要问题						
	2. 能倾听同学的发言						
参与状态	1. 参与课堂听课情况						
	2. 参与思考问题并举手发言情况						
交往状态	1. 整个课堂气氛和谐、活跃						
	2. 师生间、学生间相互交流						
思维状态	1. 围绕讨论的问题积极思考、踊跃发言						
	2. 学生回答问题积极主动、流畅						
	3. 学生敢于提出问题						
生成状态	1. 掌握本课所学的知识						
	2. 独立完成本课练习						
特殊情况记录							

本表作用说明：

1. 以观察大部分学生的学习情况为填表依据。

2. 请在最后一栏里简短记录本课中学生的某一学习现象。

（二）听课的实施

1. 采集

现场采集是获取课堂教学信息的主要途径，也是课堂观察的重点。只有把发生在课堂上的信息如实地收集下来，才能让课后的分析有依据，才能使后续的课堂教学研究有可行性。

（1）采集学生的学习状态。

一是参与，采集学生是否积极参与教学活动。

二是交往，采集课堂上是否有多边、丰富、多样的信息交流与反馈，是否有良好的人际交往与合作的氛围。

三是思维，采集学生是否敢于提出问题、发表见解，这些问题与见解是否具有挑战性与独创性。

四是情绪，采集学生是否有适度的紧张感和愉悦感，是否自我控制，调节学习情绪。

五是生成，采集学生是否都各尽所能，感到踏实和满足，是否对今后的学习更有信心，更有兴趣。

（2）采集教师的教学行为。

一是组织能力，包括组织教材的能力、组织语言的能力、组织教学活动的能力，核心是组织教学活动的能力。

二是注意中心，采集教师在授课时是否把自己的注意力放在学生身上，当学生自主活动时，教师的注意中心是否在及时反馈与调节学生的活动上。

三是教学机智，采集教师在教学过程中能否敏锐、快速地捕捉各种信息，能否根据学生的需要灵活地调整教学策略，能否恰当地处理课堂教学中的偶发事件。

四是教学态度，采集教师是否充分尊重和信任学生，以热情和宽容的态度善待学生。

五是教学境界，采集教师是否减轻学生的课业负担，给学生较充分的自主学习的时空。

（3）采集信息的技术支持。

由于一节课时间有限，教师教与学生学的过程具有短暂性和无法重复性的特征，观察者进入课堂现场进行记录时在有限的时间内无法做到面面俱到，因此，可以在记录时辅以一些有鲜明特征的符号、标线、圈注等，以保证记载材料数据与信息的客观性与准确性。

一般来说，观察者要综合运用倾听、明察、筛选、速记等手段进行信息的采集。

①倾听。一般的课堂主要由教师提问与学生回答组成，课堂中观察者也需要认真倾听：一要细听教师在课堂上讲的每一句话；二要倾听每个学生的每一次回答。不

放过一个细微的情节，不漏掉任何重要的线索。

②明察。观察者要观察课堂中教师的教学行为，观察学生在课堂上的一举一动；观察课堂中的常见现象时，更需要注意到一些偶发事件和意外事件。

③筛选。课堂观察要比较全面，但并不是面面俱到，它需要观察者对搜集到的所有信息进行合理的筛选，根据观察要求、主题与目的，学会选择有用的信息供自己分析。

④速记。课堂观察时，为了采集信息的及时性与可靠性，需要笔记式记载，例如观察"数学课堂提问的有效性"，应观察教师的提问时机、提问形式、提问内容，学生的回答，教师的回答，师生、生生围绕问题的互动等，涉及采集信息的线索很多，而课堂是一次性的，不可能重演，时间不等人，在记载的过程中，除了要做到"眼观六路，耳听八方"，更要手脚麻利，当断则断，快速记下所需的原始文字与材料信息，切忌磨磨蹭蹭、拖泥带水。观察时要做好两项记录：一是时间记录。为了便于操作，一般以五分钟为时间段记录，这样在进行讨论的时候，就有一个时间标尺。二是细节记录。记录与观察主题相关的典型细节是观察阶段最主要的任务，这是整个课堂观察的意义所在。

在具体的操作过程中也要注意一些技巧：把握课堂细节；加强分工合作；利用辅助工具。

（4）采集的方法。

课堂采集有量表采集、图画采集、摄录采集及笔记采集等方法。

2. 访谈

访谈就是观察者访问、采访被观察者并且与其交谈的一种活动，是观察者通过口头谈话的方式从被观察者那里收集（建构）第一手资料的一种研究方法。

观课者与授课者是平等的，应尊重对方，坦诚相对，为了保护授课者的权利，有些问题不宜在公开场合交流，可以创造民主自由的访谈氛围，进行交流。

可以通过询问授课者"你为什么这样做""我想听听你的看法"等问题给授课者以话语权和辩解权，充分且真实地了解上课采集到的现象背后的事实。

在访谈过程中，给对方指出问题时，要尊重对方、信任对方，拒绝简单判断、随意指责，建议以一种探询和商量的口吻来征求对方的看法，如把"我认为"改为"我观察到""我注意到""我发现""你觉得"等。

要使课堂观察真正地起到优化教师教学、提高课堂的有效性的作用，观察者就一定不能忽视学生的课堂感受，要与学生进行交谈，这有利于准确深入地把握真实情况。

3. 组织形态

小学数学课堂观察常见的组织形态有团队合作观察、同伴互助观察和教师自我观察等。在一个学科群体中这三种观察形态是立体存在的，它们就好像一棵树：学科教研组组织的课堂团队合作观察犹如树干，必须做强、做壮、做粗，起支撑和引导的作用；学科备课组织内教师间开展的课堂互助观察犹如树枝，应该枝多面广；教师的自我观察就像树叶，是"自我生长"的加工厂，只有每片叶子都发挥自身的光合作用，整棵树才能枝繁叶壮。

三、评课的内容

评课往往是在有目的、有计划、有组织的教研活动中进行的。应根据听课的目的明确评课的任务和目标，根据内容和对象的差异，有针对性地进行评课。因此，评课要遵循突出重点原则和因人而异原则。

（一）分析

分析要抓住三个要点。

（1）基于课堂观察研究的现象描述。其指展现情境，包括时间、地点、环境、背景、人物、事件等，这是课堂观察分析的前提。

（2）基于定性观察的细节描述。其指用细节说话，这是课堂观察分析最基本的方法。

（3）基于情境展现与细节描述的理论解读和原因分析。

分析包括描述课堂教学行为与分析课堂教学行为。分析时要避免随意性、散漫性，应该依据观察所得数据与量表等，运用科学的方法与规范的操作策略进行。

分析时应遵循尊重、合作、激励原则。

分析的方法包括诊断式（发现问题、提出问题、解决问题，即"诊—断—治"）和微格式（范围小、时间短、空间小、人员少，即截取整个数学课堂中某一个有争议的教学环节、某一个有价值的时间段或某一个有趣的教学片段等，有重点地深入分析）。

（二）重构

课堂观察的最终目标是促进教师对自身课堂教学的重构。实践告诉我们，课堂观察的实施，在对话、重构方面常常会遇到无重构意识、缺乏实用价值、缺少改进提高等问题。

要想有效重构小学数学课堂教学，先要解决集体智慧生成的问题。这样才能确保以最高的效率使重构目标得以实现。

重构方式主要包括以下三种。

（1）伙伴建议。教师之间进行对话交流、文本交流。

（2）自我反省。自我反省是指教师对照教育教学原理对自身理论与实践的反省。

（3）二度设计。二度设计可以促使教师由实施者向研究者转化，是促进教师改进教学策略，不断提升自己的好办法，也对消除"课堂观察结束，研究也结束"的弊端有着根本性的意义。

（三）表达

如果说一次小学数学课堂观察是一个耕耘的过程，那么成果的表达就是它的收获。作为课堂教学研究的一种方式，小学数学课堂观察成果的表达与其他研究成果的表达一样，是多样化的。

小学数学课堂观察表达主要存在以下几个问题。

（1）八股式。表达形式拘泥于同一个文本表达模式，缺乏丰富性和主动性。

（2）烦琐式。追求形式，什么都说，既要定量，也要定性；既要现象描述，也要归因分析，还要深度建议。

（3）蜻蜓点水式。对课堂情境的理论分析与思考没有深入探究。

第二节　小学生数学学习评价

《标准》明确指出："评价不仅要关注学生数学学习结果，还要关注学生数学学习过程，激励学生学习，改进教师教学。通过学业质量标准的构建，融合'四基''四能'和核心素养的主要表现，形成阶段性评价的主要依据。采用多元的评价主体和多样的评价方式，鼓励学生自我监控学习的过程和结果。"由此应该认识到，评价学生的数学学习水平必须从只关注学生的基础知识与基本技能掌握情况，转移到全面关注学生的情感、态度、个性、认知、能力等各方面的发展上来，即建立以人的发展为本的评价机制，数学学习评价的作用主要是通过收集多方面的信息，发现和发展学生的学习潜能，促进学生在原有水平上不断提高。

一、小学生数学学习评价的内容

小学生数学学习评价的内容包括数学知识与技能的评价，数学思考能力的评价，解决问题能力的评价，情感、态度与价值观的评价。

（一）数学知识与技能的评价

评价学生对基础知识与基本技能的理解和掌握，应在结合实际背景和解决问题的过程中进行。应以《标准》所要求的学期的知识与技能目标为基准进行。

对基础知识理解的评价应当更多地关注对概念、公式和法则等知识本身意义的理解和在理解基础上的应用。对基本技能掌握的评价不应只是考虑学生技能的熟练程度，还要考查学生对技能相关概念的理解与掌握情况，以及能否运用所学知识解决生活中的实际问题，能否从不同角度观察、分析和解决问题，解决问题时的思维策略与方法是否恰当、灵活等。

（二）数学思考能力的评价

评价学生能否从不同的途径和角度寻求问题的解答，提出的问题是否有一定的深度；评价学生在解决问题时思维的合理性、灵活性和创造性，在解决问题中所表现出来的抽象思维能力、演绎推理能力；评价学生与同伴交流时是否清楚、流畅、简洁地用数学语言表达自己的观点。

（三）解决问题能力的评价

主要评价学生能否在教师的指导或者在自己的独立思考和观察下，从日常生活中发现并提出简单的数学问题；能否探究出解决问题的有效方法，并试图用多种方法解决问题；是否愿意与同伴合作解决问题；能否表达解决问题的大致过程；是否具有回顾与分析解决问题的过程和意识。

（四）情感、态度与价值观的评价

主要评价学生是否积极、主动、有效地参与数学学习活动。比如：思考问题、回答问题是否积极，完成作业是否积极、认真；是否有学好数学的自信心，遇到困难是否回避；是否主动地与同学合作交流并表达自己的想法；是否认识到自己在集体中的作用；是否有积极的数学学习情感等。对学生情感与态度的评价，要结合具体的教学过程和问题情境，随时了解每个学生学习的主动性、学习数学的自信心和对数学的兴趣。

二、小学生数学学习评价体系

（一）评价主体多元

传统的数学学习评价的主体是教师，教师是唯一的裁判员，这种评价显然违背"以学生发展为本"的要求。而促进学生发展的数学学习评价的主体应该是多元的，既要有教师对学生的评价、家长对学生的评价，还要有学生对学生的评价，更要有学生的自我评价。因此，要倡导教师评价、家长评价、学生互评和自我评价相结合的评价方式。

1.教师评价

教师评价即教师评价学生对数学的感知能力，评价学生是否善于从日常生活情境中捕捉信息，是否善于发现并提出与数学有关的、能用数学知识解决的问题。同时也评价学生的学习习惯、方式、情感与态度、基础知识、实践能力及创新意识。

2. 家长评价

家长评价即家长对孩子在某段时间的学习情况（包括学习态度、学习习惯、基础知识和基本能力、成长表现等）进行全面地回顾、思考后作出评价。

3. 学生互评

学生互评可以小组为单位展开，以"大家评评我"为主题，主要评价学生的积极态度、合作精神、任务意识、求异思维、对集体任务完成的贡献等。它使学生面对面地积极互动，有机会解释所学的知识，有机会通过互相帮助来理解所学的知识。评价可以使不清晰的思路变得清晰，不严谨的言语变得严谨，充分发挥评价调动学生的积极性、互相取长补短、共同发展的功能。

4. 自我评价

自我评价是元认知的主要组成部分，它对学生的智力与非智力因素的发展都起着至关重要的作用。学生能否客观地评价自己的学习目的和学习态度，能否认真地总结各种学习方法、检查学习活动的质量与效果，直接影响学生进一步的数学学习，因此教师应创造机会，鼓励学生进行自我评价。

（二）评价方法多样

总的来说，评价应针对不同学生的特点和具体内容的特征，选择恰当有效的方法，更多地关注学生自身的发展。对学生知识与技能情况的评价，应当将定量评价和定性评价相结合，结果评价与过程评价相结合；对数学思考和解决问题方面的评价，应更多地在学生的学习过程和解决实际问题过程中进行；而对情感与态度方面的评价，应主要在教学过程中对学生的参与和投入等方面进行。部分小学在表述评价结果的实践中使用如下一些呈现方式。

1. 课堂表现评价

课堂表现评价采取"课堂表现评价表"与"课后访谈"形式对学生参与数学活动的程度、自信心、合作交流的意识、独立思考的习惯以及用数学思考的发展水平等方面进行评价。"课堂表现评价表"包括学生自评、小组评价、教师评价，对学生在"课堂表现评价表"中存在的问题，教师课下与学生进行交谈。

教师通过"课堂表现评价表"（见表9.5）与"课后访谈"评价，可以全面了解学生的知识与技能的掌握程度、思维方式和解决问题的能力、克服困难的态度和信心等。用这种评价方式获得的评价信息更真实，并能够减弱传统评价方法与评价内容的片面性，这种评价活动本身是促进学生发展的过程。

表 9.5　课堂表现评价表

时间							
学习方面	学习习惯			学习态度		学习表现 （发言、讨论）	
评价项目	课前准备	课堂纪律	倾听	参与程度	完成情况	是否积极	表达是否清楚
自评							
组评							
学生反思							
教师意见				家长意见			

2. 数学日记

数学日记既可以评价学生的数学知识，又可以评价学生的数学思维，是对学生数学学习过程评价的一种有效方式。以下为两种常用的数学日记。

（1）一般数学日记。教师可以给学生提供一个数学日记的格式，供学生参考，如表 9.6 所示。

表 9.6　数学日记格式

数学日记

姓名：＿＿＿＿＿＿＿＿＿＿　　　　日 期：＿＿＿＿＿＿＿＿＿＿

今天数学课的课题：＿＿＿＿＿＿＿＿＿＿＿＿＿＿＿＿＿＿

所学的重要数学知识：＿＿＿＿＿＿＿＿＿＿＿＿＿＿＿＿＿

学习知识所采用的方法：＿＿＿＿＿＿＿＿＿＿＿＿＿＿＿＿

理解得最好的地方：＿＿＿＿＿＿＿＿＿＿＿＿＿＿＿＿＿＿

不明白或还需要进一步理解的地方：＿＿＿＿＿＿＿＿＿＿＿

自己对什么问题还有不同见解：＿＿＿＿＿＿＿＿＿＿＿＿＿

今天自己和谁一起合作解决了什么数学问题：＿＿＿＿＿＿＿

所学内容能否应用在日常生活中，举例说明：＿＿＿＿＿＿＿

自我感受：＿＿＿＿＿＿＿＿＿＿＿＿＿＿＿＿＿＿＿＿＿＿

教师评价：＿＿＿＿＿＿＿＿＿＿＿＿＿＿＿＿＿＿＿＿＿＿

其中自我感受可以写自己对该数学知识的认识，也可以写自己的收获，还可以写教学过程中的困惑，等等。

（2）专题式日记。结合日常教学内容和日常生活实际可写专题式日记。例如，学习乘除计算后，写一则"购物"的数学日记；学习长方形、正方形周长后，写一则"测量"日记；学习统计图知识后，自主组成学习调查小组，开展"××路口通过车辆的情况分析"调查活动并写日记。

在引导学生写数学日记的同时，教师应积极对学生的日记进行评价和指导。以下为数学日记的案例。

琴键上的数学

8月5日　星期二　天气：晴

今天，我在练钢琴的时候，发现了一个数学问题。钢琴上的键一组有7个白键、5个黑键，总共有12个键。这样的组有7个，7乘12等于84，那么有84个键，多余的键还有4个。一架钢琴共有88个键。

教师点评：只要你善于观察，就会发现数学问题无处不在。而你所学的数学知识可以帮助你解决这些数学问题。

这样的点评可以让学生知道，学习数学是为了能够在实践中应用数学，可以让学生发现数学就在我们的身边，以使学生更广泛地接触现实生活，更细致地观察现实生活，提升数学素养。

3. 成长记录袋评价

数学成长记录袋是有目的地收集、记录学生在数学学习领域、特定阶段内的作品及相关证据材料，并以此来评价学生的数学发展水平、进步过程、努力程度和反省能力的方式。基本理念是以人为本，关注学习过程，进行多元评价。主要有以下优点：呈现多元信息，反映学生的真实进步；帮助学生了解自己，改善自己的学习行为；激发学生的学习兴趣，保证学生充分参与学习活动；培育学生的数学意识和数学眼光；帮助教师改进教学行为；引导家长介入学生的数学学习评价。

成长记录袋一般会提供多个评价表，如表9.7至表9.11所示。

表9.7　小学生数学课堂表现评价表

评价项目	权重	评价指标	评价等级			评价实得分
			A	B	C	
参与状态	35	1. 在教师讲解或演示时目光能注视老师				
		2. 听讲、练习或操作时神情专注				
		3. 参与学习，没有开小差现象				
		4. 能在小组学习或答问时积极发表见解				
		5. 独立进行阅读思考、作业练习、操作活动等				
交往状态	15	1. 学生与教师交流时语言流畅自然，有礼貌				
		2. 同学间能开展友好的合作				
思维状态	20	1. 学生能用自己的语言有条理地解释、表述所学知识				
		2. 学生善于多角度思考问题，能主动提出有价值的数学问题				
		3. 学生的回答具有自己的思想或创意				

续表

评价项目	权重	评价指标	评价等级			评价实得分
			A	B	C	
情绪状态	15	1. 学生在学习中伴有点头、微笑、眉头紧锁、跃跃欲试等行为或神情，显得既紧张又轻松				
		2. 在教师的组织引导下，学生能自我调控好学习情绪，能随着教学进程或解决问题的过程而产生不同的情绪变化，如由争论转向聆听，由激动转向静思				
生成状态	15	1. 学生在学习过程中有满足、成功与喜悦等体验，对后续学习更有信心				
		2. 学生能总结当堂课学习所得，或提出深层次的问题				
努力的方向						

表 9.8　小学生数学课堂行为习惯评价表

班级：　　　　　评价学生：　　　　　指导教师：　　　　　　　　　第　周

评价内容	评价细则	时间					
		一	二	三	四	五	总评
课上听讲	一是精力要集中，认真倾听教师的点拨、指导；二是要认真倾听同学的发言，对他人的观点、回答能作出评价和必要的补充						
善于质疑	在数学学习的过程中，首先要有自主探究、积极思考、主动质疑的习惯						
积极表达	在参与、经历数学知识发现、形成的探究活动中，无论对错，勇于表达自己的想法，发表不同的见解						
合作学习	在合作学习过程中，要积极参与，表达自己的观点和见解；要尊重同学，学会倾听同学的发言，公正评判同学的观点；还要善于帮助同学，接受同学的意见						
完成作业	（1）规范地书写，保持作业本整洁的习惯。作业的格式、数字的书写、数学符号的书写都要规范。 （2）具有独立思考、完成作业的习惯。 （3）具有认真审题、仔细运算的习惯。 （4）具有反复验算的习惯。 （5）具有及时上交并订正的习惯						
学具准备	具有按照教师的要求认真准备学具的习惯，平常课堂中要注意准备好直尺、铅笔、橡皮等常用学具，并且能自己整理学习用品，保持书本整洁						
阅读课本	对书上的例题，从上往下一步一步地看，先看题目怎么说，接着看看书中插图是什么意思，再看看是怎么算的，旁注是怎么写的，最后提出看不懂的问题						
仔细观察	学会按一定顺序观察的方法，自觉养成边观察边思考的习惯，做会观察的有心人						

续表　　　　　　◆ 笔记栏

评价内容	评价细则	时间					
		一	二	三	四	五	总评
解题习惯	（1）仔细审题：对于每一道题的要求都要仔细看，切不能拿到题目就做；对于关键字要圈圈、点点、画画。 （2）计算题：递等式哪一步先算用尺画出；计算的每一步都要认真打草稿。 （3）应用题：解题时画出关键句；注意单位、答句的书写；对于较复杂的题，画线段图等配合解题						

表 9.9　小组研究性合作评价表

项目 ＼ 成员		成员名单			总评
合作时	是否积极参与并发言				
	是否积极倾听同学的发言				
	是否积极针对同学的发言有礼貌地发表自己的看法				
	是否综合本组的意见，形成更准确的方法				
全班汇报时	是否认真倾听同学的发言				
	是否积极提出自己的看法				
	是否认真倾听教师的讲解				
	是否理解了讨论的知识				
	是否正确解决问题				
反思	有哪些成功的经验				
	存在哪些问题，有哪些解决办法				
教师意见					

表 9.10　自我评价和他人评价表

我看我自己

我的优点：
需要改进和加强的方面：

◆ 笔记栏

续表

同学眼中的我

    签名：

老师的话

    签名：

父母对我说

    签名：

表 9.11　说说最近的我

学习单元：_____　班级：_____　姓名：_____

内容	星级		
	★★★★★	★★★★	★★★
凡我会的问题，我都举手了			
我能在老师和同学面前大胆说出自己的想法			
我能认真听老师讲课，听同学发言			
我能积极主动地参与小组活动，与同学友好相处			
每次的作业我都能独立并且按时完成			
我能分清两个量的关系是正比例还是反比例			
我能利用比例的知识解决一些实际问题			
我能利用比例尺的知识设计一些平面图			
学习了本单元，我的收获很大			

从这些评价表中可以发现，成长记录袋的评价内容是多元的，既评价学生对知识的掌握情况，又评价学习习惯、学习态度、学习兴趣；既有独立学习的评价，又有小组性合作学习的评价；既评价学生在学校课堂的表现，又对学生在家中的学习态度、学习习惯、学习方法进行评价。从多个角度关注学生的学习状态。还可以发现，成长记录袋评价的主体不是唯一的，既有学生的自我评价反省，又有教师、家长的评价，能够更好地促进学生成长。

4. 解决问题的评价

学生把自己作业中的错题编制成错题卡，如表9.12所示。各层次学生可根据各自认知水平要求编制。例如：

A层学生：根据知识点把作业中的错题归类，即同一知识点错题（基本题）整理在一张卡上。

B层学生：根据知识点将错题归类，寻找错误原因并归纳出解题方法或思路。

C层学生：根据知识点将错题归类，寻找错误原因并归纳出解题方法或思路。在此基础上尝试对题目进行变换，并把它应用于其他学科中。

表 9.12　学生个人作业错题卡

制表人	日期	错题	错误原因	此类题解法与思路	变换题目

学生通过建立错题卡，把知识进行归类，并尝试变式训练，由会做一道题转变到会做一类题，同时寻找出自己学习上的不足，发现问题，然后采取适当的措施弥补不足，这样使自己的学习成绩不断进步。归因、归类能力得到有效培养和提高，逐步形成自主解决问题的能力。

5. 情感态度的评价

《标准》把对情感与态度的评价摆在了十分重要的位置。重视对学生数学学习情感与态度的评价，能积极地发挥评价的激励和导向功能，更能引导学生步入数学殿堂。

（1）从学生的直接兴趣入手，评价学生学习的情感与态度。评价学生是否爱惜数学教材，是否经常翻看数学教材，是否对数学教材上的习题感兴趣。

（2）从思维活动中评价学生学习的情感与态度。评价学生是否思维活跃，是否敢于质疑，是否形成了实事求是的态度和独立思考的习惯。求实、善思是数学学习的一个重要特征，离开了思考，数学学习就成了一种机械学习，可以说数学学习过程就是一个思考的过程。

（3）在小组合作学习的过程中看学生的人际关系，评价学生学习的情感与态度。小组合作学习是一种重要的学习方式。在小组合作学习中，看学生是否能发表自己的观点，提出问题与解决问题，妥善处理好与小伙伴的关系，做到互助合作。

（4）从学生学习的参与度来评价学生学习的情感与态度。学生对数学学习的参与度包括参与数学学习的态度和参与数学学习的行为两个方面。

①参与数学学习的态度。对数学学科的好奇心与求知欲直接决定了学生的学习态度。

②参与数学学习的行为。学生积极、主动地参与数学学习表现在课堂内、外两个方面。学生在课堂上能全神贯注地听教师、同学发言，并发表自己的不同见解；乐于思考教师或同学提出的问题；能参与小组合作学习，并与小伙伴进行交流；能一丝不苟地完成作业。课堂外能在教师或家长的指导下参加一些数学实践活动。

6. 实践活动评价

数学实践活动是指根据目标创设或改变某种数学情景，在某种条件下通过思考或操作活动，研究数学现象和发现数学规律的过程。它让学生在已有认知结构基础上去发现、建构新知识，从而主动建构数学概念，探索和验证数学规律，进而培养学生实事求是的科学态度和勇于探索的科学品质。数学实践活动的评价，更侧重于考查学生提出假设、动手操作、分析验证、判断推理的能力。

7. 期末总结评价

采用表9.13这样的表格进行全面评价。

表9.13　期末总结评价表

评价指标	评价内容	自评	家长评	教师评
知识与技能	基础知识掌握情况			
	运算能力			
	实践能力与方法			
实践与应用	积极参与数学活动，会与他人合作交流			
	能联系生活实际，善于提出问题与主动解决问题			
情感与态度	喜欢学习数学，有良好的自信心			
	有良好的听讲、发言、思考、认真做作业的习惯			
自己的话：				
家长的话：				
教师的话：				

实行这样的教师、学生、家长共同参与的多元评价，既可以增强评价的客观性和全面性，又可以加强教师、学生、家长的互动和联系，整合多方面力量共同促进学生的发展。

三、小学数学作业的设计与评价

作业的设计与评价占据着教学质量的半壁河山，在教学实践活动中举足轻重。从设计到完成、评价都应非常重视。学生学习数学、学好数学，离不开作业。作业是学生学习的重要环节，是教师掌握学习情况的重要途径，处理好作业是提高效率、提升质量的关键。

（一）作业多元化，避免单一

学生常常把作业视为沉重的负担，这与作业脱离学生实际生活、忽视活学活用有关。数学作业设计若能切合学生的见闻、理解、情感、思维，采用生动活泼的形式，学生就会以更主动的姿态投入作业。

1.游戏类作业

游戏是激发兴趣的良好载体。游戏类作业带有"玩"的色彩，设计时要考虑作业与所学习的数学内容的关系，此类作业主要用于低年级学生和实践性强的内容。如用扑克牌"二十四点"游戏训练学生四则混合运算能力；又如教一年级知识"位置"时，让学生说一说自己在第几组第几排，猜一猜第几组第排是谁等。

2.开放性作业

数学创作可以拓展学生想象的空间，增强和丰富他们的想象力，可以是数学设计、数学小论文、数学故事等不同形式。如教"分数的初步认识"时，让学生收集一些故事，有效激发学生的兴趣。

3.实践性作业

数学教材中，许多内容与社会生活密切相关，让学生通过观察、考察、尝试等活动加强社会认知，提升社会参与意识，促进个体社会化进程。如一年级的"认识人民币"、六年级的"生活与百分数"与生活实际密切相关，课后，教师会让学生去生活中调查和了解，运用所学知识解决问题。

4.探究性作业

探究性作业，可以培养学生发现问题、解决问题的能力。如教长正方体的相关知识时，让学生剪一个盒子，做一个正方体；再如在"从不同位置观察物体"教学中放手让学生做一做，既能培养学生的良好习惯，又能发展学生的空间观念，可以有效突破教学难点。

（二）作业评价方式多样化

批改作业的目的是让学生及时了解自己对知识的掌握情况，以便及时查漏补缺。而对于教师来说，除了通过作业的批改来了解学生的学习情况，还要通过作业的批改激发学生学习的积极性与主动性。在实际教学中，作业的批改可以按以下方法进行。

1. 随堂批改作业

教师对当堂布置的作业可采用当堂集中批阅的模式，可以在黑板上展示学生各种不同的解法，特别是好的解法，便于激发这些优秀学生学习数学的成就感和自豪感；同时对于书写不够规范与解题中出现典型错误的学生，给予当堂及时指导。

2. 抽批与面批相结合

对于学生的自主性作业，教师可以采取抽批方式进行；对于少数学生出现的问题可以进行面批，引导学生认识自己的错误；对于学习困难的学生给予个别辅导，增强他们的学习自信心，拉近师生的距离，使学生能够进入主动探究的学习活动。

3. 采用激励性评语

针对不同学生的作业所出现的不同问题，可用不同的评语。对于做得好的作业，可说出其中的闪光点，鼓励学生积极思考；对于作业中的问题要加强点拨，使学生形成正确的解题思路，正视自己的不足。

4. 多次评改、多人批改

采用学生互评的方式时，由学生先交换检查评价，再由教师集中进行二次批阅。对于第一次批阅的作业，学生订正后，教师应该对学生订正的作业进行及时批改。一方面，检查学生的订正情况；另一方面，检查学生是否还存在没有解决的问题，从而帮助学生彻底解决。这样既能让学生养成良好的、认真仔细的学习习惯，也能让学生运用、巩固自己所学的知识。

5. 小题大做，突出作业的重要性

作业是学生学习过程的集中体现，课改中明确提出要重视学生学习过程的辅导。在这一理念指导下可以充分发挥学生的主动性，让学生意识到作业的重要性。可采取多种措施激励学生，如每周开设优秀作业展示台、展示家长会学习成果等，让学生意识到平时的作业是对自己学习情况的反映，这样学生的积极性就会提高，责任心就会增强。

四、小学数学测验

（一）小学数学测验的分类

在通常情况下，测验是在一定的编制、施测和评分规则下，用试卷做测量工具，测量和评价学生在教学中所获得的知识、技能的一种方法和手段。

测验的分类方法很多，其中根据测验的时机和作用可以把测验分成形成性测验和总结性测验。

1. 形成性测验

形成性测验是指在教学过程中实施的，用以测量学生对某些章节内容的掌握程度，以考查学生在单元教学过程中完成具体教学目标程度的测验。它是教学的中间

环节，它特别强调单元教学所要达到的学习效果，测验题目紧扣教学内容，其目的在于诊断和改进教学。教学中进行的单元测验就是形成性测验。

2. 总结性测验

总结性测验是在一门课程的教学或某一教学时段结束时进行的，用于测评学生经过一个阶段的学习之后，在知识与技能、过程与方法、情感与态度等方面的发展情况的测验。其目的在于评定学生的成绩和总结教育教学成果。如期末考试、毕业考试等均属于总结性测验。

3. 形成性测验和总结性测验的异同

（1）相同点。

①要求相同。不管是形成性测验还是总结性测验，都应该满足以下要求。

a.有明确的测验目的。

b.根据《标准》来确定考查内容，不拘泥于教材。

c.确保试题的信度和效度，杜绝繁、简、偏、旧的试题。

d.试题内容的选取要有代表性。

e.题意要清楚，文字要简明。

f.应有不至于引起争论的题目内容，备选答案尽可能简短。

g.根据试题的考查目的和考查重点，科学、合理地制定评分标准。

②题型相同。题型都分为客观性试题、限制性试题和主观性试题。

③方式相同。都规定在一定的时间内完成，以笔试为主，采用计分制。

（2）不同点。

形成性测验和总结性测验的不同点如表 9.14 所示。

表 9.14　形成性测验和总结性测验的不同点

比较项目	形成性测验	总结性测验
目的	了解学生在学习过程中知识与能力、过程与方法、情感与态度等方面的形成情况，及时掌握反馈信息，以便辅导学生学习、弥补教学中的不足，改进教学工作	对学生的学习成果进行总结、鉴定
作用	了解教学过程中的问题或缺陷，提供改进信息	鉴定教育成就，提供决策信息
内容	短期的、小范围内的、水平层次较低的教学目标	长期的、较大范围内的、含高水平层次的教学目标
结论	学生达到教学目标的状况、存在的问题、可能的原因	学生的学习成果和相互间的差异
方法	单元测验	期末考试、学业考试
时间	在教学过程中进行	在一段教学时间后进行
所用时间	可在 40 分钟或更短时间内完成	可在 60 分钟或更长时间内完成

（二）小学数学测验试卷的编制

试卷作为检查教师教学水平的一个重要工具，一直被人们所研究。高考试卷、中考试卷、小学毕业试卷自不必说，即使是平时的期中、期末试卷，甚至单元过关试卷也是教师极为重视的研究内容。因为教师的教学成果很大一部分要从学生的试卷中体现出来，而学生学习的效果也要从试卷的成绩中体现。因此考试是对教师教与学生学进行反馈的一种很有必要的手段。

1. 命题方案的设计

命题是对教师教学水平的考验，要想出一份高水平的试卷，必须熟悉标准、把握教材、了解学情，特别是对教学的难点、重点研究一定要深入，并有全局观念、大局意识。只有这样，教师所编制的试卷才有价值。

（1）确定小学数学试卷的命题原则。命题时要遵循以下原则。

①关注情感、体现人文关怀的原则。试卷不应使学生产生紧张和恐慌心理，应使学生感到题目既有趣又轻松，缩短学生与试卷之间的距离，应把测试变成极有趣的智慧之旅。比如把试卷命名为"数学游乐园"，将呆板枯燥的填空题、选择题、判断题和解决问题的名称改为体现人文关怀的导语："动脑筋填一填，比比谁最棒""动动脑筋，考虑好了再选择""仔细观察，再动手做一做""解决下面问题，相信自己会做得很出色"。

②关注差异、满足不同需求的原则。让不同的学生在数学上得到不同的发展，这是《标准》的重要理念，试卷命题要关注学生的个性差异，保护学生的自尊心和自信心。教师在命题时既要关注后进生和中等生，又要关注优等生，满足差异发展，对于不同层次、学习能力有差异的学生，让其各取所需、各尽所能，从而使不同学生的数学能力都得到展示，学习积极性都得到保护，个性都得到张扬。试卷在注重基础知识考查的同时，应设置有梯度的试题，给有能力的学生施展才能的空间，鼓励他们向知识的更深、更广处探索，让学生明白学无止境。设计一些题型新、方法活、一题多解以及让学生创造性解答的题目来激励学生。让不同层次的学生都能看到自己的进步，感受到成功的喜悦，从而激发新的学习动力。

③灵活开放，注重开放性的原则。人们在现实生活中遇到的数学问题，所隐含的条件往往是客观随意的，所呈现的答案也是丰富多彩的，这种开放性的数学问题，可为学生提供更多的思考和探索的空间、创新的机会，对培养学生的创新能力有着不可忽视的作用。

④联系实际，突出应用性的原则。学会综合运用所学知识和方法解决简单的实际问题，这就要求教师在命题时扩大视野，设计出应用性强的试题。

（2）制订详细的命题计划。命题计划是做好测试命题的首要环节，其对于命题的科学性、数学测试的信度和效度有很大影响。

①明确试卷编制的原则、要求。具体说明测试的目标和内容范围、测试的方法和试题的类型、编制试题和组配试卷的要求等。

②编制双向细目表。双向细目表表明试卷中试题分布的规定，具体规定测试内

容中各部分的试题数量和评分标准。

a.列出教学目标清单。教学目标描述的是希望学生能展现出来的表现种类，一般对学生表现或教学结果进行表述。做到考查目标明确，绝大多数题都能从教材中找到模型。

b.列出教学内容要点。教学内容指明了学生在测试中展现出来的每一种表现所属的内容领域，内容要点包含的细节数的多少是由教师主观确定的，但必须足够详细，做到对每一部分内容都充分取样，能对测试结果作出合理解释。做到题目丰富，知识覆盖面广，涉及大部分教学目标。

c.填写双向细目表。（见表9.15）

表9.15 六年级下学期数学学习目标检测卷双向细目表

领域	题序		内容	考查目的	分值	难度系数	合计/分	
数与代数	一、填空	1	读写数	读写数及整百与整十数的计算	2	0.85	13	54
		2、3	化简比	$v = s \div t$；化简比的方法	2	0.85		
		4	单位换算	进率	4	0.9		
		5	分数	分数的意义	2	0.85		
		7	比的相关知识	比例尺	1	0.8		
		9	奇数	奇数及分式	2	0.7		
	二、判断	1、5	比例	比例	2	0.85	4	
		2、3	百分数	百分比	2	0.85		
	三、选择	2	质数	质数及完全的思想	1	0.85	3	
		4、5	分数	分数；推理；解等式	2	0.65		
	四、计算	1	口算	口算能力	8	0.9	26	
		2	简算	分数除法；乘法分配律、交换律、结合律	6	0.7		
		3	解方程	正确解答方程	12	0.75		
	六、解决问题	1	比例应用题或剩余平均数	——对应的思想	4	0.75	8	
		4	分数应用题	分数应用题的综合考察	4	0.7		
空间与图形	一、填空	6、12	圆柱与圆锥	表面积、体积	2	0.75	5	30
		8	找规律	前后两数之间的规律	1	0.65		
		13	统计表	统计表的相关知识	2	0.9		
	二、判断	4	正方体的体积与表面积	类比	2	0.9	2	
	三、选择	3	对称轴	轴对称	1	0.9	1	
	四、计算	4	长方形与圆的面积	转化的思想；长方形、半圆面积	5	0.55	5	

续表

领域	题序		内容	考查目的	分值	难度系数	合计／分	
空间与图形	五、画图	1	圆的知识与垂直	操作能力	5	0.75	5	30
	六、解决问题	2	正负数	正负数的实际运用	4	0.75	12	
		3	圆和圆柱	圆柱的底面积、表面积	8	0.7		
统计与概率	三、选择	1	统计图	正确选择统计图	1	1	1	5
	六、解决问题	6	条形统计图	正确绘制条形统计图	4	0.85	4	
综合与应用	一、填空	10	平均数	植树问题与平均数	1	0.7	3	11
		11	求比一个数多（少）几分之几的数	稍复杂的分数应用题	2	0.75		
	六、解决问题	5	圆锥与长方体	等量代换；体积计算	4	0.7	8	
		7	比例的运用	等差	4	0.55		

2. 命题方案的实施

（1）收集并编制试题。

①选择合适的试题形式和类型。根据测试涉及的数学知识的特点和题型的适用范围确定命题采用的题型。

②增强信息呈现的准确度、简洁性。数学试题的信息呈现方式应和学生的年龄、认知水平和生活经验基础相适应，要清楚地说明每一道试题的解答要求，使所有的学生都能读懂试题要求，理解如何完成试题。

③精心拟定题目的指导语。指导语撰写的详细程度一般应考虑学生的年龄、认知水平、测试经验以及试题的综合性、解题的复杂程度等因素。

（2）科学合理编排试卷。教师要综合考虑试题的形式、评价的学习结果、试题的难度、数学知识的特点来作出科学合理的安排。

①确定试题数量。试题数量的确定取决于测试的目的、选择试题的类型、学生的年龄以及测试所确定的信度水平。单元形成性测试、教学诊断性测试的试题可少一些，期末、学段的总结性测试的试题可多一些。

②确定试题的顺序。试题一般按照难度逐渐增加的顺序安排。这样做既可以对学生起到激励作用，也可以防止学生在难题上花费大量的时间。

③设计活泼、优美的版面，让学生在富有童趣的生活情境中完成题目，感受测试的趣味。学生会在轻松、愉悦、没有压力的心态下完成测试内容。

（3）审卷。审卷比出卷难度大。它需要教师的综合能力，要求教师具有鉴赏水平，且有丰富的出题经验和教学经验。审卷更重要的是教师的态度和责任意识，教师要放平心态面对试卷。用自己丰富的教学经验去审视试卷的难易度、题目的量以及试卷存在的问题。对试卷作进一步的修改和完善。

良好测验的指标有：

①实用性。便于组织、实施，节时省力。

②试卷的信度。指测验结果的前后一致程度，表示分数的稳定性和可靠性。

③试卷的效度。指一个测验能测到预先想测的知识和能力的程度。

④试题的难度。难度是指试题的难易程度，它是衡量试卷质量的一个重要指标。

⑤试题的区分度。试题的区分度也称为鉴别力，表示某道题目能够将不同学习层次的学生鉴别开来的能力。

（三）小学数学测验的阅卷与评价

1. 阅卷

阅卷时，教师面对不同的试卷、不同的答案，要有开阔的思路和应变的能力，要有一定的标准，这个标准就是试卷的评价标准。对于评价标准，教师先要认真学习并充分理解，还要预设好可能出现的问题，对于不唯一的答案要有自己的思考和认识。在领会参考答案和评价标准后阅卷要做到逐题批阅，红笔批阅。对于错误的标记要统一符号，要保持学生卷面的整洁，维护等级评价，淡化学生的分数观念，让学生不因为简单的分差而有不良情绪，产生学习恐惧或逆反心理。逐渐让成绩成为学生一个轻松的而非沉重的话题。此外，阅卷要力求准确，避免失误，杜绝随意。

2. 析卷

析卷即试卷分析，就是对试卷考试的目的、考试的知识范围、知识点的分布、重难点、题型、分值、难易度、学生得分失分情况的大体分析。

（1）考试前的准备工作。在学生考试前，教师要做好下面几项工作。

①在限定时间内把全卷通做一遍。教师与学生做卷的时间比例宜为 1：3。

②按评分细则或评分标准，对自己所完成的试卷逐题打分，最后计算好总分。由此推断出该份试卷的难度，总体设计合理与否，自己教学的弱项在哪些方面，再由此推算出学生将会在哪一部分、哪一道题上遇到困难。

（2）考试后的试卷分析。

①分析本试题考查的知识范围，考查侧重于哪些章节、哪部分内容，全卷包括哪些题型。分析试题中哪些是教材讲过的知识，哪些是教材知识的延伸拓展，哪些是已接触训练过的题型，哪些是初次接触的，延伸拓展的题可以运用哪些已知的知识去解答。

②分析数据。教师要做好全卷的得失分数据的统计，不仅要统计总分，还要统计每道大题甚至每道小题的得分，对每道题的分析包括：分值是多少；满分的有多少

人，分别是谁；最低得分是多少，是谁；全班平均分是多少，与年级平均分相比较是高了还是低了。应利用好相关的数据，这一工作有利于掌握全班学生的学习情况和自己的教学情况。

③分析失分原因，这是避免以后重蹈覆辙的好办法。让每一位学生对自己的考试情况都以"反思表"的形式进行总结，其中列出了学生考试中常见的失分情况，让学生"对号入座"填表，如填错答题卡、看错题目、粗枝大叶、书写潦草、格式错误、尚未认真复习、一知半解、记错公式、计算错误、概念混淆、完全不懂等。让学生清清楚楚地了解自己现阶段的学习状况，以及下一阶段学习应注意什么。教师对试卷失分的原因更应从自身的教学去分析，如对教材的研究是否深入，对教材的驾驭能力如何，课堂教学是否认真，管理要求是否到位，知识的传授是否清楚，课后的跟进工作做得如何……

④找出改进的措施，这是试卷分析的最根本目的。失分原因找到了、找准了，改进的措施基本上也就有了。就学生角度而言，可分为智力因素与非智力因素两大方面原因。部分学生对于难度较大的题的确是"一筹莫展"的，对于这类学生，可让其在基础部分下功夫；但更多的失分集中在非智力因素上，如填错答题卡、书写潦草、作答不规范、看错题目、计算错误、没有认真复习记忆等。其实非智力因素的失分原因归咎为一点便是没有养成良好的学习习惯，教师有责任在学生良好习惯的养成上做必要的工作。而对于教师课堂管理不善，对教材不熟，讲解不透，学生失误未能有效纠正等问题，就应由教师自己去修正。

3. 评卷

评卷即教师给学生讲评试卷。为使每次的测验考试都能达到预期的目的，让测验考试起到真正的作用。

（1）及时性。每次测验考试完成后，学生尚有尽早了解自己的学习状况、考试成绩的热情及迫切心愿，教师应在这种热情、心愿未淡化消退时进行试卷讲评。在学生考试后对在其头脑中留下的试题解答情形的记忆表象还较为清晰时，如果教师能及时进行评卷，那么，学生会对教师的讲述有深刻的理解与记忆。

（2）针对性。试卷讲评要有针对性，不必面面俱到。试卷讲评时间是有限的，而知识的考查内容一般是阶段性的，是较系统连贯的知识考查。讲解必须有针对性，针对学生在解题过程中共性的、典型的错误，找出导致错误的根本原因，整理重现当日学习该部分内容的情形，再次明确正确思路、方法和规律。有的教师的讲评仅为将试卷从头至尾"抄一遍"，甚至全班通过率相当高的题目也一题不落，有的仅为讲解答案，但对于为什么是"此"而不应是"彼"则没有深究。这种试卷讲评只是形式上走过场，效果可想而知。因此试卷讲评应抓住重点，根据本班学生的实际以解决普遍性、共性的问题为主。

对于学习困难较大的学生还应有个别帮扶，甚至是一对一的有针对性的讲评。

对于学习优等生还可鼓励其进行更多的思考、探究，进行多角度、多种解答方法的尝试。

（3）参与性。试卷讲评不应是教师的"专利"，应调动学生共同参与。评卷时，教师可让答错的学生讲解自己当时的思路，让全班同学帮忙分析错误思路的问题所在，可对哪一步加以纠正，可运用学过的哪一章节知识加以解答；也可让有独特见解的学生向全班分享自己的成功经验。

（4）激励性。教学的任何一个环节都是为了激发学生的学习热情，激励其好学上进，评卷也应有这一功能。所以每次试卷讲评都应以表扬为主，表扬鼓励学生有时会收到意想不到的效果，甚至会成为改变一个学生的契机。

（5）指导性。通过每一次的测验考试，教师应根据学生的实际，对下一阶段的学习给出指导性的意见。

讲评时，教师忌把班级考试成绩不好归咎于学生；忌对成绩优异的学生过分褒奖，对成绩落后的学生贬损。

第三节　小学数学课堂教学评价

小学数学课堂教学评价是课堂教学过程中不可缺少的重要手段，其引导教学趋势，调节教师行为，改变学生在课堂上的学习环境，是学生发展的催化剂。

一、小学数学课堂教学评价标准

如何评价一节数学课？长期以来，小学数学课堂评价强调"精讲多练"，产生了重结论轻过程、重讲解轻学习、重课内轻课外、重学会轻会学的现象，影响了师生个性发展和创新意识的培养。

《标准》指出："评价不仅要关注学生数学学习结果，还要关注学生数学学习过程，激励学生学习，改进教师教学。"教师应依据《标准》的理念，在小学数学课堂中全面地、科学地、合理地进行课堂教学评价，真正发挥评价的作用，以不断改进教学。下面从四个方面探讨一节小学数学好课的评价标准。

（一）创新教学内容，注重学用结合

数学是一门应用性很强的学科，数学的应用业已渗透到社会的方方面面。不少专家指出，数学教学不能"掐头去尾烧中段"，要重视数学模型的建立和数学在实际生活中的应用。一节好课，不仅要让学生建构知识的意义，还应使他们懂得知识的来源和实际应用，使学生初步学会运用所学的数学知识和方法解决一些简单的实

际问题。一方面，数学课本中许多知识的教学都有利于培养学生的应用意识，特别是几何初步知识、统计知识及一些应用题，都是从实际出发，经过分析整理编成数学问题的；另一方面，由于课本的容量有限，许多学生熟悉的喜闻乐见的生活事例未能进入课本。因此，教师应处理好数学的学与用的关系，注重学用结合，进一步认识和体会数学的应用价值。

注重学用结合，应在课堂上充分挖掘教材中蕴含的数学应用性因素，坚持从学生的生活经验和知识积累出发；应尽可能地利用学生生活中的情景和数据编制数学问题，体现数学与生活相伴；应在教学内容的呈现方式上，改封闭式的单向结构为开放性的多向结构；应尽可能地创造机会，让学生运用所学知识探索和解决一些简单的实际问题。使学生在实践和应用中体会数学与自然及人类社会的密切联系，了解数学的价值，增强对数学的理解和应用数学的信心，学会运用数学的思维方式去观察、分析现实社会，去解决日常生活中和其他学科学习中的问题，形成勇于探索、勇于创新的科学精神。

（二）关注学习过程

人们在对客观世界定性把握和定量刻画的基础上，逐步抽象概括，形成方法和理论，并进行应用，这一过程充满着探索与创造。学生的数学学习过程不能只是接受现成的数学知识，而应是一个以学生已有的知识和经验为基础的主动建构的过程。许多知识是教师难以教会的，要靠学生在活动中去领会。学生主动参与的学习活动，才是有效的学习。一节好的数学课，教师应十分关注学生的学习过程，向学生展示知识的发生发展过程，引导学生参与概念、法则的形成过程，暴露学生学习知识的思维过程。具体来说，教师在教学时应抓住新旧知识的连接点，从学生的生活经验和已有的知识背景出发，帮助学生获得新知学习的必要经验和预备知识，从而为新知学习提供认知固定点，提高学习者认知结构中适当观念的可利用性；应启发学生从原有认知结构中找准新知的生长点，不但要考虑学生学习新知识所需要的基础，而且要充分考虑学生对将要学习的新知识已了解多少，从而确定新知学习的起点；应突出新旧知识的不同点，在比较中发现矛盾，引发认知冲突，使学生达到"愤悱"的状态，为学习新知创设情境，激发学习兴趣，保持学习动机，帮助学生建构当前所学知识的意义。

小学数学课堂教学设计既要遵从知识的发展规律和学生的认知规律，又要在组织形式和结构安排上富于变化，不落俗套，有新的思路、新的探索、新的尝试，真正做到"以人的发展为本"。例如：导入新课的设计，应让学生充满好奇，能提高学生的兴致；各环节的衔接，不仅要自然，还得有"戏剧性"的变化，如"情境过渡法""巧设悬念法""问题提出法"等；教学结尾，应具有启发性、思考性，让学生有充分想象、思考的余地，并让学生有课虽止、趣尤浓之感。

教师应关注学生的学习过程，向他们提供充分的从事数学活动和交流的机会，帮助他们在自主探索的过程中真正理解和掌握基本的数学知识和技能、数学思想和方法。在这一过程中，凡是能让学生自己学会的，让学生亲自体验，决不去教；凡是能让学生自己做的，让学生亲自动手，决不替他做；凡是能让学生自己说的，让学生自己动口，决不代他讲。为学生创造多一点思考的时间，多一些活动的空间，多一点表现自我的机会，多一点体验成功的愉快，让学生真正成为数学学习的主人，而教师则是数学学习的组织者、引导者与合作者。

（三）面向全体学生

班级授课制的课堂教学，以统一化的集体教学为特点，强调教学要求、教学内容、教学进度、教学检测等方面的一致性。它以假设的全班学生知识基础和学习能力的一致性为前提，在教学中容易"一刀切"。一节好课，首先应真正做到面向全体学生，让每个学生都在原有基础上得到最大可能的发展。面向全体学生，就意味着承认差异，因材施教。学生所处的文化环境、家庭背景和其自身思维方式制约着学习的结果，由此而产生的差异将导致不同的学生表现出不同的数学学习倾向。承认学生的差异性，并不意味着搞"填平补齐"，而是在致力于绝大多数中等水平学生发展的同时，使那些在数学方面学有余力的学生脱颖而出，学有困难的学生学有所得，达到基本要求。

教师要真正做到面向全体学生，应依据教学内容的特点和班级学生的实际，改变以教师为中心的教师与学生个体或教师与学生群体的单一课堂交往模式，形成师生之间、生生之间多向交流、多边互动的立体结构；应有效地采用活动化、探索性的学习方式，通过合作、讨论、交流，发挥"学习共同体"的作用；应在练习层次上"上不封顶，下要保底"；应对某些特殊学生（学有余力的学生或学习有困难的学生）给予特殊政策；应使课堂成为每一位学生充分发挥自己能力的舞台。

（四）着眼于学生的全面发展

叶澜教授说过："课堂教学应被看作师生人生中一段重要的生命经历，是他们生命中有意义的构成部分。"

传统教学由于受"应试教育"的影响，教学以教师的讲授为主，存在多灌输、少动手实践，多机械记忆、少深刻理解，多单向交流、少合作学习的问题，严重阻碍了学生创新思维的发展。在"以人发展为本"的今天，《标准》提出："教师是学习的组织者、引导者与合作者。"这就要求教师在课堂教学中努力摆正自己的位置，力求建立平等、合作的师生关系。要利用数学自身的魅力调动和激发学生的学习积极性，向学生提供宽阔的学习空间，尽可能多地给学生提供参与活动、合作交流的机会，让学生多思考，多表现自我，多体验成功的喜悦。

教师着眼于学生的全面发展，应在数学课上营造生动、活泼、民主、和谐的课堂氛围，无论是课堂的引入、新知的展开、结论的获得，还是技能的形成、情感的发展、个性的展现……课堂的每一分钟都能像磁石一样紧紧地吸引学生的注意力。教师应创设一些具有一定思考性、探索性、思想性、趣味性的问题情景与任务目标，让学生主动地从事观察、实验、猜测、验证、推理和交流等数学活动，有效地实现师生、生生之间的互助互动。教师应充分挖掘数学的形式美与内在美，展示数学的文化价值和育人功能，使学生在学习数学的过程中常有轻松感、快乐感和成功感，让每一个学生都能体验学习数学的乐趣，享受成功的喜悦。

学生对数学课的热情和投入程度取决于教师的行为，主要表现为以下几个方面。

（1）参与状态。学生是否全员参与。

（2）交往状态。课堂上是否有多边、丰富多样的信息联系与信息反馈，课堂上的人际交往是否有良好的合作氛围。

（3）注意状态。学生是否注意力集中，专心致志。

（4）思维状态。学生是否敢于提出具有挑战性的问题，发表见解，思维活跃，想象丰富。

（5）情感状态。学生是否学习态度认真、学习热情、兴趣浓厚，充满活力、生动活泼。

（6）意志状态。学生是否学习动机强烈、主动积极、有毅力。

总之，教无定法，要客观公正地评价一节数学课的教学水平必须从多角度、多方位进行，再结合量化的评估方法，这样，才能使数学课堂更生动。新世纪的课堂教学，已经进入以培养学生的创新意识和实践能力为重要目标的新阶段。通过对目前小学数学课堂教学评价标准的反思，可以认为，一节好课不同于一台好戏。演戏是按照固定的剧本，依据既定的程序，演绎不变的情节。而上课面对的是一个个活生生的个体，这些个体有着不同的生活经验和知识背景，有着不同的思维方式和学习习惯，有着不同的学习能力和丰富情感。因此，教师所上的每一课都是唯一的、不可重复的、丰富而具体的。一节好课，不应只追求讲授技巧的滴水不漏、教学环节的天衣无缝、细枝末节上的精雕细刻，还应在先进的教育理念指导下，面向全体学生，关注学习过程，注重学用结合，着眼于全面发展，使学生真正成为学习的主人。

二、小学数学课堂教学评价内容

小学数学课堂教学的评价内容主要包括以下几个方面。

（一）教学目标的制定和落实

教学目标是教学活动实施的方向和预期达成的结果，是一切教学活动的出发点和最终归宿。它的正确制定和达成是衡量一节好课的主要指标。所以评课要先看教学目标。首先，看教学目标是否全面、具体、适宜。教学目标不仅要有明确的要求，体现小学数学学科的特点，还要以《标准》为指导，符合学生的年龄实际和认识规律，难易要适度。其次，看教学目标是否达成，看教学目标是不是体现在教学环节中，看教学手段是不是围绕教学目标选择，为实现教学目标服务的。

（二）教师对教材的处理

评价一节课的好坏不仅仅看教学目标的制定和落实，还要看教师对教材的组织和处理。评价一节课时，要注意分析教师对教材的处理和教法选择，这种教法是否突出了重点，突破了难点，抓住了关键。如北师大版的《数学》一年级上册第二单元"比较"，教材所呈现的情境由两个活动组成，第一幅情境图安排的内容是通过观察比较大小；第二幅情境图是通过比较饮料的多少，引出研究比较的方法。在处理教材时，教师把生活情境带入教学中，以游戏的形式请两位学生比高矮，学生的积极性很高。会比较高矮、长短、厚薄，知道比较应有一个统一的标准，这是本课的重点和难点。教学中，教师很好地利用学生已有的生活经验，通过小组活动等，抓住重点，突破难点，让学生感受数学与生活的联系。特别值得一提的是，教师拿了一本厚的、比较小的字典和一本薄的、比较大的笔记本，让学生观察、比较，说说如何比较厚薄，指出比较的地方，并用手摸一摸。在比较两根绳子的长短时，教师用直观的教具演示，把弯曲的绳子拉直，进一步让学生感受比较要按一定的标准进行。

（三）课堂教学结构的设计

评价课堂教学结构的设计，首先，看教师的教学思路是否清晰，结构是否严谨。设计教学结构时，教师要考虑先做什么、后做什么，形成有先有后、由低到高的训练程序，使课堂教学具有条理清楚、层次分明的特点。每一步之间又要紧凑周密，环环相扣。其次，数学课堂要体现"以学生为主体，以教师为主导"的教学原则。《标准》倡导启发式教学，反对注入式教学，因此，课堂教学结构的设计要贯彻"以学生为主体，以教师为主导"的教学原则。"以学生为主体"就是要把学生当作学习的主人，充分调动学生的学习积极性和主动性，让学生乐学、好学、学得轻松愉快。"以教师为主导"就是要把教师当作引路人，教师要充分做好向导工作，尽最大能力给学生的学习以启迪、点拨。最后，看数学课堂是否有较强的操作性。

（四）课堂教学方法和手段

教学要因材施教，教学的方法要多样化，还要适当地运用现代化的教学手段。这样才能更好地把知识传达给学生。在低年级的教学中，还要抓住孩子的特点——好奇心重，通过趣味游戏加强学生的兴趣，让他们喜欢上课，喜欢这些数字游戏。兴趣是最好的老师，所以要注重培养孩子的兴趣。教学中，教师要经常强化训练，对于诸如乘法表、加法表之类的基本公式进行不断强化，锻炼学生的心算和口算能力；要借助学生之间的比拼心理和表现心理设定有一定难度的题目。

（五）教师的教学基本功

教学基本功包括教师的课堂板书、教师的教态和教师的语言等。课堂板书要整洁美观，安排合理，使人一目了然。教师的教态应该自然、不做作，仪表要端庄，举止要从容大方。教学语言要科学准确，声音的高低要适宜，语速的快慢要适度。

（六）课堂教学效果

小学数学是一门基础性学科，在教学中，教师如何以最少的时间和精力获取最佳的课堂教学效果至关重要。因为，这是衡量课堂教学实效的一个重要指标。课堂效果是每一位教师一直关注并执着追求的目标。所以，教师在课堂上要建立良好的师生关系，营造宽松的学习环境及和谐、愉悦的课堂氛围。教师在教学中要形成自己的教学特色，有自己的特点和风格，在教学设计上让人耳目一新。

总而言之，一节课的好与坏最终要体现在学生的学习效果上，如果教学目标达到了，学生增长了知识，提高了能力，就应该认定为成功的课。教师要打破传统的评课方式，不拘泥于形式，要使评课成为大家汲取知识、提高教学水平的有意思的活动，使评课形成一种良好的学习讨论的氛围。

三、小学数学课堂教学质量评价体系

基于以上认识，建立小学数学教学质量的指标体系，并设计一份评价表，如表9.16所示。

表9.16　课堂教学质量评价表

评价项目		评价指标	分值	得分
教的方面	教学目标（10分）	（1）目标切合教材要求和学生实际	5	
		（2）认知、行为和情感目标和谐统一，可操作，能落实	3	
		（3）对不同层次学生有不同的达标要求	2	
	教学内容（6分）	（1）知识正确，容量适当，学生能接受	2	
		（2）把握教材的内在联系和重点突破	2	
		（3）以教材为例，训练学生能力，指导学生学习	2	
	教学过程（8分）	（1）教学活动流程结构合理，体现教学思路与学生思维协调匹配，有利于学生认知结构的建立	4	
		（2）结构流程有利于学生参与学习实践	2	
		（3）教学节奏密度适当，时空分配合理	1	
		（4）具有本学科课型特点	1	
	教学手段（11分）	（1）教法揭示认知规律和学法指导	4	
		（2）情景创设恰当、有效	2	

续表 ✎ 笔记栏

评价项目		评价指标	分值	得分
教的方面	教学手段（11分）	（3）问题系列设计严谨，知情有机交融、和谐	3	
		（4）教学挂图、教具和电教媒体的选用合理、高效	1	
		（5）教法体现对学生能力的培养、情感的激发	1	
	教学调控和效果的检测（8分）	（1）对学生信息及时反馈，有效纠正、完成教学任务	2	
		（2）精心安排有层次性、针对性和开放性的练习活动	2	
		（3）课堂氛围良好，师生积极互动，师生和谐平等	2	
		（4）给学生一定的思考余地，课业负担合理，轻负高效	2	
	教师素质（7分）	（1）教态大方自然，语言准确简练；演示操作规范，指导得法；板书科学、工整、美观	3	
		（2）运用直观教具、现代教学媒体等，使用正确熟练，合理优化	2	
		（3）善于组织教学，能随机调整	2	
	教学特色	在课堂教学的创设学境、教法和媒体运用中有独特创举，效果显著	另加1~5分	
学的方面	参与状态（15分）	全员参与	15	
		有个别学生不参与	12	
		有20%左右的学生不参与	7	
		有1/3以上的学生不参与	3	
	交往状态（15分）	（1）有多边、丰富、多样的信息联系	8	
		（2）课堂上的人际交往有良好的合作氛围	7	
	思维状态（12分）	（1）敢于提出问题、发表见解	5	
		（2）问题与见解有挑战性与独创性	5	
		（3）能联系实际举一反三展开创造	2	
	情绪状态（8分）	（1）有适度的紧张感和愉悦感	2	
		（2）能自我控制与调节学习状态	2	
		（3）入境生情，意志得以锻炼	2	
		（4）情感共鸣的表露自然、明显	2	
综合评价	评语		总分	

　　从课堂教学质量评价表中可以看出，小学数学课堂教学评价的基本理念发生了变化，强调数学课堂教学是实施数学活动的过程，强调数学活动的主体是学生，一定要紧密联系学生的生活实际，从学生的生活经验和已有知识出发，创设生动有趣

的情境，引导学生开展观察、操作、猜想、推理、交流等活动，使学生通过数学活动掌握基本的数学知识与技能，初步学会从数学的角度去观察事物、思考问题，激发学生对数学的兴趣。

小学数学课堂教学评价的要素包含教学目标、教学准备和环境创设、教学流程以及教学效果，评价主体从"教师"向"学生"进行转变，体现了"以人为本"的基本思想，不仅关注了学生能力的发展，还关注了学生在情感、态度与价值观方面的健康和谐发展；不仅关注了课堂学习的结果，还关注了课堂学习的过程。

第四节 小学数学"数与代数"听课、评课案例评析

经历过程，积累经验，发展数感
——"小数的初步认识"教学片段与评析

9-1 课件

【片段实录】

一、创设情境，初步感知

师：同学们，我们测量、记录了教室里一些物体的尺寸。这是一位同学的记录单，这是老师的记录单，观察老师和同学的记录方式，有什么不同？

生：老师记录的是小数。

师：你是怎么一眼就认出这些是小数的？

生：每个数都有一个小圆点。

师：你认为小圆点是小数的标志啊？咱们记录的数据是相等的，那你们觉得哪种记录更简便？

生：老师的简便。

师：今天就让我们一起来研究这些简便的小数吧。（板书课题：小数的初步认识）

师：这个小圆点它叫小数点，别看它个头小，作用可大了。小数点把小数分成了左右两部分，小数点左边的是小数的整数部分，右边的是小数的小数部分。在 0.1 中，小圆点是小数点，0 是整数部分，1 是小数部分。

师：你会读这些小数吗？试试看。

生 1：零点一米，一点一五米。

生 2：一点十五米。

师：哪种读法合理呢？

生：第一种读法合理，因为小数部分不能比整数部分大，要是读成十五，十五是由 1 个十和 5 个一组成的，比整数部分的 1 还大了。

师：那你认为小数部分应该如何读呢？

生：小数部分的读法就像读电话号码一样按顺序读出每个数字。

学生再读小数。

师：在读小数时，整数部分我们要按照整数的读法来读，小数点读成点，小数部分像读电话号码一样依次读出每个数字。你们已经会读了，那你们会写小数吗？

请一个学生在黑板上写小数，其他同学在本子上写。

师：他写的和你们的相同吗？你觉得写小数应该注意什么？

生 1：小数点要写得圆一些。

生 2：小数点往下写一点，不能写在数的中间。

师：写小数的时候要先写整数部分，然后在个位的右下角点上小数点，再写小数部分。

师：同学们已经会读写小数了，像 0.1，1.4，3.8，15.3 这几个小数的小数部分只有一位，它是一位小数；像 1.15，0.87，20.07，105.40 这几个小数的小数部分有两位，它就是两位小数。

二、借助模型，理解含义

（1）借助米制系统，探究 0.1 米和分数之间的关系（讲解 0.1 米的意义，建立模型）。

①借助生活经验初步感知 1.4 米与 1 米之间的关系。

课件出示墙壁瓷砖的高和小女孩身高的对比图。

师：墙壁瓷砖的高度是 1.4 米，1.4 米是多长呢？想象一下，请你写一写或画一画你心中的 1.4 米。

学生活动，教师巡视，搜集学生的原始理解。

生 1：1.4 米 =1 米 +40 厘米。

生 2：1.4 米 =1 米 +4 分米。

师：让我们一起来看看这些同学心中的 1.4 米吧。大家知道 1.4 米中的 1 就是 1 米，1.4 米比 1 米长，到底长多少呢？

生 1：40 厘米。

生 2：4 分米。

师：4 分米用米作单位是多少呢？接下来让我们一起动手来研究这个问题吧。

②动手操作，探究一位小数与十进制分数之间的联系。

教师出示学习单：

请在 1 米长的线段上表示出 4 分米，并表示出 4 分米与 1 米之间的关系。

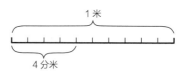

学生独立阅读学习单。

师：认真阅读学习单，并思考这项活动需要我们完成哪些任务。

生：就是让我们在学习单上表示出 4 分米，还要表示出 4 分米和 1 米之间的关系。

学生独自完成，教师巡视。

学生代表发言。

师：同学们把 1 米长的线段平均分成 10 份，1 份是 1 分米，4 份就是 4 分米。让我们先来看看其中的 1 份是多少，1 分米是 1 米的几分之几。

师：1 米的 $\frac{1}{10}$ 就是 $\frac{1}{10}$ 米，用小数表示就是 0.1 米。

师：我们来看其中的 1 份，既是 1 分米，也是 $\frac{1}{10}$ 米，还是 0.1 米，谁会表示这三个数量之间的关系？

生：1 分米 $=\frac{1}{10}$ 米 $=0.1$ 米。

教师完成板书。

师：你能在图中再找到一个 0.1 米吗？

学生指线段，说想法。

师：1 米里面有几个 0.1 米？

生：10 个。

师：10 个 0.1 米就是 1 米。

（2）用 0.1 米解释用小数表示的量的具体含义，让学生感受小数产生的必要性，与十进制关系连通。

师：现在你会像这样用分数和小数表示 4 分米吗？请在线段中表示出来。

学生汇报，并分享想法。

生：1 分米是 0.1 米，4 分米是 4 个 0.1 米，就是 0.4 米。

师：那这样的 6 份呢？9 份呢？

师：现在我们已经会用分数和小数表示其中的几份了。我们一起来看看这两组数：$\frac{6}{10}$，$\frac{1}{10}$，$\frac{9}{10}$ 和 0.1，0.6，0.9。你有什么发现？

生：十分之几的分数就可以写成一位小数。

师：通过观察我们知道十分之几的分数可以写成一位小数，那么你知道 4 分米用米作单位是多少吗？说说你的想法。

师：那你能表示出 1.4 米这个长度吗？请借助 1 米长的线段表示出 1.4

米的长度。

学生在学习单上完成，交流想法。

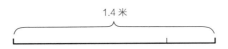

1.4 米

师：4分米就是0.4米，也就是在1米的后面加上4个0.1米。一起来数一数。（演示课件）

学生数。

师：咱们班有哪些同学的身高是1.4米，站起来让大家感受一下。这就是1.4米的高度。我们教室里墙面上所贴的瓷砖的高度就跟你一样高。你的身高是多少？

生：我的身高是1.5米。

师：那你的身高就是在1米的后面添上几个0.1米？

生：5个0.1米。

师：那你一点点地长高，接下来是多少呢？

生：1.6米、1.7米、1.8米、1.9米……

师：1.9米怎么表示？再加上1个0.1米是多少？

生：2米。

师：刚才我们在数小数，怎么就变成了整数。哦，原来在1米和2米之间还有这么多小数啊，谁能完整地数一数？

生：1米、1.1米、1.2米……2米。

师：那2米和3米之间呢？请数一数。

生：2.1米、2.2米……3米。

师：以前我们在学习整数时，知道了1米和2米，2米和3米是相邻的整数，现在学习了小数，才发现原来在两个相邻的整数之间还藏着这么多小数，它们有序地排列着，它们是比整数更精确的数。

师：除了在表示长度时用到小数，在我们的生活中，你还在哪里见到过小数呢？

生：测量体温时，商店的价格标签，测量体重时，测量身高时，抢红包时，圆周率……

师：老师发现量体温时用的是小数，然而天气预报时用的是整数，同样是温度，一个用小数，一个用整数，为什么呢？

生：气温是估出来的大约的数，而体温如果用整数的话，就不知道有没有发烧，所以得用小数表示。

师：看来，小数的确比整数更精确。

师：我们一起来回顾一下整数的计数方法。（用小正方体演示）一个一个数，10 个一就是十；十个十个数，10 个十就是一百；一百一百地数，10 个一百就是一千……计大数时都是采用满十进一的十进制计数法。当出现比 1 还小的数时，该怎样表示呢? 就要用新的计数单位，拆十取一，就是把 1 平均分成 10 份，其中的一份就可以用 0.1 表示。当出现比 0.1 更小的数时，该怎样计数呢? 对，就需要把 0.1 再平均分成 10 份，小数就是这样产生的。

三、类比迁移，巩固新知

（1）练一练

1 角是 1 元的十分之一，是 $\frac{1}{10}$ 元，还可以写成 0.1 元。

5 角是 $\frac{5}{10}$ 元，是（　　）元，8 元 5 角写成小数是（　　）元。

（2）把下面各图中的阴影部分用分数和小数表示出来。

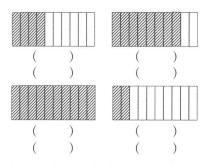

把第 1 幅图和第 2 幅图合并起来，再把第 3 幅图和第 4 幅图合并起来。

师：为什么用 1.2 表示呢?

生 1：4 个 0.1 加上 8 个 0.1 是 12 个 0.1，就是 1.2。

生 2：第 3 个长方形全部涂色了，表示"1"，第 4 个长方形平均分成 10 份，涂色的有 2 份，就是 0.2，合起来就是 1.2。

四、了解文化，深化认识

师：今天，我们研究了小数，小数的实质就是十进分数的另一种表示形式。那么小数是怎样产生的呢? 小数点经历了怎样的发展历程呢? 我们一起来看一段视频，了解小数的历史。（播放视频）

【评析】

"小数的初步认识"是在学生学习了整数十进位制和初步认识分数的基础上进行教学的。教材以具体情境引入，其目的是借助具体的量和几何直观，让学生直观感受小数与十进分数之间的关系，初步认识小数。学生在生活中已经接触到关于质量、价格、体温、身高等小数的生活经验，但是对于小数的含义，以及小数与十进分数之间的关系学生不容易理解。《标准》要求数学课程的实施制定要指向核心素养的教学目标，注重教学内容与核心素养的关联，选择合适的教学方式，让学生在实践、探究、体验、反思、合作、交流等学习过程中感悟数学思想、积累基本活动经验，促进学生核心素养的发展。本节课创设了"读数""找数""数数""用数"等学习活动，让学生在活动中发展，丰富学生的数感，发展学生的核心素养。

（1）让学生经历熟悉的情境活动，认、读、写不超过两位的小数。

通过学生熟悉的生活情境引入"测量"，直观地帮助学生感受到测量时不仅会用到整数，还会用到小数，从而使学生初步感受小数表示的简洁性。同时尊重学生的认知起点，放手让学生试着读小数，针对小数部分的读法进行指导，从而获得对于小数的直观感受，在读数中发展学生的数感。

（2）利用直观、半直观模型，使学生知道小数和十进分数之间的关系，能用十进分数和不同的单位解释用小数表示的量的具体含义。

通过"写一写或画一画表示你心中的 1.4 米"这个问题，了解学生的认知起点。以"4 分米用米作单位是多少"为任务，借助米制系统，分一分、找一找、画一画，与整数、分数、小数建立联系，探究总结出 0.1 米表示的含义，在找数中发展学生的数感。

通过十分之几与一位小数辨析"相同"，使学生认识一位小数的本质，形成对计数单位、数位等核心内容的初步感知，理解一位小数的意义，突破本节课的难点。

通过在线段中有序地数出一位小数，让学生感受数线段时的点与小数的一一对应关系。数数时，学生体会到一位小数介于两个整数之间，感悟满十进一的十进制计数法。利用小正方体模型，让学生感受整数和小数的计数方法的一致性，同时拓宽对整数的认知范围，有效地连通整数和小数。利用两个温度的对比，让学生再一次感知小数的精确性。

借助人民币、面积模型，深化学生对一位小数的认识，构建一位小数的模型。数学就是不断地重复，在应用中发展学生的数感。最后借助小数的历史，了解数学文化，激发学生探究的欲望，增强学生学习数学的兴趣。

◆ 笔记栏

◆ 笔记栏

第五节 小学数学"图形与几何"听课、评课案例评析

亲历形成过程，凸显概念本质

——"认识周长"教学片段与评析

9-2课件

【片段实录】

一、在拓印活动中认识一周

师：同学们好，大家玩过拓印画吗？

生：玩过。

师：这是天天同学拓印的作品，一条项链。他是怎么画的呢？

生：摁住，然后沿边线画。

师：咱们也来试一试，请一个同学帮忙在黑板上画。

师：画的时候要注意什么？

生：两人要配合好，摁紧，沿着边缘画，画完整。

师：沿着边缘画的完整的一圈，在数学上也叫一周。（板书：一周）

师：现在请你指一指数学书本封面的一周。

生：选这里作为起点，沿着边线绕一周再回到起点。

师：请你像刚才这样与同桌一起，两人合作，选择物体的一个面，指一指、说一说它的一周，然后把它画在纸上。

学生两人一组进行活动，部分学生在黑板上画。

教师巡视，并在黑板上补充图形。

汇报交流：将黑板上的图形分为两类（封闭图形和不封闭图形）进行讨论。

师：同学们，请你仔细观察，你发现了什么？

生：有的图形没有连起来，没有一周。

师：剩下的图形的共同特征是什么？

生：都连起来了，都有完整的一周。

二、在真实情境中认识周长

师：现在我们选择其中一个图形——长方形来研究。为了保护数学书，我们准备给数学书封面的这一周贴上花边胶带，需要多长的胶带呢？怎么办？

生：用直尺测量四条边的长度，加起来的和就是胶带的长度。

学生自主测量并计算。

汇报交流：

生：测出每条边的长度并相加，结果是90厘米。

师：90厘米指的是什么？

师：90厘米是长方形一周的长度，也就是长方形的周长。（板书：周长）

指一指、说一说其他图形的周长。

三、在测量活动中理解周长

（1）讨论测量方法。

师：这些图形里面，哪些还可以用直尺测量它的周长？

学生说，教师指：长方形、正方形、三角形。

师：其他图形的周长怎么测量？

生：比如圆，像刚才上课前看到的量头围那样绕着量。

生：有弯曲的图就像量腰围一样绕一圈量。

师：真是一群会想办法解决问题的孩子呀。

（2）测量图形的周长。

师：（出示图形）从图形中任选一个，两人合作，选择合适的工具或材料测量它的周长。

学生活动，两人一组合作完成。

汇报交流：

生1：①号图形周长的测量很简单，我们用直尺先量每一条边的长度，加起来的和就是周长。这个图形一周的长度是30厘米。

②号图形不是直边，没办法用直尺直接量，所以我们选了直尺和线，用线绕的办法，将线绕在这个图形的边缘上，再把线拉直，最后用直尺测量长度。

③号图形周长也不能直接用直尺测量，因为它是圆形，我们也是将线绕在这个图形上，不过要很小心地摆放，绕完一周把线拉直测量，所得结果就是这个图形的周长。

教师课件演示活动过程。

师小结：无论用哪种方法，在测量时，我们都要保证测量的是一周的长度，也就是选定起点，绕一周再回到起点，而且绕的时候尽量与边线贴合，这样结果更准确。

师：刚才同学们把不规则图形、圆形的周长都转化成了一条线段的长度（课件演示每隔1厘米分段），只需要测量一次，那三角形的周长能不能也变成一条线段的长度，只测量一次？

学生讨论将三角形三条边拼接在一起的方法。

（由学习第三单元测量时用尺规作等长线段和用线围图形的经验，学生较容易想到的是用尺规和用线围这两种方法。）

学生活动，把三角形的三条边依次画在一条直线上，并完成活动记录单。

汇报交流：

师：在画的时候要注意什么？你发现了什么？

生：首尾相接，不能有空隙。

师：通过刚才的探究，我们发现三角形的周长也可以转化成一条线段的长度，那黑板上的其他图形呢？

生：也能变成一条线段的长度。

师小结：所有图形的周长通过各种方法都可以转化成一条线段的长度。

师：（指着不封闭图形）这个图形呢？如果用线围，拉直了也有长度，你发现了什么？

生：它没有连住，就没有一周，也就没有周长。

师：它有长度，但不是周长。像其他图形，连住了，没有口了，这样的图形数学上叫封闭图形，周长研究的对象就是封闭图形，封闭图形一周的长度就是它的周长。（板书：封闭图形）

【评析】

"认识周长"是三年级上册第七单元的内容，教材结合具体实例使学生认识周长，学会测量和计算一些简单图形的周长，探索并掌握长方形、正方形周长的计算方法，为今后学习其他平面图形周长和面积的相关知识打下坚实的基础。

从数学知识体系的角度来审视，周长与面积、体积等概念在结构上具有高度的一致性，它们都属于度量类概念，都需要明确测量的对象，讨论测量的方法，渗透化曲为直的思想，经历计算求和及公式推导的过程。因此，周长作为度量类概念学习的第一课时，学生对其学习的过程中积累的活动经验、感悟的思想方法，形成的核心素养，在后续用旧知探索新知方面会起到至关重要的作用。

在以上的教学片段中，可以看到教师基于《标准》中的"周长"在学段目标中的具体要求，结合实例让学生认识周长，亲历概念形成的过程，凸显了概念本质。

教师通过设计多种活动，使学生积累活动经验，感悟思想方法，有效落实对学生核心素养的培养。

由拓印画的生活经验入手，结合实物，通过让学生摸一摸、指一指、画一画，认识"一周"。让学生通过解决数学书封面贴花边胶带的问题，测量长方形一周的长度，认识周长，进而明确一般图形的周长指什么。

在汇报交流环节，通过师生、生生对话，在培养学生合作交流能力的同时，渗透化曲为直的思想，使学生理解线段长度的可加性，发展学生的量感、推理意识。

学生通过围一围、量一量、画一画等活动探究图形的周长，直观感受图形的周长，数形结合理解概念本质。通过调整实验材料，学生逐渐克服困难，灵活选择方法。学生经历将将图形的周长转化成一条线段的长度、将二维图形转化成一维线段等过程，体会尺规作图的严谨准确性，积累活动经验，直观感受图形的周长，感受线段长度的可加性，数形结合理解概念本质，形成初步的几何直观、量感。周长是用一维的量来表示二维图形的一种属性，在最后的对比观察环节，学生感悟长度与周长的不同，明确周长的研究对象，理解概念的一般性。

第六节　小学数学"统计与概率"听课、评课案例评析

信息技术赋能，培养数据意识
——"条形统计图"教学片段与评析

9-3 课件

【片段实录】

一、激活经验，导入新课

1.创设情境，引入统计

师：同学们，你们每天是怎么来到学校的？

生1：我是走路来的。

生2：我是我妈骑电动车送我的。

生3：我是我爸开车送我来的。

生4：今天我妈没空，让我跟爷爷坐公交车来上学。

师：如果想知道我们班每种出行方式各有多少人，该怎么做？

生：我们分别数一下人数，这样就可以统计出来了。

2.收集数据，回顾旧知

师：是的，在统计时要先收集数据（板书：收集数据）。大家回忆一下，收集数据的方式有哪些？

生：数数，很快就知道了。

师：好的，这是最直接的办法，还有其他的吗？

生：投票、举手统计，还可以画"√"、画"○"、写"正"字……

师：那我们就来现场投票吧。请同学们依次排好队上来点击。

学生活动，现场投票，收集数据。

用 GeoGebra 软件操作，现场收集数据。

3. 整理数据，引入新知

师：刚才我们利用电脑小助手进行现场投票整理（板书：整理），你能从这个象形图和统计表里读出哪些信息呢？

生1：从第一幅图一眼就能看出步行的人最多，坐小轿车的人最少。

生2：从第二张表我们可以知道每一种出行方式具体有多少人。

……

师：是呀，象形图能直观地呈现数据的多少，而从统计表中直接就能读出具体的数据。

二、经历过程，探索新知

1. 认识结构

师：有没有哪种统计方式画起来不麻烦而且可以方便地读出数据呢？

生1：应该有吧，好像在哪里见过。

生2：老师，条形统计图。

师：下面有请"数学小精灵"介绍条形统计图。（播放视频）

师揭题：我们把这样的统计图叫作条形统计图，这就是今天要研究的内容。（板书：条形统计图）

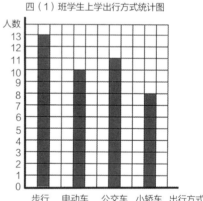

四（1）班学生上学出行方式统计图

2. 数据分析

屏显：班级学生上学出行方式统计图。

师：我们一起来看这幅"四（1）班学生上学出行方式统计图"。谁能带我们认识一下条形统计图？

生：下面有横坐标轴，横坐标轴下有4种出行方式；纵坐标轴上每格代表一个数。

师：请你们观察一下，从图中你能读出哪些信息？

学生小组交流，读取信息。（板书：分析）

学生分组汇报，梳理信息。

3. 拓展素材，丰富统计经验

屏显：某市一所小学四（2）班学生上学出行方式统计表。

某市一所小学四（2）班学生上学出行方式统计表

出行方式	步行	面包车	校车	小轿车
人数	6	6	3	15

师：这是某市一所小学四（2）班学生上学出行方式统计表。他们是这样收集整理的。我们也可以把这些数据用条形统计图整理出来。

屏显：某市一所小学四（2）班学生上学出行方式统计图。

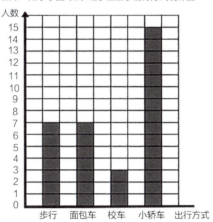

某市一所小学四（2）班学生上学出行方式统计图

师：请你仔细观察，你能读出哪些信息？

生1：坐小轿车的是15人。

生2：步行和坐面包车的人同样多，都是6人。

生3：坐校车的人最少。

师：请同学们对比我们班级和这个班级的出行方式，你发现了什么？

生1：出行的方式有些不一样。

生2：说明学校离家还是挺远的。

……

师小结：通过对比两幅图，我们不仅找到了两个不同班级同学出行方式的差异，还找到了引起出行方式不同的原因。

4.探究以一当二的条形统计图

屏显：某乡镇小学四（1）班学生上学出行方式统计表。

师：课前老师还收集了某乡镇小学四（1）班同学上学出行方式的相关数据，并整理成了统计表。你能根据表中的数据绘制出条形统计图吗？请你尝试一下吧。

师：统计表中的最大数据是28，条形统计图纵轴上的最大数值是14，一格表示一个人不够用了，怎么办？

生：老师，继续添加纵坐标轴数据呀。（教师根据学生的回答操作）

用GeoGebra软件操作，修改纵坐标轴数据，现场制图。

生：老师，不用改也可以，可以把一格当作两个人。

师：同学们真会开动脑筋，条形统计图不仅可以把一格当作一个，还可以把一格当作两个。

用 GeoGebra 软件操作，修改纵坐标轴数据，现场制图。

5. 探究以一当五的条形统计图

屏显：某乡镇小学四年级学生上学出行方式统计图。

师：同学们，这是这个小学整个四年级同学出行方式的相关数据。这里一格代表的人数够用吗？怎么办？

生 1：不够用，人数太多了，一格算两个也要加好多格呀。

生 2：数那么大，直条好长啊，都超出纵坐标轴上的数据了。

生 3：这样的条形统计图都不完美了。

师：这时候一格代表几比较合适呢？

生 1：我觉得一格代表 2 吧。

生 2：一格代表 5。

生 3：人数那么多，一格代表 10 合适一些。

用 GeoGebra 软件操作，修改纵坐标轴数据，现场制图。

师小结：条形统计图在统计较大数据时，可以"以一当多"来整理数据。

【评析】

条形统计图是在学生学习了分类、数据的收集与整理、统计表等的基础上学习的，它是学生第一次正式接触统计图的学习内容。本节课的主要内容是教学"以一当一和以一当多"的条形统计图，为学生后面学习平均数、复式条形统计图打下基础。依据《标准》的要求，教师要利用生活中的现实情境，鼓励学生通过实验、调查等方法，经历收集、整理、分析和表达数据的全过程。如何提供真实的生活情境，让学生经历统计的全过程？如何让学生在收集、整理、表达数据中，培养初步的数据意识和应用意识？本节课教师巧妙地运用信息技术对学生上学的出行方式进行收集、整理，进而形成条形统计图和统计表。为了让学生感受条形统计图的直观优势，摒弃了在传统的 PPT 中提前预设好乘坐每一种交通工具的学生人数的做法，而使用 GeoGebra 软件现场收集真实的、有效的统计数据，使得学生全程自主参与，激活了学生探究条形统计图（特点、作用）的欲望，促进了学生的深度学习。

在课堂上，学生一个一个上台点击相应出行方式的图标，GeoGebra 软件现场生成象形统计图，同时统计表的数据也在后台同步生成，让学生亲历数据的变化、形成过程，帮助学生对比统计图、统计表的优势。

在探索环节中，通过 GeoGebra 现场制图，"数学小精灵"的讲解，纵轴上一个个数据的依次呈现，小圆片被一个个小方格逐步代替，高高低低的直条依次出现在学生面前，条形统计图的生成过程被直观形象地展示出来。学生体会到条形统计图对数据直观表达的作用，认识到统计图读取的几个层次：一是直接提取数据信息，二是关联式地数据读取，三是读懂隐藏的信息，感受数据蕴含的信息。学生在不断的感悟中体会条形统计图的特点。通过观察，学生自主发现一格表示一个，接着设计了具有挑战性的数学问题：当班级人数较多或者要统计全年级、全校的数据时，该如何处理？通过想象，结合相应的"不完美"条形统计图，学生一眼发现有的直条太长，超出了纵轴上规定的数据，无法准确读数，从而引发改变纵轴上数据的需求：能不能用一格表示 2 个、5 个、10 个，甚至更多？教师适时利用 GeoGebra 的直观演示，将学生的猜测变为现实，通过现场输入数据，"以一当多"的条形统计图一个个迅速地呈现在大家面前，不仅解决了后续教学"以一当多"的统计需求，还进一步让学生感悟到每格代表几是根据数据大小确定的。利用 GeoGebra 软件能够简单地通过鼠标滚轮滑动实现放大与缩小，便于学生聚焦到要观察的重点；而它的最大优势是能够根据课堂现场生成的数据随机呈现，尊重了学生的元认知，激活了学生的思维，培养了学生的数据意识。

第七节　小学数学"综合与实践"听课、评课案例评析

聚焦学科核心素养，探索学科实践活动
——"'数'说冬奥'雪花'"教学片段与评析

【片段实录】

课前播放 2022 年北京冬奥会宣传片。

一、再观冬奥，"数"说冬奥

师：认识它吗？（冰墩墩）

师：冰墩墩是北京冬奥会的吉祥物。寒假期间，大家都在关注冬奥会。今天，我们就带着数学的眼光再次走进冬奥会，从数学的角度再看冬奥，"数"说冬奥。

师：冬奥会中蕴藏着哪些数学知识或数学问题呢？你在假期观看冬奥会时有什么发现？

先四人小组交流，再全班分享。

组1：我们关注到，冬奥会上各国的国旗基本都是长方形的，虽然看起来差不多，但实际上它们的长宽比并不完全一样。通过查阅资料我们发现，中国国旗的长宽比为 3：2，美国为 19：10，瑞典为 8：5。印度尼西亚、摩纳哥和波兰的国旗虽然都是红白条纹旗，但是长宽也不同，印度尼西亚是 3：2，摩纳哥是 5：4，波兰是 8：5。长方形的长宽比决定了长方形的形状。

组2：我们对自由式滑雪女子大跳台决赛中，空中 1620° 转体印象最深刻。我们在想，1620° 到底是怎么旋转得到的？一周是 360°，360°×4.5=1620°。原来 1620° 转体是在空中转四圈半，运动员真是太厉害了！

组3：我们关注到，北京冬奥会冰壶混双参赛队伍共有 10 支，10 支队伍先进行循环赛，决出前四强；再由前四强进行半决赛，胜出的两队争夺金牌，负者争夺铜牌。在循环赛中，规定每支队伍都要和其余 9 支交手一次。计算出冰壶混双比赛一共要进行 9+8+7+6+5+4+3+2+1+4=49 场。

组4：听了前面三组的发言，我们感到数学无处不在，冬奥会上也处处有数学。比如，冬奥会中的图形中有数学——奖牌是圆的，"五环"是由五个圆环组成的轴对称图形，雪花样式的引导牌是中心对称图形，在开幕式上和闭幕式上都很惊艳。又如，冰壶项目中，冰壶在一个水平面上进行平移和旋转运动，花样滑冰中也有这些运动现象。再如，比赛计分时要用到平均数知识。还有，这是第 24 届冬奥会，那么第 25 届冬奥会是在哪一年呢？这又和周期有关了。冬奥会中的数学，讲不完。

二、聚焦雪花，深入研究

1.提出问题

师：刚才有同学提到了冬奥"雪花"，我们一起来看看。（播放"雪花"视频）

师：开幕式上一朵朵中国结造型的"雪花"竞相绽放，而后汇聚凝结成一朵晶莹如玉的巨大"雪花"。（出示图片）看着这朵"雪花"，你想到了什么数学问题？

生1：大"雪花"里有几朵小"雪花"？

生2：为什么这么多小"雪花"合起来正好能拼成一朵大"雪花"？

师：同学们提出了有关数量和图形的两个问题，让我们聚焦冬奥"雪花"，一起探究它的奥秘。

2.关注"雪花"特征

师：再次观察"雪花"的中间部分，它的形状跟数学中的哪个图形非常相似?

生：正六边形。

师：为了方便研究，不妨将大"雪花"的中间部分和每一朵小"雪花"都看作我们熟悉的正六边形。我们先将中间镂空放火炬的部分填满（出示图片），你能想办法计算这个图案里一共有多少个小正六边形吗？

学生两人一组，合作研究，全班交流。

组1：我们是一个一个数的，一共有127个小正六边形。

师：通过直接数得到小正六边形的个数，在数的时候要注意不遗漏、不重复。

组2：我们把它分成了相同的6个部分（出示图片），从顶点处出发，每部分都能拆解成"1+2+3+4+5+6"的结构，一共有21个，21×6+1=127（个），一共有127个小正六边形。

师：将一个复杂的图形拆分成几个相同的部分，一旦部分数量确定了，就能求出整体数量，真不错！

组3：我们也是先观察，后数数（出示图片）。从里往外看，从第3层开始，每一层都比里面一层多6个，一共有7层，所以就是1+6+12+18+24+30+36=127个。

师：数中有形，形中有数。根据图形的特点去数，巧妙而快捷。

组4：我们把图形分割成了三部分（出示图片），两边的部分形似两个梯形，可以用梯形面积公式来计算小正六边形的数量。（7+12）×6÷2=57（个），57×2=114（个），再加上中间一纵列，一共有114+13=127个。

师：把求小正六边形的数量转化成求梯形的面积，这是我们五年级时学过的转化策略，真不错！可见同学们都能灵活运用所学知识解决实际问题。

3.研究"雪花"数量

师：有了数小正六边形的经验，现在恢复镂空放火炬的部分。（出示图片）你能独立算出一共有多少朵小"雪花"吗？

生1：根据图形的特点，可以拆成几个相同的部分（出示图片），一共13×6+3×6=96朵。

生2：还可以分成这样6个同样的部分（出示图片），一共16×6=96朵。

师：除去中间放火炬的部分，冬奥大"雪花"中一共有96朵小"雪花"。此次开幕式上，每一位引导员走在队伍的最前方，高举一块"雪花"引导牌，而每一片"雪花"最终又汇聚到一起，嵌套在橄榄枝造型内。

4.感受对称之美

生：刚刚说每朵小"雪花"代表一个参赛国家或地区，一共有91个代表团，却有96朵"雪花"，怎么多了5朵呢？

师：好问题。其实，这多出的5朵雪花被设计成了中国结。猜一猜，这5个中国结会摆在哪里呢？

活动要求：借助图示想一想，给可能的位置做上留白标记。

（展示学生作品）

师追问：你是怎么想的？

学生在交流中达成一致，认为5处留白后整体看起来应该是对称的，这样比较美观。

师：同学们和设计师想到一块去了，最后的留白的确兼顾了对称美。

（揭示答案）

师：数学上具有对称性的图形有很多，为什么冬奥"雪花"唯独青睐正六边形呢？

学生小组交流，全班汇报。

组1：因为正六边形有6条对称轴，具有良好的对称性。经过不同角度的旋转、翻折，看起来还是方方正正的。

师：是的，大家都能感到正六边形的对称美。

组2：我在科学课上学习过，雪花是水在大气中凝结形成的冰晶，而冰晶的形状主要是六棱柱，所以现实中的雪花看起来就是六边形的样子。另外，正六边形给人一种方正、对称、平衡的感觉，看起来让人非常舒服。

（教师出示雪花图片）

师：亚里士多德说过，美在于秩序、对称与明确。设计师将正六边形作为冬奥"雪花"的基本形态，既符合自然规律，也符合数学规律。正是正六边形优雅的数学形态，使得小"雪花"的拼接可以如此完美、和谐。

5.小小设计师——自创图案

活动要求：设计师将正六边形作为雪花的基本形态，加上中国元素，设计出了美丽的冬奥"雪花"。请你也来试一试，用正六边形拼摆出美丽的图案。

学生创作并展示交流。

三、全课总结，引发思考

师：说到这里，你有什么感受？

生1：之前在看冬奥会的时候，还真没发现这么多数学元素，我想回家后再看一看冬奥会中还藏着哪些数学知识。

生2：之前只觉得小"雪花"汇聚成大"雪花"的设计很巧妙，通过这节课的研究，才发现设计师在设计雪花图案时，考虑到了图形的对称等数学知识，所以大"雪花"看上去如此和谐、完美。

生3：今后遇到复杂的组合图形时，可以先仔细观察，把它分割成几个部分，再解决问题，这样就简单多了。

师：小"雪花"蕴含着大道理，冬奥"雪花"中的数学美不只在于正六边形。冬奥"雪花"除了在开幕式上以这样的形态出现，它在场外依然灵动。（播放场外视频）

师：场外火炬台上的大"雪花"被一根"银丝带"环绕，这根"银丝带"的形状和莫比乌斯环类似，它蕴含着"奥运精神源远流长、永恒无限，无论从哪里开始我们终能相遇，彰显人类命运共同体"的哲学理念。

师：同学们，数学是描述宇宙的语言。它其实就在我们身边，只要你有心就能看得到。

【评析】

本课内容教学时间是六年级第二学期。融入数学知识学习的综合与实践主题活动，是《标准》中重要的内容之一。这类主题活动的设计与实施，从目标上需要兼顾数学知识、学习过程、情感态度、思想方法等，需要教师跳出固有的"知识学习——训练"思路，将知识的学习、理解、应用融合到一个或者一系列的活动中，指导学生在与生活密切联系的活动中归纳、建构、运用，发展数学素养。本案例的设计，体现了《标准》对此类型主题活动的要求与建议。

数学不仅是教室中的学习活动，更是一种社会性的研究活动。小学数学综合实践课与生活紧密联系，在设计和开展时应从数学的"小课堂"延伸到社会的"大课堂"。鼓励学生走出课堂，走进冬奥，用数学的眼光挖掘冬奥会中的知识。学生在交流中发现了很多与数学相关的知识，言之不尽的感觉让他们感受到数学无处不在。

研究冬奥会中的雪花图案，可以看作是对图形与几何知识的一次巩固提升。以"大'雪花'里有几朵小'雪花'"为核心问题引导学生展开计数活动，学生可以逐一有序地数，也可以根据图形特点将其进行拆解，以此巧算小"雪花"数，还可以利用转化策略解决数量问题。学生在操作、思考、观察与交流的过程中发展了发现和提出问题、分析和解决问题的能力，同时深刻感悟到数与形是紧密联系的。

小学数学综合实践活动课要求学生能将各板块的数学知识相融合，能在解决问题的过程中综合运用已有的知识来思考。课前，大多数学生对于正六边形只有初步的认识。本课中以"这5个中国结会摆在哪里呢"引导学生进行猜想，从数学的角度感受对称美，再识正六边形。学生在无拘无束、自由畅达的环境下思考和表达，在互动中积累活动经验，空间观念不断提升，数学思维不断拓展、深入。学生不仅对正六边形的对称性有了进一步的认识和体验，也从科学的角度了解了雪花的一般形态，学会了用数学的眼光观察世界，发现数学与现实生活息息相关。

本案例中教师赋予"对称"圆满、周全的含义与完美、和谐的意象。鼓励学生利用正六边形进行想象、操作，设计出自己心中的美丽图案。学生在实践中发展了动手操作能力，培养了创新意识，感悟了数学之美，增强了学习数学的自信心，无形之中认识了正六边形可以密铺的特性。

一节数学课能容纳的数学知识是有限的，但现实生活中的数学知识是无限的。综合实践活动课的主要目标是提升学生的实践能力，培养学生用数学的眼光观察现实世界，用数学的思维思考现实世界，用数学的语言表达现实世界。教师深挖生活中的教学素材，把"实践"融入常规课，让课堂往实处落、向深处走。

思考与练习：

1.根据《标准》的要求，你认为当前应该怎样改革小学生数学学业评价？

2.就数学课堂教学评价如何实现评价主体多样化谈谈你的想法。

3.就数学课堂教学评价如何发挥促进教师专业发展的作用谈谈你的想法。

附 录

"小学数学教学设计与实施"
课程教学大纲

一、课程概述

（一）课程信息

课程名称	小学数学教学设计与实施
课程性质	专业核心课程
学分	2
学时	24 理论课时 +8 实践课时
先修课程	小学数学课程与教学论
课程负责人	

（二）课程简介

本课程旨在引导学生全面、系统、科学地学习小学数学教学的基本理论、基本方法和基本技能，达到会备课、会说课、会上课、会评课、会研课的课程培养要求。通过讲授让学生了解经典的小学数学学习理论、教学理论，小组讨论，班级交流，明晰小学数学课程标准的基本理念、目标体系、核心概念等。对接真实教育教学岗位，实施"备教评研四位一体化"（教学设计、教学实施、教学评价、教学研究一体化）的教学技能操作训练，将所学理论知识及时有效地运用于具体的教学实践活动中，解决小学数学课程教学理论与小学数学教师岗位能力培养相结合的问题。使学生习得小学数学课程教学理论，实现对小学数学教学设计与实施的总体认识，掌握最基本的小学数学实际教学能力。

二、课程目标

（一）目标设置

课程目标设置包括课程专业目标和课程思政目标。通过本课程的学习，学生应达到以下几方面的目标。

课程目标 1：熟悉小学数学课程标准，懂得小学数学教育教学的基本规律和方法，了解现代学习理论，以及小学数学学习的特点和方式。

课程目标 2：熟悉现行小学数学教材内容、编排特点，学会小学教材分析的方法与技巧，能剖析教材内容体系中的教学目标和重难点，开展小学数学教材分析。

课程目标 3：掌握教学设计的方法和技能，达到会备课、会说课的要求；在教学目标设计中，渗透数学文化进行品德教育、性情陶冶，实施与达成"立德树人"目标。

课程目标 4：掌握教学实施的方法和流程，具有较熟练的小学数学教师职业技能和一定的小学数学实际教学能力，达到会上课的要求。

课程目标 5：掌握课堂教学观察、课堂教学评价和课堂教学研究的技能，达到会评课和会研课的要求。分享本校小教专业毕业生乡村小学数学教学优秀案例，使学生受到鼓舞，坚定"农村小学数学教师专业化发展"的信念。

（二）课程目标与毕业要求指标点的对应关系

根据各个课程目标对 8 个毕业要求分解指标点的支撑力度情况，给出每一个指标点的支撑度，支撑度分为高（H）、中（M）、低（L）。

课程目标	支撑的毕业要求	支撑的毕业要求指标点
课程目标 1	4. 教学能力 3. 学科素养	指标 4.1（H） 指标 3.2（M）
课程目标 2	4. 教学能力	指标 4.1（H） 指标 4.3（L）
课程目标 3	4. 教学能力 6. 综合育人	指标 4.1（H） 指标 6.2（M）
课程目标 4	4. 教学能力	指标 4.2（H）
课程目标 5	7. 学会反思 2. 教育情怀	指标 7.3（M） 指标 2.2（L）

三、教学内容

（一）教学内容与预期学习成效

单元模块	课程目标	知识点	预期学习成效	实现环节
小学数学课程理论	课程目标 1	1.《标准》及其解读，包括基本理念、目标体系、实施建议。 2. 小学数学学习的基本过程、学习方式、情感与态度。 3. 小学数学教学的过程、原则、方法、手段。 4. 小学数学教学过程中的学生参与、教师决策、教师评价。 5. 小学生数学核心素养	1. 学会研读数学课程标准的方法，理解《标准》的理念、目标，掌握小学数学课程的结构、内容，理解实施建议，应用于解决小学数学教学问题。 2. 理解小学数学学习的特点，掌握经典的数学学习理论	1. 讲授《标准》基本理念、教学目标、核心概念和教学实施建议。 2.《标准》解读，小组活动，全班交流，发表见解，引发思考

270

续表　　　◆ 笔记栏

单元模块	课程目标	知识点	预期学习成效	实现环节
小学数学教材分析	课程目标2	1. 小学数学教材分析的原则、内容、步骤、方法、思路。 2. 数学素养的三个层次与数学教学目标的三个维度。 3. 教学目标的确定与表述	1. 会精读小学数学教材（能读出教材内容的三个层次的数学素养），确定三个维度的教学目标。 2. 初步具备分析小学数学教材的能力	1. 讲授解读教材的基本方法。 2. 安排平时阅读和假期作业，泛读小学数学教材。 3. 训练精读教材（从知识与技能、思想与方法、数学文化解读教材）的能力
小学数学教学设计	课程目标3	1. 把握教学设计的主要内容，包括教学目标设计、教学内容设计、教学过程设计、教学措施设计、教学评价设计。 2. 教学措施设计中注重信息技术与小学数学课程深度融合。 3. 在教学目标设计中注重渗透数学文化，进行品德教养与性情陶冶。 4. 小学数学教学设计实践操作。 5. 教案的撰写。 6. 小学数学的说课	1. 掌握小学数学教学设计的一般步骤和方法，能依据指定教材内容完成教学设计，根据教学设计撰写教案和说课稿。 2. 初步掌握小学数学各种课型的教学策略，进行小学数学各种课型的教学设计，达到会备课、会说课的要求	1. 讲授教学设计的原理和方法。 2. 教学设计实训：提供教材内容，要求写出完整的教学设计稿（8~10个）。 3. 根据教学设计撰写教案和说课稿。 4. 说课实训，学会说课
小学数学教学实施	课程目标4	1. 小学数学教学组织与策略。 2. 小学数学教学技能训练包括数学课堂教学语言、教师的讲述与提问、预设与生成、强化与变化、信息技术的使用、练习与评价、作业设计。 3. 模拟上课	1. 具有小学数学教学常用技能，包括数学教学语言、讲述与提问、预设与生成、强化与变化、信息技术的使用、练习与评价、作业设计等。 2. 具有小学数学实际教学能力，达到会上课的要求	1. 讲授小学数学教学组织与实施的方法和流程。 2. 训练微格教学技能。 3. 模拟上课，培养小学数学实际教学能力
小学数学课堂教学研究	课程目标5	1. 小学数学说课的案例欣赏与实训。 2. 小学数学的观课议课，包括课堂观察、课堂感悟与诊断、课堂改进。 3. 一课多磨：原行为→新设计→新行为，教师引领、同伴互助。 4. 分享本校小教专业毕业生乡村小学数学教学的优秀案例	1. 掌握小学数学课堂观察与诊断技术，开展课堂观察与改进实践活动，观察一节课后，能确定并描述本节课达成的教学目标；重点关注核心素养；从多个角度来评价。 2. 采用一课多磨等方式开展课例研究	1. 进行课堂观察（可安排现场、视频、文本观察），掌握课堂观察和诊断技术，应用于课堂改进。 2. 进行一课多磨训练，在反思中提升。 3. 用课例研究小论文，理实结合，促进教学改进

（二）教学内容和课时安排

第一讲　小学数学教学论概述（共2课时）（支撑课程目标1）

（1）小学数学学习。

讲授内容：小学数学学习的基本过程、学习方式、情感与态度；经典学习理论。

讨论内容：自行查阅文献，掌握小学生数学学习特点，了解具有代表性的学习理论，形成读书报告。个人汇报，全班交流。

（2）小学数学教学。

讲授内容：小学数学教学的过程、原则、方法、手段。

讨论内容：自行查阅"信息技术与小学数学课程深度融合"的相关文献，形成读书报告。个人汇报，全班交流。

第二讲 小学数学课程标准解读与教材分析（共4课时）（支撑课程目标1、课程目标2）

（1）义务教育数学课程的理念。

讲授内容：义务教育数学课程的理念。

讨论内容：研读《标准》中对数学课程理念的论述，解读义务教育数学课程理念的含义，形成对"良好的数学教育"的认识等。各小组完成一篇读书报告。小组汇报，全班交流。

（2）义务教育数学课程的目标。

讲授内容：义务教育数学课程的目标。

讨论内容：研读《标准》中有关课程目标的陈述，能比较准确地理解义务教育数学课程的目标。各小组完成一篇读书报告。小组汇报，全班交流。

（3）义务教育数学课程的结构。

讲授内容：义务教育数学课程的结构。

讨论内容：各小组设计出一个框架图来表达义务教育数学课程的内容结构。小组汇报，全班交流。

（4）小学数学课程标准实验教科书分析。

讲授内容：小学数学教材分析的内容与步骤、方法与思路；教学目标的确定与表述；数学素养的三个层次与小学数学教学目标的三个维度。

讨论内容：各小组结合人教版小学数学教材，研读第二、四、六、八、十、十二册小学数学教材的内容与要求，并能以恰当形式表达。小组汇报，全班交流。

第三讲 小学数学教学设计理论（共2课时）（支撑课程目标3）

讲授内容：

（1）教学设计的主要内容：教学目标设计、教学内容设计、教学过程设计、教学措施设计、教学评价设计。

（2）小学数学教学设计稿、教案和说课稿撰写的规范要求。

（3）教学设计案例分析。

第四讲 数学概念的教学设计实训指导（共2课时）（支撑课程目标3）

讲授内容：描述性数学概念、定义性概念的教学模式；数的认识的教学模式。

实训内容：

（1）选取一个描述性数学概念，如人教版小学数学教材"周长"，进行教学设计，撰写教学设计稿或教案。

（2）选取一个定义性概念，如人教版小学数学教材"三角形"，进行教学设计，撰写教学设计稿或教案。

（3）选取一节"数的认识"内容，如人教版小学数学教材"万以内数的认识"，进行教学设计，撰写教学设计稿或教案。

第五讲　数学结论的教学设计实训指导（共2课时）（支撑课程目标3）

讲授内容：数学结论（公式、性质、法则等）的教学模式。

实训内容：

（1）选取一个数学公式，如人教版小学数学教材"平行四边形的面积"，以发现公式、验证公式、推理论证的思路来进行教学设计，撰写教学设计稿或教案。

（2）选取一条数学性质，如人教版小学数学教材"三角形三边的关系"，以发现、验证、论证的思路来进行教学设计，撰写教学设计稿或教案。

（3）选取一种数学运算，如人教版小学数学教材"两位数乘两位数"，以理解算式的意义、明白计算的道理、掌握运算的法则的思路来进行教学设计，撰写教学设计稿或教案。

（4）选取一个判别法则，如人教版小学数学教材"七桥问题"中的一笔画图形的判别法则，进行教学设计，撰写教学设计稿或教案。

第六讲　问题解决的教学设计实训指导（共2课时）（支撑课程目标3）

讲授内容：数学应用题、数学建模的教学模式；小学数学"四基"的学习。

实训内容：

（1）选取应用数学模型解决问题的题目，如人教版小学教材"平均分模型""工程问题"等类型的应用题，从题目信息中辨别出"同构"的数学模型，匹配这个数学模型解决应用题的思路，进行教学设计，撰写教学设计稿或教案。

（2）选取建立数学模型解决问题的题目，如人教版小学数学教材"植树问题""七桥问题"等，从实际情境中抽象出数学问题，建立数学模型，运用数学知识进行模型求解，解决实际问题。再把数学模型广泛应用于现实生活，进行教学设计，撰写教学设计稿或教案。

第七讲　统计与概率的教学设计实训指导（共2课时）（支撑课程目标3）

讲授内容：统计课、概率课的教学模式。

实训内容：

（1）选取一种统计表，如人教版小学数学教材"复式统计表"，进行教学设计，撰写教学设计稿或教案。

（2）选取一种统计图，如人教版小学数学教材"条形统计图"，进行教学设计，撰写教学设计稿或教案。

（3）选取一个统计量，如人教版小学数学教材"平均数"，进行教学设计，撰写教学设计稿或教案。

（4）选取一个概率模型，如人教版小学数学教材"掷一掷"，用古典概型来计算概率，进行教学设计，撰写教学设计稿或教案。

第八讲　小学数学教学技能实训指导（共 4 课时）（支撑课程目标 3、课程目标 4、课程目标 5）

（1）学会说课。

讲授内容：如何说课；观摩优秀说课视频。

实践内容：说课实践操作。

（2）学会上课。

讲授内容：微格教学；教学技能训练。

实践内容：导入、提问、讲解、强化等教学技能实训；撰写"认识三角形""认识长方体"等 10 个教案并模拟上课。

第九讲　小学数学课堂教学研究实训指导（共 4 课时）（支撑课程目标 5）

讲授内容：课堂观察与诊断技术、小学数学课堂教学评价。

实践内容：课堂观察，能确定并描述本节课达成的教学目标；用教学片段来分析这节课重点关注的核心素养；能从多个角度来评价。

讲授内容：一课多磨；教师专业化成长。

实践内容：确定一个主题，选择一个教学内容，进行一课多磨的教学研究。写一篇在"一课多磨"过程中专业成长的故事。

（三）教学方法

讲授法、案例分析法、任务驱动法、项目教学法。

四、课程考核

（一）考核内容与方式

课程目标	考核内容	考核方式
课程目标 1：熟悉小学数学课程标准，懂得小学数学教育教学的基本规律和方法，了解现代学习理论，以及小学数学学习的特点和方式	1.《标准》，包括基本理念、目标体系、核心词、小学数学内容结构、实施建议。 2. 小学数学学习基本过程、学习方式、情感与态度。 3. 小学数学教学的过程、原则、方法、手段。 4. 小学生数学核心素养	1. 平时作业。 2. 小组作业。 3. 期末考试
课程目标 2：熟悉现行小学数学教材内容、编排特点，学会小学教材分析的方法与技巧，能剖析教材的内容体系中的教学目标和重难点，开展小学数学教材分析	1. 教材分析的原则、内容、步骤、方法、思路。 2. 教学目标的确定与表述。 3. 小学数学教材分析实践操作	1. 小学数学教材泛读。 2. 小学教材精读作业。 3. 小学教材分析实训。 4. 期末考试

续表　　　　◆ 笔记栏

课程目标	考核内容	考核方式
课程目标3：掌握教学设计的方法和技能，达到会备课、会说课的要求；在教学目标设计中，渗透数学文化进行品德教育、性情陶冶，达成"立德树人"目标	1. 考查学生课堂教学方案设计的能力和水平。提供教学设计需要的相关信息，如背景材料、课标要求、教学内容、学生概况、教材内容节录等，要求考生根据提供的材料写出教学方案的片段，或者教学活动的基本框架、主要步骤。 2. 教学设计实践操作：8~10个课时教学设计稿（教案）。 3. 说课实践	1. 教学设计实训。 2. 撰写教案。 3. 说课实训。 4. 期末考试
课程目标4：掌握教学实施的方法和流程，具有较熟练的小学数学教师职业技能和一定的小学数学实际教学能力，达到会上课的要求	1. 小学数学教师职业常用技能。 2. 课堂教学组织与策略。 3. 小学数学各类课型的基本结构和教学策略。 4. 模拟上课	1. 微格教学技能训练。 2. 模拟上课
课程目标5：掌握课堂教学观察、课堂教学评价和课堂教学研究的技能，达到会评课和会研课的要求。分享本校小教专业毕业生乡村小学数学教学优秀案例，使学生受到鼓舞，坚定"农村小学数学教师专业化发展"的信念	1. 课堂观察与诊断。 2. 课堂感悟与评价。 3. 一课多磨与课堂改进	1. 课堂观察、感悟、诊断、评价实训。 2. 一课多磨实训。 3. 课例研究小论文

（二）成绩评定

1. 评定方式

课程考核方式分为过程性考核（平时考核）和结果性考核（期末考核）。

2. 计算办法

综合成绩=过程性成绩（平时成绩）×40%+结果性成绩（期末考试成绩）×60%。

3. 过程性成绩（平时成绩）评定

过程性考核内容包括课堂表现与出勤、平时作业（如教学设计实训）、阶段性测试（平时测验）、说课和模拟上课等。

过程性成绩（平时成绩）以100分计，综合三种过程管理形式进行评价，具体如下：

（1）课堂表现与出勤（权重系数20%）：通过学生在课堂上的表现、发言与提问、出勤情况来评价学生的学习态度、教学参与度。

（2）教学设计实训作业完成情况（权重系数40%）：考核学生教学设计、撰写教案和说课稿的能力。

（3）说课与模拟上课（权重系数40%）：考核学生实施教学的能力。

4. 结果性成绩（期末考试成绩）评定

主要考查学生对小学数学课程理论、教材阅读理解、微格教学活动设计、综合教学设计四大内容的学习情况。考核方式为闭卷考试，成绩以 100 分计，依据期末考试试题的参考答案与评分细则阅卷打分。

（三）评分标准

1. 课堂表现与出勤

考核方式	考核 / 评价细则				
	优秀 （90~100）	良好 （80~89）	中等 （70~79）	及格 （60~69）	不及格 （0~59分）
课堂表现与出勤	全勤，无迟到或早退现象；认真听讲和做笔记，不做与课堂教学无关的事情，积极参与课堂教学活动，积极举手回答问题	缺席（迟到或早退）1次及以下，认真听讲和做笔记，不做与课堂教学无关的事情，参与课堂教学活动，举手回答问题	缺席（迟到或早退）2次及以下，听讲和做笔记，不做与课堂教学无关的事情，举手回答问题	缺席（迟到或早退）3次及以下，听讲和做一些笔记，不做与课堂教学无关的事情，举手回答问题	缺席（迟到或早退）4次及以上，不举手回答问题

2. 教案撰写

内容	评价参考要点	评分
教材分析 （10分）	对所选课题在教材中地位、作用的理解、分析正确，能准确把握教材的知识结构和体系	
	教材处理科学合理	
学情分析 （10分）	对学生学习本课的原有基础和现有困难分析准确	
目标分析 （25分）	教学目标准确、完整、具体，符合课程标准的要求，符合学生实际，便于操作	
	教学重点、难点、关键点确定准确	
	联系课程标准、教材与学生实际，说明确定教学目标、重点、难点的依据，解释合理	
教法 （5分）	教法选择恰当、灵活、有创新，富有启发性，教法组合符合教学效果最佳与师生最少劳动付出的原则	
	准备实用、恰当的教具和学具，效果良好	
	能创设合理的教学情境，激发学生学习兴趣，调动学生学习的积极性	
	能结合教学目标、教材特点和学生年龄特征，贴切具体地说出选择教法、教具的理论依据	
学法 （5分）	说明本节课学法指导的目的和意义	
	学法指导科学、具体，能启发学生勤于动脑，善于思考	
	所选学法能与教法相结合，注重学生能力的提高	
	具体并有针对性地说出学法指导的理论依据	

内容	评价参考要点	评分
教学过程设计（45分）	课堂整体结构完整，教学思路清晰，层次分明	
	分清主次，教学重点突出；能抓住关键，突破难点。各环节时间支配恰当、科学	
	教法运用恰当灵活、有创新，启发诱导得当	
	体现学法指导和学科思维能力培养	
	教学媒体的运用恰当、有效，演示正确	
	各环节教学设计的理论依据解释正确、具体	
项目测评综合意见		

3. 模拟上课

内容	评价要点	评分
教学目标（20分）	体现《标准》三维目标	
	符合教材要求	
	能渗透在教学过程中，切合学生实际	
教学内容（10分）	熟悉教学内容，基本概念、理论、知识讲授清楚、准确	
	教学重点、难点突出，处理得当	
	教学环节完整，教学思路清晰，衔接自然，过程流畅	
教学实施（40分）	教学情景创设贴切、新颖，能激发学生学习兴趣	
	积极启发学生思维，师生配合默契	
	面向全体学生，关注个性差异，以学定教	
	教学方法灵活得当，做到深入浅出，因材施教	
	板书工整、设计合理，字体规范	
	能运用多媒体等现代教学手段	
教师素养（15分）	能熟练运用普通话教学	
	表达清楚，语言流畅，有激情	
	仪表端庄，精神饱满	
	体现教师的教学机智，教有特色	
教学效果（15分）	15分钟内达成教学目标	
	各层次学生均有收获	
项目测评综合意见		

五、课程评价

（一）课程目标达成度评价机制

1.评价机构

课程目标达成度评价在教学指导委员会的指导下进行，由课程负责人负责实施，承担该门课程的所有任课教师共同参与评价。

2.数据来源

课程目标达成度评价采用的数据源自课程考核的成绩，课程考核成绩包含出勤与课堂表现成绩、平时作业成绩、阶段性测试成绩和期末考试成绩等。

3.评价周期

本专业课程目标达成度评价周期一般为 1 学期。

（二）课程目标达成评价方法

（1）明确课程目标支撑毕业要求。

（2）明确本课程的考核方式和成绩评定。

（3）课程目标达成评价，按照各个课程目标对毕业要求分解指标点的支撑力度，对每个课程目标赋予权重值 15%、15%、40%、20%、10%。根据课程的所有课程目标对该课程的整体目标达成有所贡献的原则，该课程的整体目标达成度由该课程的所有课程目标达成度的加权平均值确定。

六、课程改进

（一）调整教学策略

根据学生的课堂表现、平时作业、平时测验情况及教学督导的反馈，检验学生对本课程涉及的学科素养和学会反思的达成情况，及时对教学中的不足之处进行改进，调整教学指导策略。

（二）修订课程大纲

根据学生的课堂表现、平时作业、平时测验及期末考试成绩，检验本课程所支撑的毕业要求分解指标点的达成度情况；根据本课程所支撑的毕业要求分解指标点的达成度情况，参考优秀专业经验，在教学指导委员会的指导下，重新修订本课程大纲，实现持续改进。

参考文献

[1] 曹一鸣．数学教学设计与实施 [M]．北京：北京师范大学出版社，2021．

[2] 程五霞，李雄剑，杨火保．小学数学课程与教学 [M]．南京：南京大学出版社，2021．

[3] 蒋碧云，丁浩清．选择性知觉：期于用而适于地——儿童数学知识生长的一种隐性力量 [J]．云南教育 (小学教师)，2016（10）：4-7．

[4] 金莹．小学数学常规课和创新课教学设计 [M]．宁波：宁波出版社，2010．

[5] 沈丹丹，杨宏作．小学数学教学设计与案例分析 [M].2 版．北京：中国人民大学出版社，2023．

[6] 盛群力，马兰．意义学习设计 [M]．浙江：浙江大学出版社，2011．

[7] 孙晓天，张丹．义务教育课程标准（2022 年版）课例式解读·小学数学 [M]．北京：教育科学出版社，2022

[8] 唐瑞芬．数学教学理论选讲 [M]．上海：华东师范大学出版社，2001．

[9] 王光明，康玥瑷．小学数学教学设计 [M]．北京：教育科学出版社，2014．

[10] 王靖懿，何君辉．小学教师教学基本功训练教程 [M]．南京：南京大学出版社，2017．

[11] 奚定华．数学教学设计 [M]．上海：华东师范大学出版社，2001．

[12] 叶雪梅．数学微格教学 [M].2 版．厦门：厦门大学出版社，2008．

[13] 张奠宙．数学素质教育设计 [M]．南京：江苏教育出版社，1996．

[14] 张祖忻，章伟民，刘美凤．教学设计——原理与应用 [M]．北京：高等教育出版社，2011．

[15] 邹循东，梁宇．小学数学教学论 [M]．武汉：华中师范大学出版社，2016．